國際貿易實務

主　編　蔣晶、徐萌
副主編　佟哲、支利軍

- 內容新穎，結構合理規範
- 體例獨特，強調理論聯繫實際
- 案例豐富，針對性強

財經錢線

前 言

本書具有如下特色：

第一，內容新穎，結構合理規範。本書以最新的國際貿易職業標準及塑造高職學生的職業能力為本位來設計本書內容，向讀者展示一系列具有真正「實用價值」的國際貿易實務知識。對國際貿易業務中的焦點、難點問題進行闡述，重點突出，詳略得當。

第二，體例安排獨特，強調理論聯繫實際。本書考慮到高等職業教育的特點，由項目任務驅動導入新課程，通過互動式的探索揭示國際貿易操作中的基本原理和規律。項目中各任務的演練，有助於鍛煉學生的實際分析能力，而工作提示環節則是編寫團隊對該知識內容實踐工作經驗的總結。

第三，案例資源豐富，針對性強。本書運用的案例具有很強的時代性和趣味性。其中有部分案例是企業編寫人員根據親身經歷的真實案情整理而成的，具有行業的代表性。本書使用數據較新，熱點話題引人入勝，緊扣時代脈搏。

由於國際貿易業務實踐發展變化日新月異，加之時間和編者水平的限制，書中疏漏和不足之處在所難免，懇請專家和讀者批評指正。

編者

目 錄

項目一　國際貿易實務概述 ………………………………………………………（1）
　　任務一　國際貿易的特點與基本流程 ………………………………………（2）
　　任務二　國際貿易的職業崗位和能力 ………………………………………（9）

項目二　商品的標的物條款 ………………………………………………………（17）
　　任務一　商品的品名 …………………………………………………………（18）
　　任務二　商品的品質 …………………………………………………………（21）
　　任務三　商品的數量 …………………………………………………………（29）
　　任務四　商品的包裝 …………………………………………………………（34）

項目三　國際貿易術語及商品的價格條款 ………………………………………（47）
　　任務一　國際貿易術語概述 …………………………………………………（48）
　　任務二　《2010通則》中的貿易術語 ………………………………………（53）
　　任務三　商品價格的掌握 ……………………………………………………（69）
　　任務四　價格條款與價格核算 ………………………………………………（76）

項目四　國際貨物運輸條款 ………………………………………………………（86）
　　任務一　國際貨物運輸方式 …………………………………………………（87）
　　任務二　合同中的裝運條款 …………………………………………………（100）
　　任務三　國際貨物運輸單據 …………………………………………………（105）

項目五　國際貨物運輸保險條款 …………………………………………………（116）
　　任務一　海上貨物運輸保險的承保範圍 ……………………………………（117）
　　任務二　國際海洋貨物運輸保險條款 ………………………………………（120）
　　任務三　中國陸、空、郵貨物運輸保險 ……………………………………（127）
　　任務四　中國國際貨物運輸保險實務 ………………………………………（131）

項目六　國際貿易貨款結算條款 ……………………………………（142）
任務一　國際貨款支付工具 ……………………………………（143）
任務二　匯款和托收結算方式 …………………………………（151）
任務三　信用證結算方式 ………………………………………（159）
任務四　不同結算方式的結合使用 ……………………………（168）

項目七　爭議處理條款 ……………………………………………（176）
任務一　進出口商品檢驗 ………………………………………（177）
任務二　爭議與索賠 ……………………………………………（185）
任務三　不可抗力 ………………………………………………（189）
任務四　仲裁 ……………………………………………………（193）

項目八　交易磋商與合同訂立 ……………………………………（203）
任務一　交易前的準備工作 ……………………………………（204）
任務二　交易磋商的一般程序 …………………………………（210）
任務三　書面合同的訂立 ………………………………………（217）

項目九　進出口合同的履行 ………………………………………（228）
任務一　出口合同的履行 ………………………………………（229）
任務二　進口合同的履行 ………………………………………（243）

項目十　國際貿易方式 ……………………………………………（255）
任務一　傳統國際貿易方式 ……………………………………（256）
任務二　現代國際貿易方式 ……………………………………（265）

項目一　國際貿易實務概述

項目導讀

　　當今的國際貿易受到技術、物流、市場營銷、政治、金融、電子商務等多種因素的影響，使得國際貿易日益專業化和標準化，也更加複雜，因此迫切需要所有參與國際貿易操作的人士具備完整的專業知識，並致力於提供和開發出具有全球競爭力的產品和服務。

　　國際貿易（International Trade）是指世界各國（地區）之間進行的貨物、服務和技術交換的活動。國際貿易實務（International Trade Practice）是國家（地區）之間貨物交換的具體操作過程，包括出口和進口。國際貿易實務課程是一門實踐性、操作性和綜合性都很強的應用型課程。

任務一　國際貿易的特點與基本流程

 任務目標

- 掌握國際貿易的特點
- 理解國際貿易相關的法律規範
- 瞭解進出口貿易基本流程

 任務引入

廣州約克貿易公司前身是一家生產型企業——廣州約克公司，主要從事服裝的國內生產和銷售。2013 年 6 月，該公司獲得進出口經營權后成為一家外貿企業，開展國際貿易。該公司從事的第一筆業務是按 CIF（成本、保險費加運費）條件從英國某客戶處進口 2 萬美元貨物。合同簽訂后，國外出口商憑符合要求的單據議付貨款，但裝運船只一直未到達目的港。后經多方查詢得知，承運人原是一家小公司，在船舶起航后不久即宣布倒閉，承運船只是一條舊船，船、貨均告失蹤。

討論題：
（1）國際貿易與國內貿易有什麼區別？
（2）國際貿易和國內貿易遵守的法律和規章有什麼不同？
（3）該案例給我們的啟示有哪些？

 知識內容

一、國際貿易的特點

國際貿易包括貨物貿易、技術貿易和服務貿易三大部分內容，其中貨物貿易是國際貿易中最基本、最主要的組成部分。國際貿易在交易環境、交易條件、貿易做法等方面所涉及的問題遠比國內貿易複雜。國際貿易的主要特點表現如下：

（一）貿易風險大

國際貿易的對象是外國客商，由於各國經濟發展水平、社會制度、民族宗教、風俗習慣、語言文字等方面均有很大差異，對商品種類、品質、花色、規格等方面的要求更是千差萬別，加上買賣雙方相距遙遠，致使國際貿易環節多、週期長、程序繁雜、風險大。

（二）以外幣計價

國際貿易中使用的結算貨幣是外幣，如美元、英鎊、歐元、日元等。各種外幣的匯價不同且經常變動，因此在對外報價和制定價格條款時必須考慮到匯價變動因素。

（三）價格構成複雜

進出口商品價格構成比國內商品價格構成要複雜得多。除包括國內成本外，還包括運費、保險費、裝卸費、倉儲費、關稅等，有時還包括佣金或折扣。在國際貿易中，商品價格一般都用價格術語來表示，如 FOB（船上交貨，下同）、CIF（成本、保險費加運費，下同）、CFR（成本加運費，下同）等。

（四）遵循共同的公約和慣例

雖然世界各國都制定了各自的對外貿易法規，但國際貿易雙方都必須遵循共同的國際公約和慣例。一旦發生糾紛，必須依據共同的公約和慣例進行處理。

二、國際貿易與國內貿易的比較

國際貿易和國內貿易都是貿易，因此兩者有相同之處，但是兩者之間又各有不同之處。

（一）國際貿易與國內貿易的相同點

1. 交易的標的相同

不論是國際貿易還是國內貿易，交換的商品不外乎是有形的貨物和無形的服務及技術這兩種。

2. 交易的目的相同

國際貿易和國內貿易交易的目的都是為了獲取經濟利益。

3. 交易的程序大同小異

國際貿易和國內貿易均需經過交易前的準備、尋找交易的對象、進行交易的磋商、簽訂交易合同、履行合同等程序。通常，國內貿易僅因節省了環節而使得交易程序相對簡單許多。

（二）國際貿易與國內貿易的不同點

1. 語言環境不同

國內貿易在一個法定語言環境下進行商品交易，基本上沒有語言障礙。由於各國法定語言不同，使國際貿易首先遇到的困難就是語言問題。由於歷史的原因，為了使各國交易者之間溝通便利，英語就成了國際貿易的通用語言。國際貿易工作者必須通曉國際貿易實務英語語言。

2. 法律環境不同

國內交易處在同一個法律框架之下，交易雙方遵循共同的法律準則。由於各國（地區）有自己獨立的立法權，各有自己的法律規範，交易各方均不得違背自己國家的法律。這給國際貿易帶來了法律方面的障礙，為了解決這個問題，聯合國等權威國際組織和國際商會等民間國際機構不斷出抬和更新有關的國際公約和國際慣例。因此，國際貿易所使用的法律規範更多、更廣泛。

3. 貨幣不同

國內貿易一般必須使用本幣進行交易，這是由法定貨幣所規定的。國際貿易則需要使用二十幾種國際通行貨幣，這些貨幣一般是自由兌換貨幣。也就是說，絕大多數國家在對外貿易中不能夠使用本幣，而要使用外幣。因此，參與國際貿易的企業不僅

要將本幣兌換成外幣，而且要承擔匯兌風險。也就是說，國際貿易比國內貿易多出了一種風險，即匯兌風險，也稱外匯風險或匯率風險。

4. 度量衡不同

國際上常用的有四大度量衡制度，即公制、美制、英制和國際單位制，各國通常根據自身情況選擇一種作為本國度量衡制度。國際貿易的出口方所提供的貨物不能僅僅按照自己的度量衡來加工，還要按照進口國的度量衡加工，以方便進口國用戶使用。

5. 政策障礙多

各國政府常因保護國內產業和資源的原因，對進出口貨物採取各種各樣的限制或鼓勵措施，如關稅、配額、許可證、出口補貼、出口信貸、繁瑣的進出口通關環節等，而國內貿易則不採用這些措施。

小思考 1-1

請列舉你所聽說的各國關於國際貿易的有關政策。

三、國際貿易的法律規範

國際貿易使用的法律規範主要包括國際貿易公約、國際貿易慣例和當事人相關國家的國內法律。由於在國際貿易中的當事人處在不同的國家，每個國家都有自己的國內法，而不同國家的國內法對同一問題的有關法律規定往往並不一致，這就涉及國際貿易的法律適用性問題。

(一) 國際貿易的法律適用性問題

由於國際貿易關係是一種涉外的民事關係，就產生了法律適用性問題，即需要瞭解究竟適用當事雙方哪一國的法律，還是適用第三國法律、國際公約或者國際慣例。

根據《中華人民共和國民法通則》和《中華人民共和國合同法》的有關規定，中國涉外合同的法律適用性應依據以下幾個原則：

1. 意思自治原則

除中國有關法律另有規定以外，涉外合同的當事人可以選擇處理合同爭議所適用的法律，並在合同中約定。

2. 最密切聯繫原則

若涉外合同的當事人在合同中沒有約定，則使用與合同有最密切聯繫的國家的法律。

3. 適用國際條約的原則

針對中國締結或者參加的國際條約，如果與中國的有關民事法律規定不同，則適用國際條約的規定，但中國聲明保留的條款除外。

4. 適用國際慣例原則

除了中國有關法律的限制外，國際慣例可以適用於中國涉外經濟合同。

(二) 國際貿易條約

國際貿易條約是有關國際貿易的國際條約。國際條約（International Treaty）是指兩個或兩個以上主權國家為確定彼此的政治、經濟、貿易、文化、軍事等方面的權利

和義務而締結的諸如公約、協定、議定書等各種協議的總稱。目前，國際商事中的國際條約主要有《聯合國國際貨物銷售合同公約》、《國際貨物買賣合同法律適用公約》、《日內瓦統一票據法公約》、《統一提單若干法律規定的國際公約》等。國際條約依法締結生效後，即對當事各方具有約束力，必須由當事各方善意地履行。

《聯合國國際貨物銷售合同公約》（以下簡稱《公約》）是聯合國國際貿易法委員會制定的，是調整和規範國際貨物買賣合同關係最重要的國際公約之一，也是迄今最成功的國際貿易統一法之一。《公約》於 1988 年 1 月 1 日生效，中國於 1986 年 12 月 11 日簽字加入《公約》，成為其成員。

 知識

《中華人民共和國合同法》與《聯合國國際貨物銷售合同公約》
對於合同形式的規定及適用趨於統一

1986 年 12 月 11 日，中國政府根據全國人民代表大會常務委員會的決定，向聯合國秘書處遞交了加入《聯合國國際貨物銷售合同公約》的核准書，同時對該公約提出兩項保留：第一，關於國際貨物買賣合同書面形式的保留；第二，關於《公約》適用範圍的保留。

2013 年 2 月，中國政府正式通知聯合國秘書長，撤回對《公約》所做「不受公約第十一條及與第十一條內容有關的規定的約束」的聲明。目前，該撤回已正式生效。至此，《中華人民共和國合同法》與《公約》對於合同形式的規定及適用趨於統一。

本次撤回聲明有效解決了中國國內法與《公約》之間的衝突，使兩者對於合同形式的規定及適用趨於統一，可以避免外貿經營者和其他國家產生對中國「合同形式的法律適用不平等」的誤解，為中國進一步發展對外貿易減少了法律障礙，有利於中國積極融入國際社會，充分參與經濟全球化進程。

（三）國際貿易慣例

國際貿易慣例（International Commercial Customs）是指以國際貿易長期實踐中形成的習慣和一般做法為基礎，由國際性的權威組織或商業團體制定並發布實施的有關國際貿易成文的通則、準則和規則。

國際貿易慣例由於不是各國的共同立法或國際條約，也不是某國的法律，因此國際貿易慣例對貿易雙方不具有強制性，其使用是以當事人的意思自治為基礎，故貿易雙方有權在合同中做出與某項國際貿易慣例不同甚至相反的約定。然而，國際貿易慣例對國際貿易實踐仍具有重要的指導作用。國際貿易實際業務中通常較少在合同中約定法律依據。因此，雖然國際貿易慣例不具有強制性，但其對國際貿易實踐的指導作用是非常重要和普遍的。

當前主要的國際貿易慣例有國際商會制定的《2010 年國際貿易術語解釋通則》（簡稱 INCOTERM2010，《2010 通則》）、《跟單信用證統一慣例》（簡稱 UCP600）、《托收統一規則》（簡稱 URC522）等。

（四）各國國內法律

國內法（Domestic Law）是指一國制定或認可並在本國主權管轄範圍內生效的法

律。由於國際條約和國際貿易慣例並不能包括國際貿易各個領域的一切問題，而且個人或企業在從事超越國境的國際貿易活動時，也可能選擇某一國家的國內法為準則，因此國內法在國際貿易活動中仍佔有一定的重要地位。

世界各國沿用的法律體系基本上可以分為兩類，即大陸法系和英美法系。大陸法系又稱為成文法，其最重要的特點就是以法典為第一法律淵源。例如，大陸法系國家將有關貿易的法律規定編入民法典，以民法為普通法，以商法為民法的特別法。民法的一般原則可以適用於商事活動，但對商法中有特殊規定的事項則應使用商法的規定。大陸法系主要分佈在歐洲大陸及受其影響的其他一些國家，如法國、德國、義大利、荷蘭、比利時、西班牙、葡萄牙等國和拉丁美洲、亞洲的許多國家。英美法系又稱判例法系，是承襲英國中世紀的法律傳統而發展起來的法律制度。傳統的英美法系，判例法佔主導地位，近幾十年來，英美法系國家也制定了大量成文法以作為對判例法的補充，但仍受判例法的制約。英美法系的代表國家和地區主要有英國、美國、澳大利亞、新西蘭等國家和中國香港地區。

目前，中國的國內法所涉及的有關國際貿易的法律主要有《中華人民共和國合同法》、《中華人民共和國對外貿易法》、《中華人民共和國海商法》、《中華人民共和國仲裁法》、《中華人民共和國海關法》、《中華人民共和國進出口商品檢驗法》、《中華人民共和國商標法》、《中華人民共和國專利法》、《中華人民共和國著作權法》等。

小思考 1-2

就法律效力而言，國際公約、國內法和國際慣例應該如何排序？

四、國際貿易的基本流程

國際貿易是處於不同國家的買賣雙方當事人所進行的經濟交換活動，涉及的面廣線長，各個環節之間具有密切的內在聯繫。為使國際貿易能夠順利進行，瞭解國際貿易的基本流程是十分必要的。

(一) 出口貿易的基本流程

出口貿易一般經過出口交易前的準備、出口交易磋商與合同訂立、出口合同的履行三個階段，如圖 1-1 所示。

1. 出口交易前的準備

為了做好國際貿易這項艱難複雜而又十分重要的工作，必須事先做好充分的準備。出口交易前需要準備的事項很多，其中主要包括下列工作：選配參加談判的人員、選擇目標市場、選擇交易對象、制訂出口商品經營方案、做好出口商品商標的國外註冊工作等。

2. 出口交易磋商與合同訂立

根據前一階段選擇的交易對象，通過合適的通信方式主動向對方發函，經過詢盤、發盤、還盤等環節，就合同的商品品質、數量、價格、支付方式、貨物交付方式等各項交易條件進行磋商，最後達成交易，簽訂合同。交易磋商具有高度的政策性、策略性和技術性，只有真正做到知己知彼，使自己盡可能處於主動地位，方能穩操勝券。

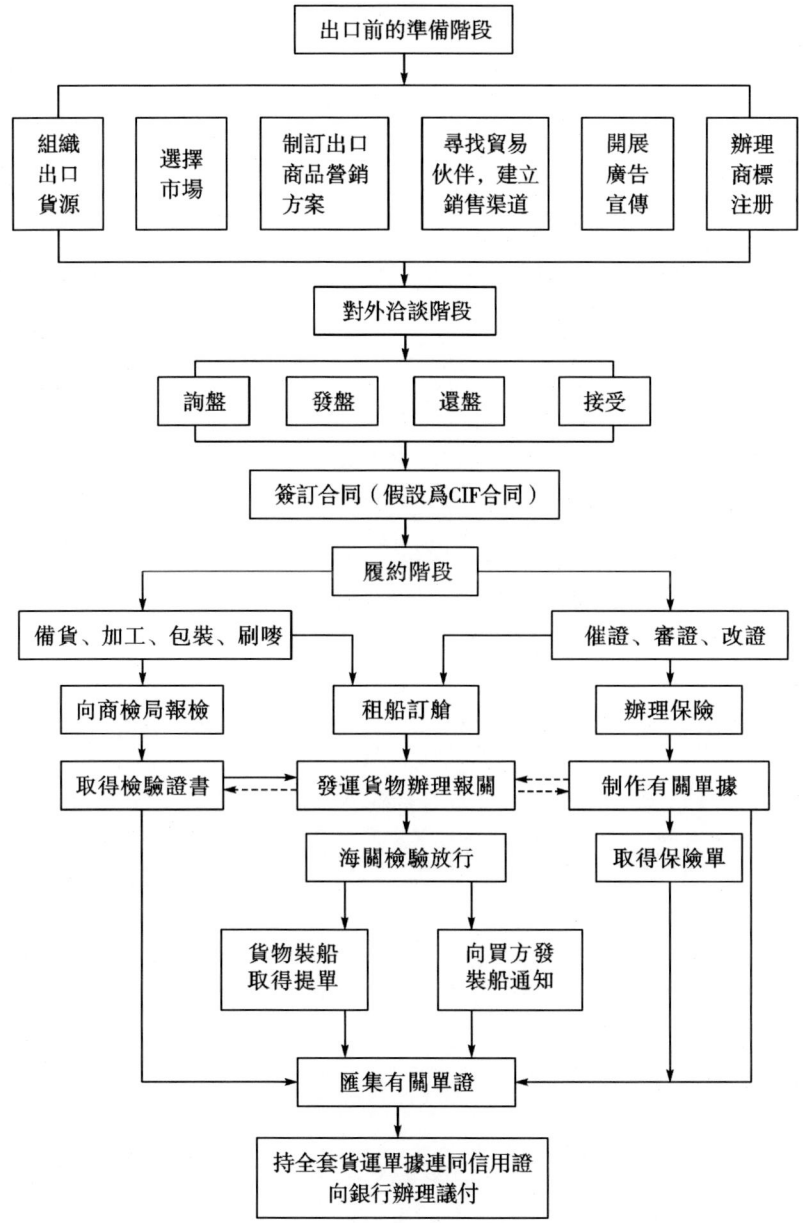

圖 1-1　出口貿易基本流程圖

3. 出口合同的履行

交易達成後，出口方履行合同一般因合同所採用的貿易術語而有所不同。在採用 CIF 貿易術語和信用證支付方式下，出口合同的履行程序需要經過備貨、落實和審查信用證、報檢、租船訂艙、報關、投保、裝船、製單結匯等環節，從而完成交貨並向買方提供相關的單據。

小思考 1-3

出口合同的履行環節比較多，請思考哪些環節至關重要，為什麼？

(二) 進口貿易的基本流程

進口貿易一般也經過進口前準備、進口交易磋商與合同訂立、進口合同的履行三個階段，只是本方為進口方，其在交易中的角色也不同。進口貿易具體程序如圖 1-2 所示。

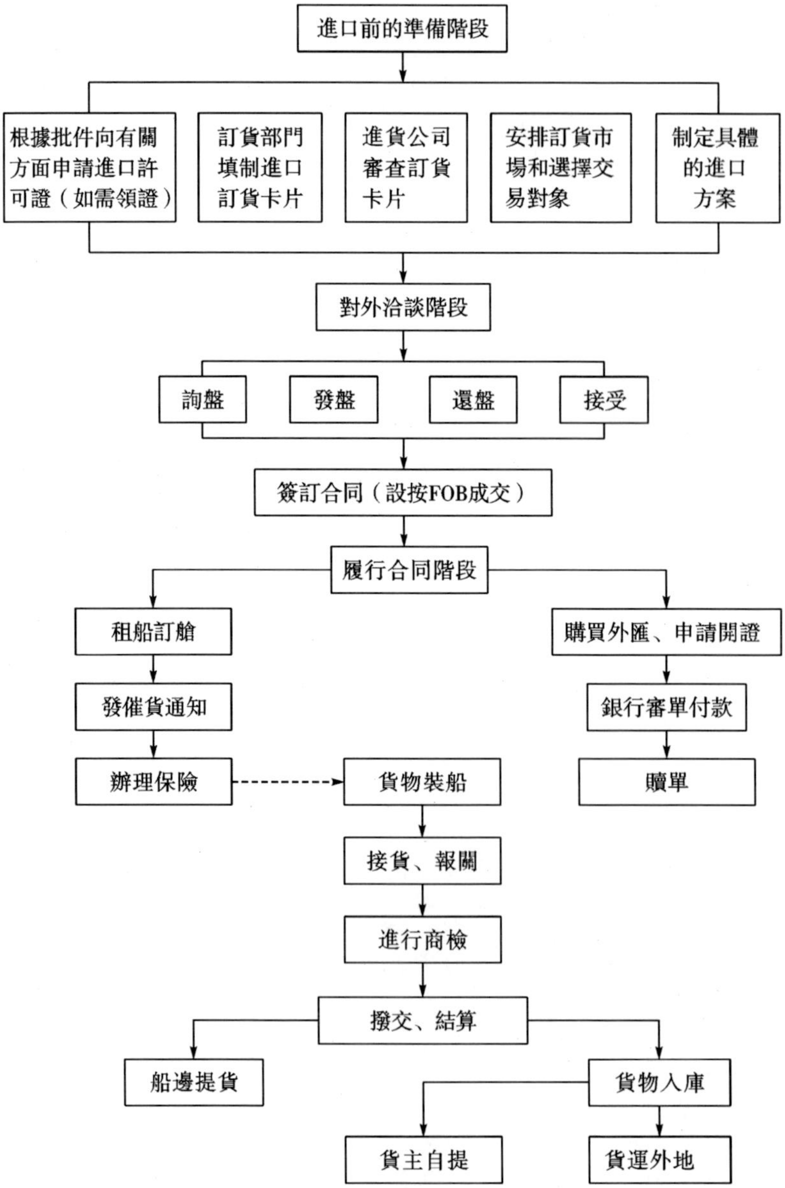

```
            進口前的準備階段
    ┌─────────┬─────────┬─────────┬─────────┐
根據批件向有關  訂貨部門    進貨公司    安排訂貨市   制定具體
方面申請進口許  填製進口    審查訂貨   場和選擇交   的進口
可證(如需領證) 訂貨卡片    卡片       易對象       方案
    └─────────┴─────────┴─────────┴─────────┘
                       │
                  對外洽談階段
       ┌────────┬────────┬────────┐
      詢盤     發盤     還盤     接受
       └────────┴────────┴────────┘
                       │
           簽訂合同(設按FOB成交)
                       │
                  履行合同階段
       ┌──────────────────────────┐
    租船訂艙                  購買外匯、申請開證
       │                              │
    發催貨通知                   銀行審單付款
       │                              │
    辦理保險 -----→ 貨物裝船      贖單
                       │
                  接貨、報關
                       │
                  進行商檢
                       │
                  撥交、結算
       ┌──────────┬──────────┐
    船邊提貨              貨物入庫
       │              ┌─────┴─────┐
    貨主自提          貨主自提   貨運外地
```

圖 1-2　進口貿易基本流程圖

1. 進口交易前的準備

根據用貨單位填製的進口訂貨卡片，對國外貨源市場進行深入調研，從商品的品質、價格、生產供應、技術水平等方面對國外出口國的主要供應商進行對比分析，選擇合適的貨物賣主。

2. 進口交易的磋商與合同訂立

與出口交易磋商相對應，進口交易磋商是本方作為進口方進行的，磋商的程序與出口基本相同。在實際業務中，進口交易措施還應注意的問題包括不要向同一地區過多詢盤，防止國外商人乘機抬價；對不同國家或地區的報價要自己綜合比較，做好「貨比三家」的工作。合同訂立后，通常需要簽訂書面合同。

3. 進口合同履行

進口合同履行程序也因貿易術語不同而不同，以 FOB 合同並採用信用證支付為例，進口合同履行需經過申請開證、向賣方發催貨通知、租船訂艙、投保、審單付款等環節。

> **工作提示：**
> 國際貿易遠比國內貿易複雜，從業人員不僅需要掌握相關的法律法規、外貿知識和各國的風土人情，更需要慎重、認真地完成每一筆進出口業務。

任務二　國際貿易的職業崗位和能力

任務目標

- 瞭解國際貿易的職業崗位類型
- 瞭解國際貿易的職業崗位從業必須具備的素質和能力

任務引入

陳新新是某高校國際貿易專業的一名在校大學生，暑假期間想從事國際貿易相關崗位的實踐工作，以加深對本專業的知識的學習和運用。當他來到人才市場參加現場招聘時，發現外貿公司的招聘崗位很多，而且要求各不相同。下面這則招聘廣告引起了他極大的興趣，同時也給他帶來了崗位選擇方面的困惑。

> **廣東××鞋業有限責任公司招聘啓事**
>
> 本公司成立於 2005 年年底，專業從事以鞋業研發、生產、加工及銷售為主的多元化經營，產品銷往世界各地。公司自成立以來，業績一直攀升，規模不斷擴大，每年參加德國全球分銷系統（GDS）展會、中國進出口商品交易會（廣交會）及義大利米蘭展會。現誠邀有志之士加入，共同發展。
>
> 招聘職位：外銷員、外貿跟單員、報關員。

1. 外銷員

職責與要求：熟悉外貿流程，大學英語四級以上，熟悉各種外貿單證，具有較強的中英文口頭及書面溝通能力和商務洽談能力，積極上進，責任心強，富有團隊精神，有外銷員證優先考慮。

2. 外貿跟單員

職責與要求：主要負責跟進客戶生產進度及售後服務工作。要求熟悉外貿跟單流程及船務訂艙、外貿製單，工作認真細緻，責任心強，有跟單員證優先考慮。

3. 報關員

職責與要求：執行日常進出口業務中報關類任務，辦理所需要的文件和單證，與海關及相關政府部門保持良好溝通，管理並及時更新報關業務相關的資質證明。應聘人員必須持報關員證，熟練使用辦公軟件。

以上崗位長期招聘，歡迎在校學生及應屆畢業生實習。

討論題：

（1）目前中國國際貿易的相關職業崗位和職業證書有哪些？
（2）試舉例說明國際貿易的從業人員需要的職業素質和能力。

知識內容

一、國際貿易的職業崗位群與職業資格證書

目前，在企業中與國際貿易相關的職業崗位群主要有外銷員、跟單員、單證員、貨代員、報關員、報檢員等。學生在修完本門課程之後，可根據自己的興趣愛好及行業需求，有針對性地進行后續學習，並考取相應的職業資格證書。外貿考試日歷如表1-1所示。

表1-1　　　　　　　　　　　外貿考試日歷

序號	證書名稱	頒發部門	考試時間	考試內容
1	外銷員資格證書	國家商務部和人事部	每年9月	外銷員綜合業務、外貿外語（筆試和口試）
2	報關員資格證書	中國海關總署	每年11月	當年報關員資格全國統一考試教材、進出口商品名稱與編碼
3	報檢員資格證書	國家質量監督檢驗檢疫總局	每年11月	檢驗檢疫有關法律法規、報檢業務基礎、國際貿易知識等
4	全國外貿跟單員資格證書	中國國際貿易學會	每年11月	外貿跟單基礎理論（含英語）、外貿跟單操作實務（含英語）
5	國際商務單證員證書	中國對外貿易經濟合作企業協會	每年6月	國際商務單證基礎理論與知識、國際商務單證操作與繕制

表1-1(續)

序號	證書名稱	頒發部門	考試時間	考試內容
6	全國外貿業務員證書	中國國際貿易學會	每年5月	外貿業務基礎理論（含英語）、外貿業務操作實務（含英語）
7	國際貨運代理從業資格證書	中國國際貨運代理協會	每年9月或10月	國際貨運代理理論與實務、國際貨運代理專業英語（含英文單證）

註：從2014年起，國家海關總署取消報關員資格考試。

 知識

《國際貿易業務的職業分類和資質管理》簡介

由中華人民共和國國家質量監督檢驗檢疫總局、中國國家標準化管理委員會發布的中華人民共和國國家標準GB/T 28158-2011《國際貿易業務的職業分類與資質管理》已於2012年7月1日正式實施。該標準依據GB/T 6565-2009《職業分類與代碼》的規定，並結合國際貿易從業人員各項職業的工作內容，將國際貿易從業人員各項職業分為下表所示的四個類別和四個職業等級。

表1-2　　　　　　　　　國際貿易從業人員職業類別與等級

等級	類別			
	國際貿易業務營運類	國際貿易單證類	國際貿易財會類	國際貿易翻譯類
一級	高級國際貿易師	高級國際貿易單證師	高級國際貿易會計師	高級國際貿易翻譯
二級	國際貿易師	國際貿易單證師	國際貿易會計師	國際貿易翻譯
三級	助理國際貿易師	助理國際貿易單證師	助理國際貿易會計師	助理國際貿易翻譯
四級	國際貿易業務員	國際貿易單證員	國際貿易會計員	
	國際貿易跟單員	加工貿易報審員	外匯業務核銷員	
	國際貿易秘書		出口退稅辦稅員	

如表1-2所示，四個類別為國際貿易業務營運類、國際貿易單證類、國際貿易財會類、國際貿易翻譯類。四個職業等級為一級、二級、三級、四級，其中「一級」為最高級。

該國家標準對國際貿易人員職業類別進行了細化並規定了職業資質要求以及管理要求，為推動中國國際貿易的規範化和標準化，提升國際貿易人員的素質和企業管理水平起到了積極的作用。

二、國際貿易從業人員的基本素質

國際貿易素質教育的目標可概括為培養既能滿足當前社會需要，又具有發展潛能的複合型國際貿易人才。具體來說，國際貿易人才應具備以下素質結構：

（一）思想政治素質

國際貿易既是一項經濟活動，又是涉外活動的一部分。國際貿易從業人員在對外

交往的過程中，不僅要考慮經濟利益，而且要注意配合外交活動，認真貫徹中國的對外方針政策，堅持經濟利益與社會效益兼顧，出口創匯和利潤效益並重，堅持效益優先、兼顧公平原則，在履約中，注意重合同、守信用，注意保持良好的形象。

(二) 專業素質

　　1. 專業理論知識

　　要通曉中國的外貿政策和理論、國際市場規則、外貿規則與慣例、進出口交易程序與合同條款、國際承包和勞務合作等。另外，由於國際貿易的交易雙方處在不同的國家和地區，各國的政治制度、法律體系不同，文化背景互有差異，價值觀念也有所不同，因此要求國際貿易從業人員還要熟悉國際貿易法則，通曉國際經濟金融、政治法律、社會文化等情況。

　　2. 專業實踐技能

　　對外貿企業來說，國際貿易是與形形色色的外國人打交道，交易情況千差萬別，需要從業人員有豐富的經驗，因而僅僅掌握了理論知識是遠遠不夠的，很多具體的進出口業務或者與之相關聯的其他工作崗位在錄用人才的時候，往往採用業務考核的方法，要麼要求求職者撰寫英文函電，要麼要求說明信用證上存在的問題等。事實證明，從業人員僅有文憑是不夠的，由於技能型人才日漸走俏，重實踐的從業資格證書也顯得越來越重要。

　　3. 外語應用技能

　　國際貿易具有跨國界、異國性和多國性的特點，語言相通是貿易洽談、商品宣傳和貿易成交的必需媒介。業務人員不僅要掌握通用的語言，最好能掌握目標市場的語言，能夠與外商進行有效的溝通交流。要做到學以致用，要做到說能脫口而出、寫能規範得體。

(三) 職業素質

　　1. 敬業精神

　　從事國際貿易就意味著沒有固定的作息時間。有時候為了配合國外客戶的作息時間，業務人員經常要晚上加班，有些事情緊急不能等到第二天處理，業務人員就必須犧牲自己的休息時間，甚至節假日的時候也不能休息。一筆業務，從交易磋商開始，到簽訂合同直至合同履行完畢，這是一個比較長的過程。有時合同履行完了還不是業務的結束，可能過一段時間之后還要面臨索賠和理賠的問題，這就要求業務人員要有認真負責的態度，切實做好每一環節的工作，如果粗心大意，可能就會造成嚴重后果。

　　2. 社會協作素質

　　社會協作素質是指與群體內的部門和其他人員以及與社會的協調合作能力。在國際貿易中，交易雙方相距遙遠，在開展交易過程中包括許多中間環節，涉及面很廣，需要與很多部門打交道。因此，業務人員要有很強的溝通能力和協作能力，要善於同各式各樣的人打交道，善於優化人際關係，調動一切積極因素，優質、高效地從事外貿工作。

　　3. 個人修養

　　國際貿易是涉外活動，業務人員是企業對外的一個窗口，代表著企業形象。業務

人員要加強自身的修養，克服自己的不良習慣，注意使自己的言談舉止符合國際禮儀。

4. 開拓創新

國際市場商戰不止，競爭激烈，要想在激烈的競爭中立於不敗之地，必須具有不斷創新的素質。要保持頭腦清醒、思維敏捷、反應迅速，及時捕捉國際貿易信息。成功的外貿人員應該在吸取前人成功經驗的基礎上認識事物發展的規律，創造新思維，開拓新局面，在商場上出奇制勝。

三、國際貿易從業人員的基本能力

國際貿易涉及不同的國家和地區，程序繁雜、風險大。因此，從業人員必須經過專門培訓、具備專門的知識和能力，才能完成相應的外貿業務。

(一) 靈活運用國際貿易公約與慣例的能力

從業人員要通曉並具備靈活運用國際上通行的貿易公約和貿易慣例的能力，如通曉並靈活運用《聯合國國際貨物銷售合同公約》、《2010年國際貿易術語解釋通則》、《跟單信用證統一慣例》、《托收統一規則》等。同時，還要熟悉本國及貿易對手國家的貿易政策法規、關稅制度以及非關稅壁壘方面的規定。

(二) 交易磋商與合同簽訂的能力

國際貿易就是跨國的銷售和採購，從業人員應具備國際市場營銷和國際商務談判的知識，掌握商品品質包裝要求、價格核算、運輸保險、貨款結算、商品檢驗、糾紛處理等一系列知識，明確往來函電的寫作要求，具備交易磋商、貿易合同簽訂的基本能力。

(三) 合同履行的能力

從業人員要熟悉進出口合同履行的基本流程，明確租船訂艙、貨物出運、進出口通關、運輸保險、交單結匯等業務程序和要求，具備貿易合同履行的基本能力。

(四) 熟練運用外語與計算機的能力

在國際貿易中，貿易雙方的交易磋商、往來函電、合同單證等都必須使用英文，英語已成為國際貿易的通用語言。同時，互聯網和電子商務的普及，也使計算機成為從業人員開展業務的必備工具。

> **工作提示：**
> 國際貿易相關的職業資格證書種類繁多，學生需要根據自己的興趣、個性特點，結合對未來的職業規劃來選定需要考取的相關職業資格證書。

項目小結

（1）國際貿易是指世界各國（地區）之間進行的貨物、服務和技術交換的活動。國際貿易實務則是國家（地區）之間貨物交換的具體操作過程。國際貿易的特點為貿易風險大、以外幣計價、價格構成複雜和遵循共同的公約和慣例。

（2）出口貿易一般經過出口交易前的準備、出口交易磋商與合同訂立、出口合同的履行這三個階段。進口貿易一般也經過進口前準備、進口交易磋商與合同訂立、進口合同的履行三個階段，只是本方為進口方，其在交易中的角色不同。

（3）國際貿易職業崗位群主要有外銷員、跟單員、單證員、貨代員、報關員、報檢員等。國際貿易的從業人員應該掌握相關技能，而且還需要良好的政治素質、專業素質、職業素質等。

 項目演練

一、判斷題

1. 國際慣例在國際貿易中起著重要的作用。（　　）
2. 中國涉外貨物貿易主要適用國際貿易條約和國際貿易慣例。（　　）
3. 國際貿易與國內貿易的標的、目的和基本程序是相同的。（　　）
4. 中國某企業與美國某公司簽訂一筆貿易合同，該合同應適用美國或中國的有關貿易法律。（　　）
5. 中國香港特別行政區屬於大陸法系。（　　）
6. 國際貿易的對象只包括出口貿易，不包括進口貿易。（　　）
7. 買賣合同的簽訂是國際貿易流程中的一個關鍵環節，合同簽訂以後就沒有太多實質性的工作了。（　　）

二、單項選擇題

1. 在合同中沒有明確約定時，中國涉外貨物買賣合同應適用（　　）。
　　A. 中國有關法律　　　　　　B. 貿易對方所在國法律
　　C. 第三國法律　　　　　　　D. 國際條約

2. 按照《聯合國國際貨物銷售合同公約》的規定，下列中屬於國際貿易的交易是（　　）。
　　A. 甲國某公司設在乙國和丙國的兩個子公司之間的貨物交易
　　B. 甲國某公司在乙國不同地區所設立的兩個分公司之間的貨物交易
　　C. 甲國某公司與在甲國設立的子公司之間的貨物交易
　　D. 以上答案均不正確

3. 2012年9月美國某公司與中國廣東一出口公司在廣交會上結識，雙方相互交換了名片，美國客戶對中國公司展示的樣品很感興趣，帶走部分樣品，答應回去讓其客戶看看，以便推廣當地市場。12月份中國公司收到美國公司詢盤稱：欲採購500箱產品，請報優惠價格。中國公司當即答復：每箱CIF紐約200美元，收到貨款后60天交貨。對方很快做出反應：同意你方價格，但請在合同簽訂之后30天交貨。我方對此答復沒有理會，則（　　）。
　　A. 此時合約關係已經確立　　　B. 我方公司應在簽約后30天交貨

C. 此時合約關係沒有確立　　　　D. 對方回函是有效的接受
4. 某食品進出口公司（經營範圍為食品）與美國一家機電公司簽訂一份出口電腦的合同，這份合同是（　　）。
   A. 合法的　　　B. 無效的　　　C. 有效的　　　D. 違法的
5. 在國際貿易中，對當事人的行為無強制性約束的規範是（　　）。
   A. 國內法　　　B. 國際法　　　C. 國際貿易慣例　　　D. 國際條約
6. 《聯合國國際貨物銷售合同公約》確定貨物交易「國際性」的標準是（　　）。
   A. 買賣雙方當事人營業地處於不同國家
   B. 買賣雙方當事人具有不同國籍
   C. 訂立合同行為完成於不同國家
   D. 貨物必須由一國運往另一國

三、多項選擇題

1. 下列屬於國際貿易與國內貿易的不同點的有（　　）。
   A. 國際貿易困難大於國內貿易
   B. 國際貿易比國內貿易複雜程度高
   C. 國際貿易相比國內貿易風險更大
   D. 國際貿易線長、面廣、中間環節多
2. 關於國際貿易慣例，下列說法中不正確的是（　　）。
   A. 國際貿易慣例不是法律
   B. 國際貿易慣例在任何情況下都不具有法律約束力
   C. 國際貿易慣例是在長期的國際貿易實踐中逐漸形成的
   D. 國際貿易慣例在國際貿易中並不重要
3. 下列屬於國際貿易慣例的有（　　）。
   A. 《跟單信用證統一慣例》　　　B. 《托收統一規則》
   C. 《聯合國國際貨物銷售合同公約》　　　D. 《2010 年國際貿易術語解釋通則》

四、案例分析題

1. 有一份 CFR 合同在美國訂立，由美國商人 A 出售一批農用器具給香港商人 B，按 CFR 香港條件交貨。雙方在執行合同的過程中，對合同的形式及合同有關條款的解釋發生了爭議。請分析解決此項糾紛應適用香港法律還是美國法律。
2. 某年 8 月，中國國內甲公司應法國乙公司的請求，報出某品牌空調 3000 臺，每臺 CIF 馬賽 450 美元，裝運期 30 天的發盤。對方收到後，表示要增加產品數量，降低價格，並延長還盤有效期。中國甲公司曾將數量增至 4000 臺，價格每臺 CIF 馬賽減至 420 美元，有效期經兩次延長，最后期限為 9 月 25 日。法國乙公司於 9 月 22 日來電，接受該盤。但中國甲公司接到該電報時，已發現該產品的主要原材料國際市場價格猛漲。於是中國甲公司拒絕成交，並復電稱：「由於世界市場的變化，貨物在收到電報前已售出。」可是法國乙公司不同意中國甲公司的說法，認為其在發盤有效期內接受，堅

持要按發盤的條件執行合同，否則要中國甲公司賠償損失。

(1) 該項業務處於出口程序的哪個階段？具體涉及哪些業務內容？

(2) 該項業務應如何解決？

(3) 就本案例而言，你認為出口業務員應該具備哪些知識和素質？

五、實務操作題

1. 訪問中華人民共和國商務部網站（http://www.mofcom.gov.cn），瞭解對外貿易經營證備案登記程序。

2. 利用熟悉的 B2B（企業對企業電子商務模式）網站或搜索引擎尋找歐洲市場上經營家用電器的進口商，根據尋找到的客戶資料，編寫一封希望建立業務關係的信函並制訂你的出口經營方案。

項目二　商品的標的物條款

項目導讀

　　商品的名稱、品質、數量和包裝是合同的標的內容。在國際貿易中，商品是一切交易的核心，而無論買賣何種有形商品，都必須有其具體的名稱，並要求一定的品質標準。每筆交易都離不開一定的數量，而交易的大多數商品通常都需要適當的包裝。這些交易條件直接關係到買賣雙方的利益。因此，商品的名稱、品質、數量和包裝是買賣雙方交易磋商的焦點，同時也是國際貨物買賣合同中的主要條款。這是買賣雙方進行交易的物質基礎，必須給予足夠重視。

任務一　商品的品名

 **任務目標**

- 瞭解品名條款的意義
- 理解商品命名的常用方法
- 掌握品名條款的基本內容和擬定相關條款的注意事項

 **任務引入**

中國某公司出口蘋果酒一批，國外開來信用證貨物品名為「APPLE WINE」，於是中國出口公司為了單證一致，所有單據上均用「APPLE WINE」。不料貨到國外後遭海關扣留罰款，因該批酒的內外包裝上均寫的是「CIDER」字樣。結果外商要求中國公司賠償損失。

討論題：

（1）為什麼進口國的海關要扣留罰款？我方對此有無責任？

（2）此案帶給我們的啟示是什麼？

 **知識內容**

一、商品品名的含義及品名條款的重要性

商品的品名（Name of Commodity），又稱商品的名稱，是某種商品區別於其他商品的一種稱呼。合同中有關商品名稱的條款稱為品名條款，通常在合同的開頭部分列明。商品的名稱在一定程度上體現商品的屬性、用途及性能特徵。加工程度低的商品，其名稱一定較多地反應該商品所具有的自然屬性；加工程度越高的商品，其名稱越多地體現出該商品的性能特徵。

國際貿易與國內的零售貿易不同，除國際拍賣、國際展賣等看貨成交、立即成交的貿易方式以外，絕大多數的交易是遠期合約交易。從簽約到交貨往往相隔相當長的時間，而且在很多情況下，買賣雙方在洽談交易和簽訂合同的過程中，並沒有看到具體的貨物，只是憑藉對買賣的商品進行必要的描述來確定交易的標準。因此，在國際貨物買賣中明確規定貨物的名稱是必不可少的。

從法律角度看，在合同中規定標的物的具體名稱，關係到買賣雙方在貨物交接方面的權利。在國際貨物買賣業務中，如果賣方所交貨物不符合約定的品名規定，則買方有權提出索賠，甚至拒收貨物或撤銷合同。從業務角度看，這項規定是雙方交易的物質內容，是交易賴以進行的物質基礎和前提條件。

 知識

商品名稱及編碼協調制度簡介

《商品名稱及編碼協調制度的國際公約》（International Convention for Harmonized Commodity Description and Coding System）簡稱協調制度（縮寫為 HS），是 1983 年 6 月海關合作理事會（現名世界海關組織）主持制定的一部供海關統計進出口管理及與國際貿易有關各方共同使用的商品分類編碼體系。HS 於 1988 年 1 月 1 日正式實施。目前世界上已有 200 多個國家和地區、全球貿易總量 90% 以上的貨物都使用 HS。中國於 1992 年 1 月 1 日起採用該制度。

HS 的總體結構包括三大部分，即歸類規則；類、章及子目註釋；按順序編排的目與子目編碼及條文。這三部分是 HS 的法律性條文，具有嚴格的法律效力和嚴密的邏輯性。HS 採用 6 位數編碼，把全部國際貿易商品分為 21 類，97 章。章以下再分為目和子目。商品編碼第一、二位數碼代表「章」，第三、四位數碼代表「目」，第五、六位數碼代表「子目」。有的國家根據本國的實際，已分出第七、八、九位數碼。

HS 主要用於海關稅則和貿易統計，其在國際貿易單證簡化以及普遍優惠制稅號的利用等方面，都發揮著重要的作用。

二、商品命名的常用方法

在國際貿易中，一個好的商品品名往往能高度概括出商品的特性，誘發購買的慾望，促進交易的達成。商品品名的命名一般有以下幾種方法：

（一）以商品的主要用途命名

這種方法旨在突出商品的用途，便於消費者按其需要購買商品，如織布機、旅遊鞋、洗衣粉、複印機、殺蟲劑等。

（二）以商品的主要成分命名

以商品所含的主要成分命名，可使消費者瞭解商品的有效內涵，有利於提高商品的身價。一般適用於大眾所熟知的名貴原材料製造的商品，如西洋參、蜂王漿、珍珠霜等。

（三）以商品的主要原材料命名

這種方法能夠通過突出商品所使用的主要原材料反應出商品的質量，如絲綢睡衣、羊毛衫、皮手套、水晶器皿等。

（四）以商品外觀造型命名

這種方法有利於消費者從字義上瞭解該商品的特徵，如綠豆、喇叭褲、燈芯糕、螺紋鋼等。

（五）以人物、地名命名

以人物、地名命名可突出商品的地方特色，引起消費者注意和興趣，如孔府家酒、東北大豆、西湖龍井茶等。

（六）以製作工藝命名

這種方法可突出商品的製作工藝，提高商品的品牌形象，增強消費者對該商品的

信任，如二鍋頭燒酒、精制食用油等。

小思考 2-1

試舉例說明你所在地的特產及命名方法。

三、品名條款的基本內容

國際貨物買賣合同中的品名條款並無統一的格式，通常都在「商品名稱」或「品名」（Name of Commodity）的標題下列明交易雙方成交商品的名稱，也可不加標題，只在合同的開頭部分列明交易雙方同意買賣某種商品的文句。

品名條款的規定還取決於成交商品的品種和特點。就一般商品來說，有時只要列明商品的名稱即可，但是有的商品往往具有不同的品種、等級和型號。因此，為了明確起見，也有把有關具體品種、等級或型號的概括性描述包括進去，作為進一步的限定。此外，有的甚至把商品的品質規格也包括進去，這實際上是把品名條款與品質條款合併在一起。

舉例如下：

（1）Name of Commodity：Iron Screw for Flashlight.

商品名稱：手電筒用鐵制螺絲。

（2）Name of Commodity：Ladies Knitwear（62% Polyester, 33% Cotton, 5% Spandex）.

商品名稱：女裝編織衫（62%聚酯，33%棉質，5%彈性纖維）。

四、規定品名條款的注意事項

國際貨物買賣合同中的品名條款是合同中的主要條件。因此，在規定此條款時，應注意下列事項：

（一）商品品名必須明確、具體，避免空泛

表達條款內容時，必須要能確切反應交易標的物的特點，避免空泛、籠統的規定，以利於合同的履行。如「Computer Parts」（電腦配件）這樣的品名不可接受，因為太過籠統，可能會造成清關延誤。

（二）針對商品實際做出實事求是的規定

條款中規定的品名必須是賣方能夠提供的商品，凡做不到或不必要的描述性詞句都不應列入，以免給履行合同帶來困難。

（三）盡可能使用國際上通用的名稱

有些商品的名稱各地叫法不一，為了避免誤解，盡可能使用國際上通用的稱呼。若使用地方性的名稱，交易雙方應事先就其含義取得共識。對於某些新商品的定名及其譯名，應力求準確、易懂，符合國際上習慣和注意外文中的意義。

（四）注意選用合適的品名

如果一種商品具有不同的名稱，則在確定品名時，必須注意有關國家的海關稅則和進口限制的有關規定。在不影響外貿政策的前提下，從中選擇有利於降低關稅和方

便進口的名稱，作為合同的品名。

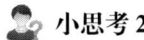 小思考 2-2

在國際貿易中能使用「西紅柿」這一品名進行買賣嗎？

案例討論 2-1

中國某企業向國外客戶出口輪胎，合同上的品名為 Matto Brand Tyre 195/65 R15, 88H，但是該出口企業交貨時誤裝為 Matto Brand Tyre 190/65 R15, 88H。兩種型號的輪胎在外形上基本一樣，但是對最高時速的限制不同，因此客戶要求該出口企業調換產品或者降價。

請問：客戶的要求是否合理？為什麼？

> **工作提示：**
>
> 商品的品名是買賣雙方交接貨物的重要依據，如果賣方所交貨物不符合約定的品名，則買方有權提出索賠，甚至拒收貨物或撤銷合同。

任務二　商品的品質

 任務目標

- 瞭解貨物買賣合同中的品質條款的意義
- 理解和掌握表示商品品質的方法
- 掌握合同中品質條款的基本內容及擬定相關條款的注意事項

任務引入

我出口方與某國進口客商憑樣品成交達成一筆出口鐮刀的交易。合同中規定復驗有效期為貨物到達目的港后的 60 天。貨物到目的港經外商復驗後，未提出任何異議。但是事隔半年，外商來電稱：鐮刀全部生鏽，只能降價出售。外商因此要求我方按成交價格的 40% 賠償其損失。我方接電後立即查看我方留存的復樣，也發現類似情況。

討論題：

（1）案例中提到的「復樣」是什麼意思？它在國際貿易中有什麼作用？

（2）我方是否應該同意對方的要求？為什麼？

 **知識內容**

一、商品品質的含義及其重要性

（一）品質的含義

商品的品質（Quality of Goods），又稱商品的質量，是指商品的內在素質和外觀形態的綜合，前者包括商品的物理性能、機械性能、生物特徵及化學成分等自然屬性；后者包括商品的外形、色澤、款式、味覺和透明度等。

在國際貿易中，一般按照每種商品的不同特點，選擇一定的質量指標來表示不同商品的品質。例如，機床以性能、用途、功率、自動化程度等指標表示；煤炭以灰分、含水、含硫、發熱量、粒度等指標表示；服裝以面料和輔料、款式、顏色、工藝等指標表示。商品的品質優劣直接影響商品的使用價值和價格，往往是買方最為關心的。

小思考 2-3

舉例說明商品「計算機」的品質內涵。

（二）品質的重要性

品質的優劣直接影響商品的使用價值和價值，是決定商品使用效能和影響商品價格的重要因素。在當前國際競爭空前激烈的條件下，許多企業都把提高商品的品質，力爭以質取勝，作為非價格競爭的一個主要組成部分，這是加強對外競銷的重要手段之一。因此，在出口貿易中，不斷改進和提高出口商品的質量，不僅可以增強出口競爭能力，擴大銷路，提高銷價，為國家和企業創造更多的外匯收入，而且還可以提高出口商品在國際市場上的聲譽，並反應出口國的科學技術和經濟發展水平。在進口貿易中，嚴格把好進口商品質量關，使進口商品適應國內生產建設、科學研究和消費上的需要，是維護國家和人民利益，並確保提高企業經濟效益的重要環節。

合同中的品質條件是構成商品說明的重要組成部分，是買賣雙方交接貨物的依據。英國《貨物買賣法》把品質條件作為合同的要件（Condition），《聯合國國際貨物銷售合同公約》規定賣方交貨必須符合約定的質量，如賣方交貨與約定的品質條件不符，買方有權要求損害賠償，也可要求修理或交付替代貨物，甚至還可拒收貨物和撤銷合同，這就進一步說明了品質的重要性。

為了促進各國產品質量的提高，完善企業管理素質，保護消費者利益，國際標準化組織（International Standards Organization，ISO）推出了 ISO9000 質量管理和質量保證系列標準，后來又推出 ISO14000 環境管理系列標準。企業通過實施這兩個一體化管理體系，有助於提高自身及產品在消費者和客戶中的形象，降低經營及管理成本，使產品適應國際市場對產品在質量上的新需求，提高產品的國際競爭力。

 **知識**

ISO9000 系列標準

ISO9000 系列標準是國際標準化組織第 176 技術委員會制定的，是國際標準化組織

為適應國際貿易發展需要，針對製造業、服務業所制定的品質管理及品質保證標準，是對企業的質量管理所做出的最低要求。ISO9000 系列包括 ISO90000、ISO9001、ISO9002、ISO9003、ISO9004、ISO14000 等標準。通常所說的 ISO9000 認證即是根據 ISO9001、ISO9002、ISO9003 三個外部質量保證標準進行的。ISO9001 是開發設計、生產、安裝、服務的質量保證體系；ISO9002 是生產和安裝的質量保證體系；ISO9003 是最終產品檢驗和試驗的質量保證體系。

二、商品品質的表示方法

合同中的品質約定是買賣雙交接貨物的依據。通常用憑實物和憑說明兩種方式表示商品的品質。

(一) 用實物表示品質

以實物表示商品品質通常包括憑成交商品的實際品質（Actual Quality）和憑樣品（Sample）兩種表示方法。前者為看貨買賣，后者為憑樣品買賣。

1. 看貨買賣（Sale by Actual Quality）

看貨買賣是買賣雙方履行合同時的品質標準以買方所看到的商品的實際品質為準進行交易，通常是先由買方或其代理人到賣方場所驗看貨物，達成共識后進行交易。當買賣雙方採用看貨成交時，買方或其代理人通常先到賣方存放貨物的場所驗看貨物，一旦達成交易，賣方就應按對方驗看過的商品品質標準交貨。只要賣方交付的貨物與買方驗看過的貨物相符，買方就不得對貨物品質提出異議。

在國際貿易中，因為交易雙方遠隔兩地，交易洽談主要以函電的方式進行，所以採用看貨成交的可能性非常有限。看貨買賣這種做法多用於寄售（Consignment）、拍賣（Auction）和展賣（Fairs and Sales）的業務中，尤其適用於具有獨特性質的商品，如珠寶、首飾、字畫及特定工藝製品（牙雕、玉雕等）。

2. 憑樣品買賣（Sale by Sample）

樣品通常是指從一批貨物中抽出來的或由生產、使用部門設計、加工出來的，足以反應和代表整批貨物質量的少量實物。凡以樣品表示貨物質量並以此作為交貨依據的，稱為憑樣品買賣。

根據樣品提供者的不同，憑樣品買賣可分為下列三種形式：

（1）憑賣方樣品成交（Sale by Seller's Sample）。由賣方提供的樣品稱為「賣方樣品」。凡憑賣方樣品作為交貨的品質依據者，稱為「憑賣方樣品買賣」。在這種情況下，在買賣合同中應訂明：「商品品質以賣方樣品為準」（Quality as per Seller's Sample）。日后，賣方所交貨物的品質必須與其提供的樣品相同。

小思考 2-4

如果要從眾多同類商品中選擇一個作為樣品寄給客戶，是否應選擇最好的？請說明理由。

賣方寄出樣品（稱為原樣）時，應留存「復樣」（Duplicate Sample），其作用包括三個方面：一是作為將來加工生產的依據；二是作為交貨時質量對比的依據；三是作為將來處理爭議的依據。在寄出的樣品（原樣）和留存的復樣上應編上相同的號碼，以方便日后使用。留存的復樣應妥善保管，有些還必須注意保管室的溫度、濕度和採用科學的貯藏方法，防止變質。

（2）憑買方樣品成交（Sale by Buyer's Sample）。買方為了使其訂購的商品符合自身的要求，有時由其提供樣品交由賣方依樣承製，如果賣方同意按買方提供的樣品成交，則稱為「憑買方樣品買賣」。此時，在合同中應訂明：「商品品質以買方樣品為準」（Quality as per Buyer's Sample）。日后，賣方所交整批貨的品質必須與買方樣品相符。

（3）憑對等樣品成交（Sale by Counter Sample）。賣方根據買方提供的樣品，加工複製出一個類似的樣品交買方確認，這種經確認后的樣品，稱為「對等樣品」或「回樣」（Return Sample），也有稱之為「確認樣品」（Confirming Sample）。當對等樣品被賣方確認后，則日后賣方所交貨物的品質，必須以對等樣品為準。

樣品無論是由買方提供的，還是由賣方提供的，一經雙方確認便成為履行合同時交接貨物的質量依據，賣方應承擔交付的貨物質量與憑以達成交易的樣品完全一致的責任。否則，買方有權提出索賠甚至拒收貨物，這是憑樣品買賣的基本特點。凡是能用科學的指標表示商品品質時，不宜採用憑樣品買賣。如果品質無把握，應在合同中做出靈活規定。例如，品質與樣品大致相同（Quality is Nearly Same as the Sample）。

小思考 2-5

有人認為，對等樣品實質是將買方樣品轉換成賣方樣品，這種說法正確嗎？

（二）用文字說明表示品質

在國際貿易中，除了部分貨物用樣品表示品質外，大多數貨物可用文字說明來表示品質。買賣雙方用文字、圖表、照片等方式來說明成交商品的質量，稱為「憑說明買賣」（Sale by Description）。這類表示方法有以下幾種：

1. 憑規格買賣（Sale by Specification）

合同中規定商品的品質指標，如化學成分、長短、粗細、含量、尺寸、合格率等。買賣雙方在進行磋商交易時，可以通過規格來說明交易商品的基本品質狀況。這是最廣為採用的既方便又準確的一種表示品質的方法。

舉例如下：

中國大豆：水分最高 15%，不完善粒最高 7%，含油量最低 17%。

Chinese soybean: moisture max 15%, imperfect grains max 3%, oil content min 17%

2. 憑等級買賣（Sale by Grade）

等級是指同一類貨物按其質地的差異，或尺寸、形狀、重量、成分、構造及效能等的不同，用文字、數字或符號所表示的分類。例如，大、中、小，重、中、輕，一級、二級、三級等。這種表示貨物質量的方法，對簡化手續、促進成交和體現按質論價等方面都有一定的作用。但是，應當說明的是，由於不同等級的貨物具有不同的規

格，當雙方對等級內容不熟悉時，最好明確每一等級的具體規格，以便於履行合同和避免爭議。當然，如果交易雙方都熟悉每個級別的具體規格或理解一致時，則只需列明等級即可。

舉例如下：

中國綠茶	特珍眉特級	貨號	41022
	特珍眉一級	貨號	9317
	特珍眉二級	貨號	9307
Chinese Green Tea	Special Chunmee Special Grade	Art No. 41022
	Special Chunmee Grade 1	Art No. 9317
	Special Chunmee Grade 2	Art No. 9307

案例討論 2-2

國內某公司向外商出口一批蘋果。合同及來證上均寫的是三級品，但發貨時才發現蘋果庫存不足，於是該公司改以二級品交貨，並在發票上加註：「二級蘋果仍按三級計價。」貨抵買方后，遭買方拒絕。

請問：在上述情況下，買方有無拒付的權利？為什麼？

3. 憑標準買賣（Sale by Standard）

商品的標準是指標準化了的規格和等級。有的標準由國家或有關政府部門制定，還有的標準是由商品交易所、同業工會或有關國際組織制定。公布了的標準經常需要修改變動。因此，當採用標準說明商品品質時，應註明採用標準的版本和年份。例如，鹽酸四環素糖衣片，250毫克，符合1993年版英國藥典。

在國際貿易中對於某些品質變化較大而難以規定統一標準的農副產品，往往採用「良好平均品質」（Fair Average Quality, FAQ）和「上好可銷品質」（Good Merchantable Quality, GMQ）兩種標準表示其品質。

（1）良好平均品質，俗稱「大路貨」。所謂良好平均品質，是指一定時期內某地出口貨物的平均品質水平，一般是就中等貨而言，適用於農副產品。良好平均品質具體解釋和確定辦法如下：

①指農產品的每個生產年度的中等貨。

②指某一季度或某一裝船月份在裝運地發運的同一種商品的「平均品質」。

我們所說的良好平均品質一般是指大路貨，是和「精選貨」（Selected）相對而言的，而且我們所說的大路貨還訂有具體規格。例如，「中國桐油，良好平均品質，遊離脂肪不超過4%」。

（2）上好可銷品質是指賣方交貨品質只需保證為上好的、適合於銷售的品質即可。這種標準含義不清，在國際貨物貿易中很少使用，一般只適用於木材或冷凍魚類等物品。

4. 憑說明書和圖樣買賣（Sale by Description and Illustrations）

在國際貨物買賣中，有些機器、電器、儀表、大型設備及交通工具等技術密集型產品，由於其結構複雜、製作工藝不同，無法用樣品或簡單的幾項指標來反應其質量

全貌。對於這類產品，買賣雙方除了要規定其名稱、商標牌名、型號等外，通常還必須採用說明書來介紹該產品的構造、原材料、產品形狀、性能及使用方法等，有時還附以圖樣、圖片、設計圖紙、性能分析表等來進行完整說明。按此方法進行的交易，稱為憑說明書和圖樣買賣。

5. 憑商標和牌號買賣（Sale by Trademark or Brand）

商標（Trademark）是指廠商用來識別其所生產或出售的商品的標誌，可由文字、字母、圖案等組成。品牌（Brand）是指工商企業給其製造或銷售的商品所冠以的名稱，以便與其他企業的同類產品區別開來。

在國際市場上，某些商品行銷已久，品質優良穩定，知名度高，則往往可以用其商標或牌號表示其品質。例如，可口可樂、大白兔奶糖等。需要注意的是，許多著名品牌由於其產品品種多樣性和複雜性，是不可能單憑商標品牌成交的。比如國際商業機器公司（IBM）、索尼（SONY）等。它們的產品，必須具有完整確切的品質指標或技術說明。

6. 憑產地名稱買賣（Sale by Name of Origin）

有些地區的產品，尤其是一些傳統農副產品，具有獨特的加工工藝，在國際上享有盛譽，對於這類產品的銷售，可以來用產地名稱來表示其獨特的品質、信譽。例如，以一個國家為名稱的「法國香水」（France Perfume）、「中國梅酒」（China Plum）；以某個國家的某一地區為名稱的「中國東北大米」（China Northeast Rice）；以某個國家的某一地區的某一地方為名稱的「四川榨菜」（Sichuan Preserved Vegetable）等。這些名稱不僅標註了特定產品的產地，更重要的是無形中對這些產品的特殊質量和品味提供了一定的保障。

小思考 2-6

請問：以下貨物適合選用哪種方式表示其品質？
①龍口粉絲；②做工精細的工業品；③鴨絨；④精密儀器；⑤「紅雙喜」牌乒乓球；⑥茶葉；⑦醫藥品。

三、品質條款的內容

(一) 品質條款的一般內容

國際貨物買賣合同中品質條款一般要寫明貨物的名稱和具體質量。但是，由於表示質量的方法不同，合同中品質條款的內容也不盡相同。

在憑樣品買賣時，合同中除了要列明貨物的名稱外，還應訂明憑以達成交易的樣品的編號，必要時還要列出寄送和確定的日期。

在憑文字說明買賣時，應針對不同交易的具體情況，在買賣合同中明確規定貨物的名稱、規格、等級、標準、牌名及商標或產地名稱等內容。

在以圖樣和說明書表示貨物質量時，還應在合同中列明圖樣、說明書的名稱、份數等內容。

（二）品質機動幅度和品質增減價條款

在國際貨物貿易合同中，品質條款的訂立一般來說要盡量明確、具體，以避免不必要的爭議。但是，有些商品由於其本身的特性、自然損耗或者生產能力等因素的影響，若把品質條款制定得過死往往會造成交貨品質無法與合同規定完全一致，從而造成違約。在這種情況下，為保證交易的順利進行，可在合同中訂立品質機動幅度、品質公差或品質增減價條款。

1. 品質機動幅度（Quality Latitude）

品質機動幅度是指允許賣方所交貨物的品質指標可有一定幅度範圍內的差異，只要賣方所交貨物的品質沒有超出機動幅度的範圍，買方就無權拒收貨物，這一方法主要適用於初級產品。

品質機動幅度的規定方法主要有以下三種：

（1）規定範圍。對某項貨物的品質指標規定允許有一定的差異範圍。例如，漂布，幅闊 35/36 英吋（Bleached Shirting, Width 35/36），即布的幅闊在 35 英吋（1 英吋等於 2.54 厘米，下同）到 36 英吋的範圍內均合格。

（2）規定極限。對有些貨物的品質規格，規定上下限。常用的表示方法有最大、最高、最多、最小、最低、最少等。例如，中國花生仁，水分最高 13%，含油量最低 44%（Chinese Groundnut, Moisture Max. 13%, Oil Content Min. 44%）。

（3）規定上下差異。允許交貨商品的品質在某一範圍內波動。例如，灰鴨毛，含絨量 18%，允許上下 1%（Grey Duck Feather, Down Content 18%, 1% More or Less Allowed）。

2. 品質公差（Quality Tolerance）

品質公差是指工業製成品在加工過程中所產生的誤差，這種誤差的存在是絕對的。品質公差的大小反應著品質的高低，是由科學技術發展程度所決定的。在品質公差範圍內買方無權拒收貨物，也不得要求調整價格。這一方法主要適用於工業製成品，如手錶走時每天誤差若干秒；某一圓形物體的直徑誤差若干毫米等。

3. 品質增減價條款

在品質機動幅度內，一般不另行計算增減價，即按照合同價計收價款。但是，為了體現按質論價，如果經買賣雙方協商同意，也可在合同中規定按交貨的品質情況加價或減價，這就是品質增減價條款。根據中國外貿的實踐，品質增減價條款有下列兩種方法：

（1）對機動幅度內的品質差異，可按交貨實際品質規定予以增價或減價。例如，在中國大豆出口合同中規定：「水分每增減 1%，則合同價格減增 1%；不完善粒每增減 1%，則合同價格減增 0.5%；含油量每增減 1%，則合同價格增減 1.5%。如增減幅度不到 1% 者，可按比例計算。」

（2）只對品質低於合同規定者扣價。在品質機動幅度範圍內，交貨品質低於合同規定者扣價，而高於合同規定者卻不增加價格。為了更有效地約束賣方按規定的品質交貨，還可規定不同的扣價辦法。例如，在機動幅度範圍內，交貨品質低於合同規定 1%，扣價 1%；低於合同規定 1% 以上者，則加大扣價比例。

採用品質增減價條款一般應選用對價格有重要影響而又允許有一定機動幅度的主要質量指標，對於次要的質量指標或不允許有機動幅度的重要指標，則不能適用品質增減價條款。

小思考 2-7

下面的品質條款是否正確？如果不正確，請修改和完善。

中國大米：不完善率 12%，雜質 2%，水分 15%。

四、訂立品質條款的注意事項

商品的品質條款是出口合同的基本條款。賣方應按合同規定的品質條款交貨，否則買方有權提出索賠或拒絕收貨，甚至撤銷合同。因此，訂立品質條款時應注意以下問題：

（一）根據商品的特性來確定表示品質的方法

在國際貿易中，表示品質的方法應視商品特性而定，哪些商品適於憑樣品買賣，哪些商品適於憑規格、等級、標準等買賣，都有行業習慣可遵循。凡可用一種方式表示的，就不要採用兩種或兩種以上的方法來表示，訂立的品質條款過於繁瑣只會增加生產和交貨的困難。

（二）從產銷實際出發，防止品質條件偏高或偏低

確定品質條款時，既要考慮國外客戶的具體要求，又要考慮中國生產的實際情況，恰如其分地確定商品的品質。如果品質指標訂立得過高，把不可能達到或者很難達到的指標貿然列為品質條件，則勢必會給生產和履行合同帶來困難。當然，如果品質指標訂立得過低，則會影響成交商品的售價、銷路及商品的聲譽，甚至降低出口商品的信譽，使對方產生疑慮而不敢成交。

（三）注意條款內容和文字的科學性和靈活性

為了便於檢驗和明確責任，規定品質條件時，應力求明確、具體，不宜採用諸如「大約」、「左右」之類的籠統、含糊的字眼，以免在交貨品質問題上引起爭議。但是，也不宜把品質條件制定得過死，給履行交貨義務帶來困難。一般來說，對一些礦產品、農副產品和輕工業品的品質規格的規定，要有一定的靈活性，以利於合同的履行。

案例討論 2-3

中國某公司出口紡織原料一批，合同規定水分最高 15%，雜質不超過 3%，但在成交前該公司曾向買方寄過樣品，訂約後，該公司又電告對方成交貨物與樣品相似。貨到後，買方提出貨物的質量比樣品低 7% 的檢驗證明，並要求該公司賠償損失。

請問：我方是否該賠？為什麼？

工作提示：

商品品質的優劣不但關係到商品的使用效能和售價高低，還決定商品暢銷與否，涉及有關企業乃至國家的聲譽，外貿從業人員應該認真對待。

任務三　商品的數量

 **任務目標**

- 瞭解國際貿易中常用的計量單位和計量方法
- 掌握貨物買賣合同中的數量條款的內容
- 理解制定商品數量條款時應注意的事項

 任務引入

中國某出口公司與匈牙利商人訂立了一份出口水果合同，支付方式為貨到驗收后付款。但是，貨到目的港經買方驗收後發現水果總重量缺少 10%，而且每個水果的重量也低於合同規定，匈牙利商人既拒絕付款，又拒絕提貨。后來水果全部腐爛，匈牙利海關向中方收取倉儲費和處理水果費用 5 萬美元。中國出口公司陷入被動。

討論題：請分析此案例中，我們可以吸取什麼教訓。

 知識內容

一、商品數量的含義及數量條款的重要性

商品的數量（Quantity of Commodity）是指以一定的度量衡表示商品的重量、個數、長度、面積、體積、容積的量。

確定貨物數量是國際買賣合同中的主要條款之一。這是因為：第一，數量的多少決定合同金額的大小及交易雙方交貨的最后依據；第二，數量的多少直接影響市場銷售及價格的高低；第三，數量的多少也涉及包裝、運輸、檢驗等環節的成本；第四，數量的多少還受一國生產、消費、市場、政策等一系列因素的制約。總之，數量條款是一方以一定數量的商品與另一方以一定數量的貨幣（金額）相交換而構成一筆交易的必不可少的條件。正確掌握成交的數量，學會制定數量條款的技巧，對促進交易的達成和爭取有利的價格具有重要的作用。

 知識

國際貿易中常用的度量衡制度

國際貿易業務中常用的度量衡制度有公制、英制、美制以及國際單位制。

公制（The Metric System）又稱為米制，由法國在 18 世紀最早使用，以十進位制為基礎，「度量」和「衡」之間有內在的聯繫，相互之間的換算比較方便。因此，使用範圍不斷擴大。

英制（The British System）曾在世界上有較大的影響，特別是在紡織品等交易中，但是由於英制不是採用十進制，換算很不方便，「度量」和「衡」之間缺乏內在聯繫。因此，使用範圍逐漸減小。

美制（The US System）以英制為基礎，多數計量單位的名稱與英制相同，但含義有差別，主要體現在重量單位和容量單位中。

國際單位制（The International of Unit）是在公制的基礎上發展起來的，於1960年國際標準計量組織大會通過，已為越來越多的國家所採用。國際單位制有利於計量單位的統一，標誌著計量制度的日趨國際化和標準化，從而對國際貿易的進一步發展起到推動作用。

中國採用的是以國際單位制為基礎的法定計量單位。《中華人民共和國計量法》第三條明確規定：「國家採用國際單位制。國際單位制計量單位和國家選定的其他計量單位，為國家法定計量單位。」在外貿業務中，出口貨物時，除合同有規定外，均應使用法定計量單位。一般不進口非法定計量單價的儀器設備。如有特殊需要，須經有關標準計量管理機構批准，才能使用非法定計量單位。

二、國際貿易中常用的計量單位

由於國際貿易中商品的種類繁多，性能各異，商品計量所採用的方法和單位也各不相同。常用的計量單位和方法主要有以下幾種：

（一）按重量（Weight）計算

按重量計量是當今國際貿易中廣為使用的一種計量方法。例如，許多農副產品、礦產品和工業製成品都按重量計量。按重計量的單位有公噸（Metric Ton, M/T）、長噸（Long Ton, L/T）、短噸（Short Ton, S/T）、公斤（Kilogram, kg）、克（Gram, g）、盎司（Ounce）等。對黃金、白銀等貴重商品，通常採用克或盎司來計量。對鑽石之類的商品，則採用克拉作為計量單位。

知識

國際貿易中的「噸」

實行公制的國家一般採用公噸，每公噸為1000公斤，2204.6磅；實行英制的國家一般採用長噸，每長噸為1016公斤，2240磅；實行美制的國家一般採用短噸，每短噸907公斤，2000磅。

（二）按個數（Number）計算

大多數工業製成品，尤其是日用消費品、輕工業品、機械產品以及一部分土特產品，均習慣於按數量進行買賣，其所使用的計量單位有件（Piece, pc）、雙（Pair）、套（Set）、打（Dozen, doz）、卷（Roll）、令（Ream）、輛（Unit）以及袋（Bag）和包（Bale）等。

（三）按長度（Length）計算

在金屬、繩索、絲綢、布匹等商品的交易中，通常採用米（Meter, m）、厘米

（Centimeter，cm）、英尺（Foot）、碼（Yard）等長度單位來計量。

（四）按面積（Area）計算

在玻璃板、地毯、皮革、塑料製品等商品的交易中，一般習慣於以面積作為計量單位，常見的有平方米（Square Meter）、平方英尺（Square Foot）、平方碼（Square Yard）等。

（五）按體積（Volume）計算

按體積成交的商品有限，僅用於木材、天然氣和化學氣體等。這方面的計量單位有立方米（Cubic Meter）、立方英尺（Cubic Foot）、立方碼（Cubic Yard）等。

（六）按容積（Capacity）計算

各類穀物和流體貨物往往按容積計量，如小麥、玉米、汽油、酒精、啤酒等。其中，美國以蒲式耳（Bushel）作為各種穀物的計量單位，但每蒲式耳所代表的重量則因穀物不同而有差異。例如，每蒲式耳亞麻籽為56磅，燕麥為32磅，大豆和小麥為60磅。公升、加侖（Gallon）則用於酒類、油類商品。

小思考 2-8

某出口公司在交易會上與外商當面談妥出口大米 1000 公噸，但在簽約時合同上只是籠統地寫上了 1000 噸，該出口公司當事人主觀上認為合同上的噸就是指公噸。這樣是否妥當？為什麼？

三、重量的計算方法

在國際貿易中，採用按重量計算的方法很多。用件數計量的商品由於有固定的包裝，比較容易計量，大宗散裝貨物和無包裝或簡單包裝的貨物則採用衡器檢重。在計算重量時，通常有以下幾種主要方法：

（一）毛重（Gross Weight，GW）

毛重是指商品本身的重量加包裝物的重量（稱為皮重，Tare），這種計重辦法一般適用於價值不高的商品。

（二）淨重（Net Weight，NW）

淨重是指商品本身的重量，即除去包裝物后的商品實際重量。淨重是國際貿易中最常見的計重辦法。在實際業務中，如果貨物是按重量計量或計價，但合同中又未明確規定採用何種方法計算重量和價格時，根據慣例，應按淨重計量。不過，有些價值較低的農產品或其他商品有時也採用「以毛作淨」（Gross for Net）的辦法計重。所謂「以毛作淨」，實際上就是以毛重當成淨重計價。例如，黃豆 100 公噸，單層麻袋包裝以毛作淨。在國際貿易中扣除皮重的方法有下列四種：

1. 按實際皮重（Real Tare，Actual Tare）計算

實際皮重指包裝的實際重量，按實際皮重計算是指對包裝逐一過秤，算出每一件包裝的重量和總重量。

2. 按平均皮重（Average Tare）計算

按平均皮重計算，即從整批貨物中抽出一定的件數，稱出其皮重，然后求出其平均重，再乘以總件數，即可求得整批貨物的皮重。

3. 按習慣皮重（Customary Tare）計算

某些商品，由於其所使用的包裝材料和規格已比較定型，皮重已為市場所公認。因此，在計算其皮重時，就無需對包裝逐件過秤，按習慣上公認的皮重乘以總件數即可。

4. 按約定皮重（Computed Tare）計算

按約定皮重計算是指買賣雙方事先約定的單件包裝重量乘以商品的總件數，即得該批商品的總皮重。

（三）公量（Conditioned Weight）

有些商品，如棉花、羊毛、生絲等有較強的吸濕性，其所含的水分受客觀環境的影響較大，故其重量很不穩定。為了準確計算這類商品的重量，國際上通常採用按公量計算的辦法。公量是指用科學的方法抽去商品中的水分，再加上標準水分所求得的重量。其計算公式如下：

公量＝商品乾淨重＋公定含水量

　　＝商品乾淨重×（1＋公定回潮率）

　　＝商品淨重×（1＋公定回潮率）／（1＋實際回潮率）

小思考 2-9

A公司與B公司簽訂了一份50公噸羊毛的出口合同，合同規定以公量來計算商品的重量，商品的公定回潮率是10%，貨物到達目的港后抽樣檢驗所得的實際回潮率是8%，計算該批商品的公量。

（四）理論重量（Theoretical Weight）

對於一些按固定規格生產和買賣的商品，只要其重量一致，每件重量大體是相同的，因此一般可以從其件數推算出總量，如馬口鐵、鋼板等。

（五）法定重量（Legal Weight）和實物淨重（Net Weight）

按照一些國家海關法的規定，在徵收從量稅時，商品的重量是以法定重量計算的。法定重量是商品重量加上直接接觸商品的包裝物料，如銷售包裝等的重量，而除去這部分重量包含雜物所表示出來的純商品的重量，則稱為實物淨重。

（六）裝運重量（Shipping Weight）和卸貨重量（Landed Weight）

裝運重量也叫裝船重量，是指貨物發運時的重量，而卸貨重量也叫到貨重量，是指貨物在目的港卸貨時的重量。

小思考 2-10

對於樟腦、原油、石灰等貨物，應按裝運重量計還是按卸貨重量計算？

四、合同中數量條款的規定

買賣合同中的數量條款主要包括成交商品的數量和計量單位。按重量成交的商品還需訂明計算重量的方法。數量條款的內容及其繁簡程度應視商品的特性而定。規定

數量條款需要注意下列事項：
(一) 正確掌握成交數量
　　1. 對出口商品數量的掌握
　　在商定具體數量時，應當考慮下列因素：
　　（1）國外市場的供求狀況；
　　（2）國內貨源的供應情況；
　　（3）國際市場的價格動態；
　　（4）國外客戶的資信情況和經營能力。
　　2. 對進口商品數量的掌握
　　在商定具體數量時，應當考慮下列因素：
　　（1）國內的實際需要；
　　（2）國內支付能力；
　　（3）市場行情變化。
(二) 合理規定數量機動幅度
　　在實際履約過程中，由於商品特性、生產條件、運輸工具的承載能力以及包裝方式的限制，賣方要做到嚴格按量交貨有一定的困難。為了避免因賣方實際交貨不足或超過合同規定而引起的法律風險，方便合同的履行，對於一些數量難以嚴格限定的商品，如大宗的農副產品、礦產品、煤炭以及一些工業製成品，通常在合同中規定，交貨數量允許有一定範圍的機動幅度，並列明溢短裝部分由哪方選擇和作價原則。這種條款稱為溢短裝條款（More or Less Clause）。
　　1. 規定機動幅度的方法
　　（1）合同中明確具體規定數量的機動幅度。具體可以有兩種規定方法：第一種只簡單地規定機動幅度，如「數量1000公噸，可溢裝或短裝3%（Quantity 1000M/T with 3% more or less）」；第二種在規定上述幅度的同時，還約定由誰行使這種選擇權以及溢短裝部分如何計價，如「數量1000公噸，為適應船艙容量需要，賣方有權多裝或少裝3%，超過或不足部分按合同價格計算」。
　　（2）合同中未明確規定數量機動幅度，但在交易數量前加上「約」字。目前在國際貿易中，對於「約」等用語尚無統一的解釋，因此履行起來容易引起糾紛。但是，如果合同中採用信用證支付方式，根據《跟單信用證統一慣例》第600號出版物第30條a款的規定，「凡『約』、『大約』或類似意義的詞語用於信用證金額或信用證所列的數量或單價時，應解釋為允許對有關金額或數量或單價有不超過10%的增減幅度」。

案例討論 2-4

　　中國某公司出口布匹，信用證中規定數量為「about 5000 yards」，每碼1美元，但金額註明為「not exceeding 5000 U. S. dollars」。
　　請問：該公司如何掌握裝運數量？

　　（3）合同中未明確規定數量的機動幅度。在合同中沒有明確規定機動幅度的情況下，賣方交貨的數量原則上應與合同規定的數量完全一致。但是，在採用信用證支付

方式時，根據《跟單信用證統一慣例》第 600 號出版物第 30 條 b 款的規定，「除非信用證規定所列的貨物數量不得增減，在支取金額不超過信用證的條件下，即使不準分批裝運，貨物數量亦允許有 5%的伸縮」。據此，以信用證支付方式進行散裝貨物的買賣，交貨的數量可有加減 5%的機動幅度。

案例討論 2-5

某公司出口電冰箱共 1000 臺，合同和信用證（L/C）規定都不準分批裝運。裝船時有 30 臺被撞，臨時更換已來不及。發貨人員認為根據有關規定，數量上允許有 5%的增減，故決定少交 30 臺。

請思考：這會不會遭到銀行拒付？為什麼？

2. 機動幅度的選擇權

在合同規定有機動幅度的條件下，一般是由賣方或買方或船方行使，需根據具體情況做出選擇。為了明確起見，應在合同中做出明確規定。

3. 溢裝、短裝數量的計價方法

根據《聯合國國際貨物銷售合同公約》的規定，賣方多交貨物后，買方若收取了超出部分，則要按合同規定支付相應的價款。在國際貨物買賣中，尤其是大宗貨物，買賣雙方從簽訂合同開始到實際履行合同，需要相當一段時間。買賣雙方所約定的商品價格可能會發生較大的波動，尤其是那些商品價格較敏感或季節性較強的商品更是如此。為了防止有權選擇溢短裝的當事人利用行市的變化，有意多交或少裝，以獲取額外的好處，有的合同中規定：多裝或少裝部分不按合同價格計算，而代之以按裝船日的行市或目的地的市場價格計算；如果雙方未能就裝船日或到貨日或是市場價格取得協議，則可交由仲裁機構解決。

> **工作提示：**
>
> 根據《聯合國國際貨物銷售合同公約》規定，如賣方交貨的數量大於約定的數量，買方可以拒收多交的部分，也可以收取多交部分的一部分或全部；如賣方交貨的數量少於約定的數量，賣方應在交貨期屆滿前補齊。

任務四　商品的包裝

📁 任務目標

- 瞭解貨物買賣合同中的包裝條款的意義
- 掌握包裝的種類和包裝標誌
- 掌握貨物買賣合同中的包裝條款的內容

🌐 任務引入

法國某公司與中國廣州一小家電出口公司洽談業務，打算從中國進口「大龍」牌電磁爐 1000 件。但是，要求我方改用「強生」牌商標，並不得在包裝上註明「Made in China」字樣。

討論題：
（1）買方為何提出這種要求？
（2）我方是否可以接受外商的要求？請說明理由。

知識內容

一、商品包裝的含義及重要性

包裝（Packing）是貨物的盛載物、保護物和宣傳物，是貨物運動過程中的有機組成部分。包裝能保護物品完好無損，美化宣傳商品，達到促銷目的。需要注意的是，這裡的包裝具有雙重含義：一重含義是盛載物；另一重含義是買賣合同的一項交易條件，賣方交貨未按合同規定包裝，則構成違約。

國際貿易中的商品一般都有包裝，稱為包裝貨（Packed Cargo），不需要包裝的商品稱為散裝貨（Bulk Cargo）或裸裝貨（Nude Cargo）。所謂散裝貨，是指未加任何包裝，直接裝運以至銷售的貨物，通常適用於不需要包裝即可直接進入流通領域，或不容易包裝，或不值得包裝的貨物。例如，煤炭、礦砂、糧食等。所謂裸裝貨，是指形態上自然成件，無須包裝或略加捆扎即可成件的貨物。常見的如鋼鐵、橡膠、車輛等。所謂包裝貨，是指必須進行包裝才能運輸和銷售的貨物。國際貿易中絕大多數商品都是包裝貨。

在國際貿易中，大多數商品在運輸、貯存、分配、銷售和使用過程中不僅需要有一定的包裝來保護和方便流轉，而且商品的銷路大小、售價高低，除與質量好壞和適銷對路有關之外，包裝裝潢也是決定性的因素之一。可以說，包裝裝潢是實現商品的價值與使用價值並增加商品價值的一種重要手段，並可以借以達到爭奪市場擴大銷路的目的。因此，在出口貿易中，做好出口商品的包裝工作，具有十分重要的意義。做好出口商品的包裝工作不僅有助於擴大推銷、提高售價、減少運費、節約倉容和減少貨損，而且良好的包裝使商品各個流轉環節能順利進行，從而增加外匯收入。

二、包裝的種類

根據包裝在流通過程中所起的作用不同，可以將其分為運輸包裝和銷售包裝兩大類。

（一）運輸包裝（Transport Package）

運輸包裝又稱為大包裝（Big Packing）或外包裝（Outer Packing），是指為了盡可能降低運輸流通過程對產品造成損壞，保障產品的安全，方便儲運裝卸，加速交接點

驗，以運輸儲運為主要目的的包裝。運輸包裝的基本要求是需具有足夠的強度、剛度與穩定性；具有防水、防潮、防蟲、防腐、防盜等防護能力；包裝材料選用符合經濟、安全的要求；包裝重量、尺寸、標誌、形式等應符合國際與國家標準，便於搬運與裝卸；能減輕工人勞動強度，使操作安全便利，同時還應符合日趨嚴格的環保要求。

1. 運輸包裝的分類

運輸包裝根據包裝方法的不同，可分為單件運輸包裝和集合運輸包裝兩大類。

（1）單件運輸包裝。貨物在運輸過程中作為一個計件單位的包裝稱為單件運輸包裝。單件運輸包裝的種類很多，常見的有以下幾類：

①按照包裝外形來分，習慣上常用的有包（Bag）、箱（Case）、桶（Drum）等。

②按照包裝的質地來分，有軟性包裝、半硬性包裝和硬性包裝。軟性包裝較容易變形，有利於節約倉容；半硬性包裝不易變形，有時經堆儲後可略有壓縮；硬性包裝不能壓縮，包裝本身硬實。

③按照製作包裝所採用的材料來分，一般常用的有紙制包裝、金屬包裝、木制包裝、塑料包裝、棉麻製品包裝、竹柳草製品包裝、玻璃品包裝、陶瓷包裝等。

（2）集合運輸包裝。隨著科學技術的發展，運輸包裝方面使用集合包裝的方式日益增多。集合包裝是將一定數量的單件商品組合成一件大的包裝或裝入一個大的包裝容器內。集合包裝可以提高港口裝卸速度，便利貨運，減輕裝卸搬運的勞動強度，降低運輸成本和節省運雜費用，更好地保護商品的質量和數量，並促進包裝的標準化。

①集裝箱（Container）。集裝箱一般由鋼板、鋁板等金屬制成，多為長方形，可反覆使用週轉，既是貨物的運輸包裝，又是運輸工具的組成部分。根據不同商品的要求，有的箱內還設有空氣調節設備、冷藏設備。使用集裝箱需要有專用的船舶、碼頭，並配備一定的機械和設施。目前國際上最常用的海運集裝箱規格有20英尺（8英尺×8英尺×20英尺，1英尺約等於30.48厘米，下同）和40英尺（8英尺×8英尺×40英尺）兩種。

②集裝包或集裝袋（Flexible Container）。集裝包或集裝袋是一種用合成纖維或複合材料編織成圓形的大口袋，其容量因使用的材料的生產工藝不同而有所區別，一般可容納1~4公噸重的貨物，最高可達13噸。

③托盤（Pallet）。托盤是用木材、塑料、鋁合金或鋼材制成，把貨物放在托盤上面，用繩索加以固定，組合成一個大包裝。托盤是一種搬運包裝工具。托盤下有插口，供鏟車起卸之用，可載重1~2公噸的貨物。按托盤的製作材料不同分為木托、金屬托、紙托等。

2. 運輸包裝的標誌

為了便於裝卸、運輸、倉儲、檢驗和交接工作的順利進行，防止發生錯發錯運和損壞貨物與傷害人身的事故，以保證貨物安全、迅速、準確地運交收貨人，就需要在運輸包裝上書寫、壓印、刷制各種有關的標誌，以資識別和提醒人們操作時注意。運輸包裝上的標誌，按其用途可分為運輸標誌（Shipping Mark）、指示性標誌（Indicative Mark）和警告性標誌（Warning Mark）三種。

（1）運輸標誌（Shipping Mark）。運輸標誌習慣上稱為「嘜頭」，通常是由一個簡

單的幾何圖形和一些字母、數字及簡單的文字組成,其主要內容包括:①收、發貨人的代號;②目的地的名稱或代號;③合同號,有時根據買方要求列入信用證號或進口許可證號碼等;④件號、批號。此外,有的運輸標誌還包括原產地、體積與重量等內容。運輸標誌的內容繁簡不一,由買賣雙方根據商品特點和具體要求商定。運輸標誌實例如圖 2-1 所示。

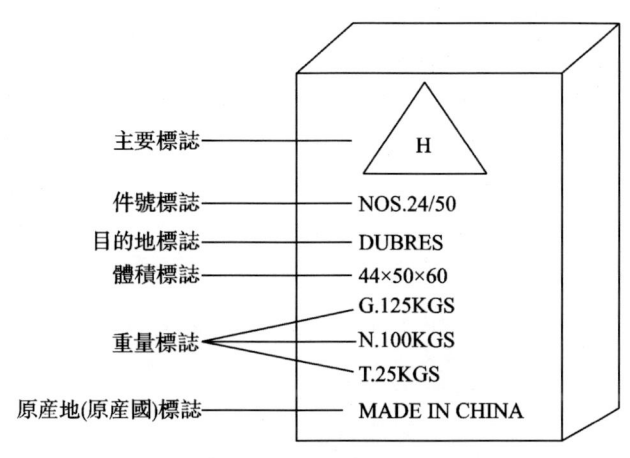

```
主要標誌 ──────── H (△)
件號標誌 ──────── NOS.24/50
目的地標誌 ─────── DUBRES
體積標誌 ──────── 44×50×60
重量標誌 ──────── G.125KGS
                 N.100KGS
                 T.25KGS
原產地(原產國)標誌 ─── MADE IN CHINA
```

圖 2-1　運輸標誌實例

為了規範運輸標誌,適應貨運量增加、運輸方式變革和電子計算機在運輸與單據流轉方面應用的需要,聯合國歐洲經濟委員會簡化國際貿易程序工作組在國際標準化組織和國際貨物裝卸協調協會的支持下,制定了一項運輸標誌向各國推薦使用。該標準運輸標誌包括:①收貨人或買方名稱的英文縮寫字母或簡稱;②參考號,如運單號、訂單號或發票號;③目的地;④件號。每項內容不超過 17 個字母(包括數字和符號),不採用幾何圖形,如圖 2-2 所示。至於根據某種需要而必須在運輸包裝上刷寫的其他內容,如許可證號等,則不作為運輸標誌必要的組成部分。

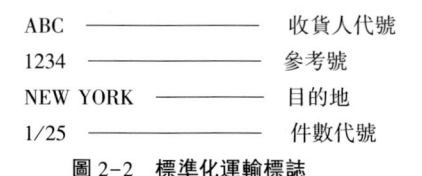

```
ABC        ────── 收貨人代號
1234       ────── 參考號
NEW YORK   ────── 目的地
1/25       ────── 件數代號
```

圖 2-2　標準化運輸標誌

小思考 2-11

有人認為,運輸包裝上的標誌就是指運輸標誌,也就是嘜頭。試分析這種說法是否正確。

(2) 指示性標誌(Indicative Mark)。指示性標誌又稱為注意標誌,是提示人們在裝卸、運輸和保管過程中需要注意的事項,一般是針對易碎、易損、易變質商品的性質,以簡單、醒目的圖形和文字在包裝上標出。根據中國國家技術監督局發布的《包裝儲運指示標誌》的規定,指示性標誌共包括 12 種,圖 2-3 選取了其中的 6 種。

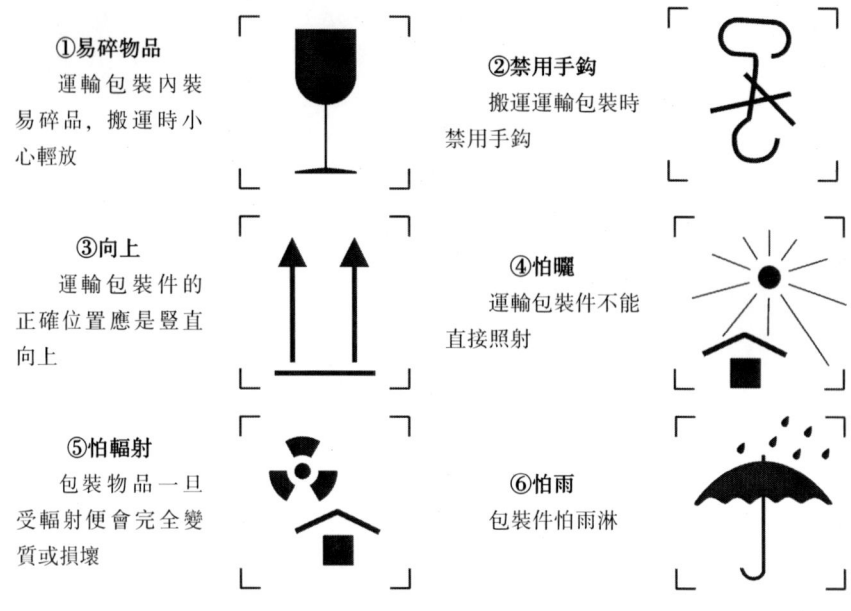

①易碎物品
運輸包裝內裝易碎品，搬運時小心輕放

②禁用手鈎
搬運運輸包裝時禁用手鈎

③向上
運輸包裝件的正確位置應是豎直向上

④怕曬
運輸包裝件不能直接照射

⑤怕輻射
包裝物品一旦受輻射便會完全變質或損壞

⑥怕雨
包裝件怕雨淋

圖 2-3　指示性運輸標誌

在運輸包裝上標哪種標誌應根據商品性質正確選用。在文字使用上，最好採用出口國和進口國的文字，但一般使用英文的居多。例如，Handle with Care（小心輕放）、Keep Dry（怕濕）、The Way Up（向上）等。

（3）警告性標誌（Warning Mark）。警告性標誌也稱危險品標誌（Dangerous Cargo Mark），是指危險貨物包裝上刷寫或粘貼的危險性質和等級，以促使流轉過程中的工作人員注意並提高警惕的標誌。警告性標誌主要針對一些易燃品、爆炸品、有毒品、腐蝕性物品、放射性物品等危險品，以示警告，使裝卸、運輸和保管人員按貨物特性採取相應的防護措施，以保護物資和人身的安全。

根據中國國家技術監督局發布的《危險貨物包裝標誌》的規定，在運輸包裝上打的警告性標誌共包括21種，圖 2-4 選取了其中的 9 種。

此外，聯合國政府間海事協商組織也規定了一套《國際海運危險品標誌》，這套規定在國際上已被許多國家採用。有的國家進口危險品時，要求在運輸包裝上標打該組織規定的危險品標誌，否則不準靠岸卸貨。因此，在中國出口危險貨物的運輸包裝上，要標中國和國際海運所規定的兩套危險品標誌。

(二) 銷售包裝（Sales Packing）

銷售包裝又稱小包裝（Small Packing）、內包裝（Inner Packing）或直接包裝（Immediate Packing），是直接接觸商品並隨商品進入零售網點和消費者直接見面的包裝。銷售包裝除了保護商品的品質外，還有美化商品，宣傳商品，便於陳列展銷，吸引顧客和方便消費者認識、選購、攜帶和使用，從而起到促進銷售，提高商品價值的作用。因此，努力做好商品的銷售包裝工作至關重要。

包裝標誌 1　　　　　　　　包裝標誌 2　　　　　　　　包裝標誌 3
爆炸品標誌　　　　　　　　爆炸品標誌　　　　　　　　爆炸品標誌
（符號:黑色;底色:橙紅色）　（符號:黑色;底色:橙紅色）　（符號:黑色;底色:橙紅色）

包裝標誌 4　　　　　　　　包裝標誌 5　　　　　　　　包裝標誌 6
易燃氣體標誌　　　　　　　不燃氣體標誌　　　　　　　有毒氣體標誌
（符號:黑色或白色;底色:正紅色）（符號:黑色或白色;底色:綠色）（符號:黑色;底色:白色）

包裝標誌 7　　　　　　　　包裝標誌 8　　　　　　　　包裝標誌 9
易燃液體標誌　　　　　　　易燃固體標誌　　　　　　　自燃物品標誌
（符號:黑色或白色;底色:正紅色）（符號:黑色;底色:白色紅條）（符號:黑色;底色:上白下紅）

圖 2-4　警告性運輸標誌

1. 銷售包裝的種類

目前，銷售包裝在國際上流行以下幾種類型：

（1）陳列展銷類。這類銷售包裝具體分為以下三種：

①堆疊式包裝。堆疊式包裝是指商品包裝的頂部和底部都設有吻合部分，使商品在上下堆疊時可以互相咬合，這種包裝穩固性強，適用於超級市場堆疊罐頭、瓶類、盒裝等商品。

②掛式包裝。掛式包裝是指用掛勾、掛孔、吊帶等懸掛商品。這類包裝能充分利用貨架的空間陳列商品。

③展開式包裝。展開式包裝是指用特殊設計的蓋盒襯托商品，當打開這種蓋盒時，盒的圖案和造型設計可以與商品相互襯托，以達到理想的陳列展銷效果。

（2）識別商品類。這類銷售包裝具體分為以下兩種：

①透明和開窗包裝。透明和開窗包裝是指全部或部分用透明材料或開窗紙盒包裝，便於購買者直觀看到商品的形態和質量。

②習慣包裝。習慣包裝是指採用商品習慣包裝造型，使購買者一看到包裝即可識

別商品質量。

（3）使用類。這類銷售包裝具體分為以下五種：

①攜帶式包裝。攜帶式包裝是指在包裝上附有手提裝置，適合消費者攜帶使用。

②易開包裝。易開包裝是指包裝容器有嚴密的封口結構，使用者不需要另備工具即可容易地開啟。

③噴霧包裝。噴霧包裝是指流體商品的銷售包裝本身，有的帶有自動噴出流體的裝置，如同噴霧器一樣，使用相當便利。

④配套包裝。配套包裝是指把經常同時使用的不同種類和不同規格的商品配套裝入同一包裝。

⑤禮品包裝。禮品包裝是指專門作為送禮用的銷售包裝。這類包裝的造型美觀大方，有較高的藝術性。

2. 銷售包裝的裝潢和文字說明

商品銷售包裝應有適宜的裝潢圖案和必要的文字說明。裝潢圖案和文字說明通常直接印刷在貨物的銷售包裝上，或採用在貨物上粘貼、加標籤、掛吊牌等方式。銷售包裝的裝潢應具有藝術上的吸引力，突出商品特點，其圖案和色彩需適應進口國或銷售地區的民族習慣和愛好。文字說明應包括商標、品牌、產地、數量、規格、成分用途和使用方法等內容。文字說明要和裝潢畫面緊密結合、互相襯托，否則不利於貨物出售。目前，許多國家的超市都使用條形碼技術進行自動掃描結算，從而使條形碼成為商品銷售包裝的一個組成部分。

知識

條形碼簡介

條形碼是由美國的伍德蘭德（N. T. Woodland）在1949年首先提出的。近年來，隨著計算機應用的不斷普及，條形碼的應用得到了很大的發展。條形碼可以標出商品的生產地（或生產國）、製造廠家、商品名稱、生產日期、圖書分類號、郵件起止地點、類別、日期等信息，因而在商品流通、圖書管理、郵件管理、銀行系統等許多領域都得到了廣泛的應用。在國際上通用的包裝上的條形碼有以下兩種：

1. UPC條形碼（Uniform Product Code）

UPC條形碼是由美國和加拿大共同組織的「統一編碼委員會」（Universal Code Council, UCC）選定以國際商業機器公司（IBM）提出的Dalta-Distance為基礎而通過的。UPC碼作為美國和加拿大產品統一的標示符號。

2. EAN條形碼（European Article Number）

EAN條形碼是歐盟成立的「歐洲物品編碼協會」（后改名為國際物品編碼協會，International Article Number Association）吸取了UPC條形碼的經驗而確立的物品標示符號。中國於1991年4月正式加入國際物品編碼協會，該協會先後分配給中國的國別號有690、691、692、693、694、695。

案例討論 2-6

在荷蘭某一超級市場上有黃色竹制罐裝的茶葉一批，罐的一面刻有中文「中國茶葉」四字，另一面刻有中國古裝仕女圖，看上去精致美觀，頗具民族特點，但國外消費者少有問津的。

請問：其故何在？

三、定牌、無牌和中性包裝

定牌、無牌和中性包裝是國際貿易中的通用做法。

（一）定牌和無牌

定牌是賣方按買方要求在其出售的商品或包裝上標明買方指定的商標或牌號的做法。採用定牌往往是為了利用買方的品牌知名度及其經營能力，擴大商品出口，要注意買方商標或品牌的合法性，防止侵犯他人產權。

無牌指買方要求賣方在其出售的商品或包裝上免除任何商標或牌名的做法。無牌主要用於待進一步加工的半製成品。無牌商品一般無需廣告宣傳，可避免浪費，降低銷售成本。

（二）中性包裝（Neutral Packing）

中性包裝是指商品和內外包裝上不標明生產國別、地名和廠商名稱包裝。在國際貿易中，各國為了保護本國的民族工業，往往採取貿易歧視政策，限制或不允許國外某些商品進入本國市場。為了打破這些限制進口的歧視性政策，發展出口貿易，一些國家的廠商只好採用中性包裝的方法向這樣的國家出口商品。因此，把中性包裝作為一種促進商品出口的手段，已成為各國的習慣做法之一。但是，對於配額限制商品和普惠制商品等不得使用中性包裝。

常用的中性包裝有兩種：一種是無牌中性包裝，這種包裝既無生產國別、地名、廠名，也無商標牌號，俗稱「白牌」；另一種是定牌中性包裝，這種包裝不註明商品生產國別、地名、廠名，但要註明買方指定商標或牌號，使用定牌中性包裝時，要特別慎重，避免發生侵權事件。

四、包裝條款的規定

包裝條款是主要貿易條件之一，是國際貨物買賣合同的重要內容，買賣雙方應在合同中做出明確具體的規定。包裝條款主要包括包裝材料、包裝方式、包裝規格、包裝的文字說明和包裝費用的負擔等內容。

舉例如下：

紙箱裝，每箱 24 聽，每聽淨重 450 克。

In cartons containing 24 tins of 450g net each.

布包，每包 20 匹，每匹 42 碼。

In cloth bales each containing 20 pcs of 42 yds.

在商定包裝條款時，需要注意下列事項：

（一）要考慮商品特點和不同運輸方式的要求

商品的不同特性、形狀和使用不同的運輸方式，對包裝的要求也不相同。因此，在商定包裝條件時，必須從商品在儲運和銷售過程中的實際需要出發，使約定的包裝科學、經濟、牢固美觀，並達到安全和適銷的要求。

（二）對包裝的規定要明確具體

約定包裝時，應明確具體，不宜籠統規定。例如，一般不宜採用「海運包裝」（Seaworthy Packing）和「習慣包裝」（Customary Packing）之類的術語，因為此類術語含義模糊，無統一解釋，容易引起爭議。

（三）明確包裝費由何方負擔

包裝費用一般包括在貨價之中，不另計收。但是，若買方對包裝有特殊要求，除非事先明確包裝費用包含在貨價內，其超出的包裝費用原則上應由買方負擔，並應在合同中具體規定負擔的費用和支付方法。

（四）明確由何方提供運輸標誌

按照國際貿易習慣，運輸標誌可由買方提供，也可由賣方決定。如果由賣方決定，可不訂入合同中，或只訂明「賣方標誌」，由賣方設計后再通知買方。

案例討論 2-7

某年中國一出口公司出口到加拿大一批貨物，計值80萬美元。合同規定用塑料袋包裝，每件要使用英、法兩種文字的嘜頭。但是，該出口公司實際交貨改用了其他包裝代替，並仍使用只有英文的嘜頭。國外商人為了適應當地市場的銷售要求，不得不雇人重新更換包裝和嘜頭，后向我方提出索賠，我方自知理虧，只好認賠。

試對此案做出評析。

工作提示：

由於各國的海關規定不同，有的國家要求來自中國的產品的中性包裝一定要打上「MADE IN CHINA」才可以進口，如果不顯示則有可能會拒絕放行，或者退回。比如科威特、埃及、尼日利亞、敘利亞、約旦、孟加拉國等。

項目小結

（1）在國際貿易中，買賣雙方所交易的每種商品都有具體的商品名稱，合同中有關商品名稱的條款稱為品名條款，通常在合同的開頭部分列明。

（2）商品品質可以用實物樣品或文字說明來表示，在訂立品質條款時，要選擇合適的表示品質的方法，要注意訂立品質機動幅度和品質公差。

（3）商品的數量是買賣雙方交接貨物的依據。為了便於交貨，對於某些商品，在合同中應訂立數量機動幅度條款。

（4）包裝根據其在流程領域中的作用可分為運輸包裝和銷售包裝。運輸包裝上的標誌可分為運輸標誌、指示性標誌和警告性標誌。

項目演練

一、判斷題

1. 某外商來電要我方公司提供蕎麥，按水分不超過 14%、雜質不超過 4%、礦物質不超過 0.15%的規格訂立合同。對此，在一般情況下，我方公司可以接受。（ ）

2. 在出口貿易中，表達品質的方法多種多樣，為了明確責任，最好採用既憑樣品又憑規格買賣的方法。（ ）

3. 在出口憑樣品成交業務中，為了爭取國外客戶，便於達成交易，出口企業應盡量選擇質量最好的樣品請對方確認並簽訂合同。（ ）

4. 樣品的復樣是來樣加工方式下，客戶寄來供參考的樣品。（ ）

5. 品質公差一般為國際同行所公認的產品品質誤差，即使在合同中不做規定，賣方交貨品質在公認的範圍內，也可以認為符合合同要求，買方不得再提出任何異議。（ ）

6. 約定的品質機動幅度或品質公差範圍內的品質差異，除非另有規定，一般不另行增減價格。（ ）

7. 如果合同中沒有明確規定按毛重還是按淨重計價，根據慣例，應按毛重計價。（ ）

8. 溢短裝條款是指在裝運數量上可增減一定幅度，該幅度既可由賣方決定，也可由買方決定。（ ）

9. 賣方所交貨物如果多於合同規定的數量，按照《聯合國國際貨物銷售合同公約》的規定，買方可以收取也可以拒收全部貨物。（ ）

10. 按照國際慣例，合同中如未做規定，溢短裝部分應按合同價格計算。（ ）

11. 進出口商品包裝上的包裝標誌，都要在運輸單據上標明。（ ）

12. 中性包裝就是既不是通常說的大包裝，又不是通常講的小包裝或內包裝，而是不大不小的包裝。（ ）

13. 包裝由賣方決定，買方不得要求使用特殊包裝。（ ）

14. 雙方簽訂的貿易合同中，規定成交貨物為不需包裝的散裝貨，而賣方在交貨時採用麻袋包裝，但淨重與合同規定完全相符，且不要求另外加收麻袋包裝費。貨到后，買方索賠，該索賠不合理。（ ）

15. 包裝費用一般包括在貨價之內，不另計收。（ ）

二、單項選擇題

1. 大路貨是指（   ）。
   A. 適於商銷　　B. 上好可銷品質　　C. 質量劣等　　D. 良好平均品質

2. 憑樣品買賣時，如果合同中無其他規定，那麼賣方所交貨物（   ）。
   A. 可以與樣品大致相同

B. 必須與樣品完全一致

C. 允許有合理公差

D. 允許在包裝規格上有一定幅度的差異

3. 對等樣品也稱之為（　　）。

　　A. 復樣　　　　B. 回樣　　　　C. 賣方樣品　　　D. 買方樣品

4. 在國際貿易中造型上有特殊要求或具有色香味方面特徵的商品適合於（　　）。

　　A. 憑樣品買賣　　　　　　　　B. 憑規格買賣

　　C. 憑等級買賣　　　　　　　　D. 憑產地名稱買賣

5. 憑賣方樣品成交時，應留存（　　）以備交貨時核查之用。

　　A. 對等樣品　　B. 回樣　　　　C. 復樣　　　　　D. 參考樣品

6. 在品質條款的規定上，對某些比較難掌握其品質的工業製成品或農副產品，多在合同中規定（　　）。

　　A. 溢短裝條款　　　　　　　　B. 增減價條款

　　C. 品質公差或品質機動幅度　　D. 商品的淨重

7. 若合同規定有品質公差條款，則在公差範圍內，買方（　　）。

　　A. 不得拒收貨物　　　　　　　B. 可以拒收貨物

　　C. 可以要求調整價格　　　　　D. 可以拒收貨物也可以要求調整價格

8. 中國目前使用最多的計量方法是（　　）。

　　A. 按數量計算　B. 按重量計算　C. 按長度計算　　D. 按體積計算

9.「以毛作淨」實際上就是（　　）。

　　A. 以淨重作為毛重作為計價的基礎　　B. 按毛重計算重量作為計價的基礎

　　C. 按理論重量作為計價的基礎　　　　D. 按法定重量作為計價的基礎

10. 進口羊毛計算重量的方法，一般採用（　　）。

　　A. 理論重量　　B. 公量　　　　C. 毛重　　　　　D. 以毛作淨

11. 按合同中的數量賣方在交貨時可溢交或短交百分之幾，這種規定叫（　　）。

　　A. 數量增減價條款　　　　　　B. 品質機動幅度條款

　　C. 溢短裝條款　　　　　　　　D. 品質公差條款

12. 根據《跟單信用證統一慣例》的規定，合同中使用「大約」、「近似」等約量字眼，可解釋為交貨數量的增減幅度為（　　）。

　　A. 3%　　　　　B. 5%　　　　　C. 10%　　　　　　D. 15%

13. 中國現行的法定計量單位是（　　）。

　　A. 公制　　　　B. 國際單位制　C. 英制　　　　　D. 美制

14. 運輸包裝和銷售包裝的分類是按（　　）。

　　A. 包裝的目的來劃分的　　　　B. 包裝的形式來劃分的

　　C. 包裝所使用的材料來劃分的　D. 包裝在流通過程中的作用來劃分的

15. 條形碼標誌主要用於商品的（　　）上。

　　A. 銷售包裝　　　　　　　　　B. 運輸包裝

　　C. 銷售包裝和運輸包裝　　　　D. 任何包裝

三、多項選擇題

1. 賣方根據買方來樣複製樣品，寄送買方並經其確認的樣品，被稱為（　　）。
   A. 復樣　　　B. 回樣　　　C. 留樣　　　D. 對等樣品
2. 目前，國際貿易中通常使用的度量衡制度有（　　）。
   A. 公制　　　B. 英制　　　C. 國際單位制　　　D. 美制
3. 國際貿易計算重量時，通常的計算方法有（　　）。
   A. 毛重　　　B. 淨重　　　C. 公量　　　D. 理論重量
4. 溢短裝條款的內容包括（　　）。
   A. 溢短裝的百分比　　　B. 溢短裝的選擇權
   C. 溢短裝部分的作價　　　D. 買方必須收取溢短裝的貨物
5. 為了便於運輸和裝卸，節約人力物力，國際標準化組織規定簡化了運輸標誌，將其內容減少到以下幾項（　　）。
   A. 收貨人代號　　　B. 參考代號　　　C. 目的地名稱　　　D. 件數號碼
6. 運輸標誌的作用是（　　）。
   A. 便於識別貨物　　　B. 方便運輸　　　C. 易於計數　　　D. 防止錯發錯運
   E. 促進銷售
7. 運輸包裝的標誌包括（　　）。
   A. 運輸標誌　　　B. 指示性標誌　　　C. 警告性標誌　　　D. 條形碼標誌
8. 國際貨物買賣合同中的包裝條款主要包括（　　）。
   A. 包裝材料　　　B. 包裝方式　　　C. 包裝費用　　　D. 運輸標誌

四、案例分析題

1. 韓國 KM 公司向我 BR 土畜產公司訂購大蒜 650 公噸，但在繕制合同時，由於山東膠東半島地區是大蒜的主要產區，通常中國公司都以此為大蒜貨源基地，所以 BR 公司就按慣例在合同品名條款打上了「山東大蒜」。可是在臨近履行合同時，大蒜產地由於自然災害導致歉收，貨源緊張。BR 公司緊急從其他省份徵購，最終按時交貨。但 KM 公司來電稱，所交貨物與合同規定不符，要求 BR 公司做出選擇，要麼提供山東大蒜，要麼降價，否則將撤銷合同並提出貿易賠償。請問：KM 公司的要求是否合理？並評述此案。

2. 中國某出口公司與某國進口商按每公噸 500 美元的 FOB 價格於大連成交某農產品 200 公噸，合同規定包裝條件為每 25 千克雙線新麻袋裝，信用證付款方式。該公司憑證裝運出口並辦妥了結匯手續。事後對方來電稱該公司所交貨物扣除皮重後實際到貨不足 200 公噸，要求按淨重計算價格，退回因短量多收的貨款。該公司則以合同未規定按淨重計價為由拒絕退款。試分析該公司的做法是否可行，並說明理由。

3. 英國穆爾公司以 CIF 倫敦的條件從中國某公司購買 300 箱澳大利亞水果罐頭。合同的包裝條款規定：「箱裝，每箱 30 聽。」中國公司所交貨物中有 150 箱為每箱 30 聽裝，其餘 150 箱為每箱 24 聽裝，穆爾公司拒收。中國公司爭辯說「每箱 30 聽」字

樣並非合同的重要部分，不論是 24 聽還是 30 聽，其品質均與合同相符，因此穆爾公司應接受。請分析此案。

五、實務操作題

1. 某年，中國某出口公司向南非出口食糖。合同規定：數量為 500 公噸，120 美元/公噸，3%的溢短裝條款，由賣方選擇，增減部分按合同價格計算。如果在交貨前食糖市場價格上漲，在不違反合同的情況下，賣方要想獲利，可裝多少公噸？如果市場價格下跌呢？同年 5 月，中國某出口公司又向俄羅斯出口小麥，合同規定：數量為 1000 公噸，100 美元/公噸，以信用證方式支付。合同簽訂后，俄羅斯進口商開來信用證，金額為 100,000 美元。請問中國出口公司最多或最少可交多少公噸小麥？為什麼？

2. 根據以下資料設計運輸標誌上的件號。

Commodity：100% cotton men's shirt.

Packing：Each piece in a poly bag 60pcs to a carton.

Design No 款式	Quantity 數量	Ctn No 件號	Nos of pkgs 件數
93-13	1260pcs		
93-14	1260pcs		
93-15	1200pcs		
93-16	1680pcs		

出口商品的總數量是 ＿＿＿＿＿件，包裝總件數是 ＿＿＿＿＿箱。

項目三　國際貿易術語及商品的價格條款

項目導讀

在國際貨物買賣中，賣方的基本義務是提交合格的貨物和單據，買方的對等義務則是接受貨物和支付貨款。在貨物交接過程中所涉及的風險、責任和費用劃分問題，一般都是通過交易中所適用的貿易術語來確定的。除此之外，商品價格的確定除了要考慮到貿易術語，還涉及商品的成本、費用與利潤的核算，另外同佣金與折扣也有關。因此，本項目將介紹各種貿易術語的含義和基本內容，以及如何掌握進出口商品價格核算的方法，怎樣定好買賣合同中的價格條款，並輔助以相應的訓練。

任務一　國際貿易術語概述

📁 任務目標

- 掌握國際貿易術語的含義與作用
- 掌握有關國際貿易術語的國際慣例

🌐 任務引入

賣方：我方已經按規定交貨了，你方應該付款。
買方：船都沉沒了，我方沒有收到貨物，怎麼付款？
賣方：合同規定適用《國際貿易術語解釋通則》，我方不負擔運輸途中風險。
買方：可合同中規定「貨物到達目的地時付款」。
賣方：慣例規定……
買方：合同規定……
請根據以上對話，討論你會做何判斷？

📖 知識內容

一、貿易術語的含義與作用

　　無論是國際貿易還是國內貿易，買賣雙方在洽談時都非常關心成交價格。然而在國際貿易中，買賣雙方相隔距離遙遠，進出口貨物由賣方轉移到買方的全過程中，需要經過跨國的長距離運輸，因而要涉及有關的手續由誰辦理、費用由誰支付、風險由誰承擔、物權何時轉移等相關的問題。為了規範和簡化貿易雙方磋商的過程、環節和內容，節省磋商的時間和費用，國際貿易中逐漸形成了代表不同價格條件的固定術語。

（一）貿易術語的含義

　　貿易術語（Trade Terms）是在長期的國際貿易實踐中產生的，用一個簡短概念或英文縮寫字母來表示商品價格的構成及買賣雙方有關責任、風險、費用的劃分，以確定買賣雙方在交接貨物過程中應盡的責任和義務。

　　例如，出口玻璃杯報價為「每打 100 美元 CIF 倫敦（USD 100 per dozen CIF London）」。其中，貿易術語 CIF 傳達了如下有關信息：

　　（1）賣方所報的 100 美元的價格中包含了運至倫敦的運費和保險費；
　　（2）賣方自負風險和費用辦理貨物的運輸、保險以及貨物的出口手續；
　　（3）賣方承擔貨物在裝運港裝上船之前的一切風險與費用；

(4) 賣方憑單交貨，買方憑單付款。

由此可見，貿易術語具有兩重性：一方面表示交貨條件；另一方面表示成交價格的構成。一般來說，賣方承擔的責任、費用與風險越小，其售價就越低；反之，其售價就高，因此貿易術語又稱為價格術語或貿易條件。

（二）貿易術語的作用

貿易術語在國際貿易中的作用，主要有以下幾方面：

1. 有利於買賣雙方洽商交易和訂立合同

由於每種貿易術語都有其特定的含義，而且一些國際組織對各種貿易術語也進行了統一的解釋與規定，這些解釋與規定在國際上被廣泛接受，並成為慣常奉行的做法或行為模式。因此，買賣雙方只要商定按何種貿易術語成交，即可明確彼此在交接貨物方面所應承擔的責任、費用和風險，這就簡化了洽商交易的程序，縮短了洽商交易的時間，從而有利於買賣雙方迅速達成交易和訂立合同。

2. 有利於買賣雙方核算價格和成本

因為貿易術語表示價格構成因素，所以買賣雙方確定成交價格時，必然要考慮採用的貿易術語中包含哪些從屬費用，如運費、保險費、裝卸費、關稅、增值稅和其他費用，這就有利於買賣雙方進行比價和加強成本核算。

3. 有利於解決履約當中的爭議

買賣雙方商訂合同時，如對合同條款考慮欠周，使某些事項規定不明確或不完備，致使履約中的爭議不能依據合同的規定解決，在此情況下，可以援引有關貿易術語的一般解釋來處理。貿易術語的一般解釋已成為國際慣例，並被國際貿易從業人員和法律界人士所理解和接受，從而成為國際貿易中公認的一種類似行為規範的準則。

小思考 3-1

貿易術語具有法律效率嗎？如果合同內容與貿易術語慣例有衝突，以什麼為準？

二、有關國際貿易術語的國際慣例

早在 19 世紀初，國際貿易中已開始使用貿易術語。經過長期實踐和隨著國際貿易的發展，逐步形成了一系列的貿易術語，各種貿易術語的含義亦是逐漸定型而來的。為了消除不同國家關於貿易術語解釋方面的分歧，國際上某些商業團體、學術機構試圖統一對貿易術語的解釋，於是根據公認的習慣做法和解釋，分別制訂了一些有關貿易術語的通用規則。這些規則目前已被大多數國家和地區的工商團體和企業接受，成為有關貿易術語的國際慣例。其中，在國際上影響較大的有關貿易術語的國際慣例主要有如下三種：

（一）《1932 年華沙—牛津規則》（Warsaw-Oxford Rules 1932）

1928 年國際法協會在華沙開會制定了有關 CIF 買賣合同的規則，共 22 條。后經 1930 年紐約會議、1931 年巴黎會議和 1932 年的牛津會議修訂為 21 條，並更名為

《1932年華沙—牛津規則》（以下簡稱《規則》），一直沿用至今。《規則》比較詳細地解釋了CIF合同的性質、買賣雙方所承擔的責任、風險和費用的劃分以及貨物所有權轉移的方式等問題。《規則》只解釋CIF這一個術語。《規則》在總則中說明，《規則》供交易雙方自願採用，凡明示採用《規則》者，合同當事人的權利和義務應該援引《規則》的規定辦理。經雙方當事人明示協議，可以對《規則》的任何一條進行變更、修改或添加。如《規則》與合同發生矛盾，應以合同為準。凡合同中沒有規定的事項，應按《規則》的規定辦理。雖然《規則》現在仍得到國際上的承認，但實際上已很少採用。

（二）《1941年美國對外貿易定義修訂本》（Revised American Foreign Trade Definitions 1941）

《1941年美國對外貿易定義修訂本》是由美國幾個商業團體制定的。該慣例最早於1919年在紐約制定，原稱為《美國出口報價及其縮寫條例》，后於1941年在美國第27屆全國對外貿易會議上進行了修訂，命名為《1941年美國對外貿易定義修訂本》。該慣例中所解釋的貿易術語共有以下六種：

（1）Ex：Point of Origin，產地交貨；
（2）FOB：Free on Board，在運輸工具上交貨；
（3）FAS：Free Along Side，在運輸工具旁邊交貨；
（4）C&F：Cost and Freight，成本加運費；
（5）CIF：Cost, Insurance and Freight，成本加保險費、運費；
（6）Ex Dock：Named Port of Importation，目的港碼頭交貨。

《1941年美國對外貿易定義修訂本》主要在北美國家採用。在與採用該慣例的國家貿易時，要特別注意與其他慣例的差別，雙方應在合同中明確規定貿易術語所依據的慣例。

知識

《1941年美國對外貿易定義修訂本》FOB術語的六種解釋

根據《1941年美國對外貿易定義修訂本》，FOB術語又分為以下六種解釋：

（1）FOB（named inland carrier at named inland point of departure），即在指定的發貨地點的指定的內陸運輸工具上交貨。按此術語，在內陸裝運地點由賣方將貨物裝於火車、卡車、駁船、拖船、飛機或其他供運輸用的運載工具上。

（2）FOB（named inland carrier at named inland point of departure）Freight prepaid to (named point of exportation)，即在指定的內陸發貨地點的指定的內陸運輸工具上交貨，運費預付到指定的出口地點。按此術語，賣方預付至出口地點的運費，並在內陸指定起運地點取得清潔提單或其他運輸收據后，對貨物不再承擔責任。

（3）FOB（named inland carrier at named inland point of departure）Freight allowed to (named point)，即在指定的內陸發貨地點的指定的內陸運輸工具上交貨，減除至指定地點的運費。按此術語，賣方所報價格包括貨物至指定地點的運輸費用，但註明運費

到付，並由賣方在價格總額內減除。賣方在指定內陸起運地點取得清潔提單或其他運輸收據后，對貨物不再承擔責任。

(4) FOB (named inland carrier at named point of exportation)，即在指定的出口地點的指定的內陸運輸工具上交貨。按此術語，賣方所報價格包括將貨物運至指定出口地點的運輸費用，並承擔貨物的任何滅失或損壞的責任，直至上述地點。

(5) FOB Vessel (named port of shipment)，即指定裝運港船上交貨。按此術語，買方所報價格包括在指定裝運港將貨物交到由買方提供或為賣方提供的涵養輪船上的全部費用。

(6) FOB (named inland point in country of importation)，即在指定進口國內陸地點交貨。按此術語，賣方所報價格包括貨價及運至進口國指定內陸地點的全部運輸費用。

(三)《國際貿易術語解釋通則》(International Rules for the Interpretation of Trade Terms)

《國際貿易術語解釋通則》(INCOTERMS，以下簡稱《通則》)，是國際商會為了統一對各種貿易術語的解釋而制定的。最早的《通則》產生於1936年，后來為了適應國際貿易業務發展的需要，由國際商會制定並進行過多次修訂，形成了《2000年國際貿易術語解釋通則》(以下簡稱《2000通則》)。《2000通則》在過去的10年裡很好地促進了國際貿易的發展，但是在國際貿易實務中也暴露出了一些問題。為此，《2010年國際貿易術語解釋通則》(以下簡稱《2010通則》) 應運而生，並於2011年1月1日正式生效。《2010通則》中共有11種貿易術語，為了便於記憶，現根據適用的運輸方式不同和術語特點不同等進行分組，具體內容分別見表3-1和表3-2。

表3-1　　　　　　《2010通則》貿易術語按運輸方式分類

適用於任何運輸方式類（Any Mode of Transport）		
EXW	Ex Works	工廠交貨（插入指定交貨地點）
FCA	Free Carrier	貨交承運人（插入指定交貨地點）
CPT	Carriage Paid To	運費付至（插入指定目的地）
CIP	Carriage and Insurance Paid To	運費、保險費付至（插入指定目的地）
DAT	Delivered At Terminal	運輸終端交貨（插入指定目的港或目的地）
DAP	Delivered At Place	目的地交貨（插入指定目的地）
DDP	Delivered Duty Paid	完稅后交貨（插入指定目的地）
僅適用於水運類（Sea and Inland Waterway Transport Only）		
FAS	Free Alongside Ship	船邊交貨（插入指定裝運港）
FOB	Free On Board	船上交貨（插入指定裝運港）
CFR	Cost and Freight	成本加運費（插入指定目的港）
CIF	Cost, Insurance and Freight	成本、保險費加運費（插入指定目的港）

表 3-2　《2010 通則》貿易術語分組

分組	貿易術語	特點與區別
E 組	EXW	交貨地點在商品的產地或所在地，EXW 成交時，賣方承擔的風險、責任和費用最小
F 組	FCA FAS FOB	賣方需要按照買方指示將貨物交運，但交貨之後一直到目的地的運輸事項均由買方負責，相關費用也由買方承擔
C 組	CFR CIF CPT CIP	賣方按照通常條件自付風險和費用訂立運輸合同，對於 CIF 和 CIP 術語，賣方還要依合同辦理保險（C 組術語的銷售合同屬於裝運合同）
D 組	DAT DAP DDP	賣方負責將貨物運至買方指定的任何地點或進口國內約定目的地，賣方必須承擔貨物運至買方指定地點或進口國內的地點前全部風險和費用（D 組術語的銷售合同屬於到達合同）

另外，《2010 通則》所有術語下當事人各自的義務均用 10 個項目列出，以資對照，具體情況見表 3-3。

表 3-3　《2010 通則》術語下當事人各自義務對應排列

A 賣方義務	B 買方義務
A1. 賣方一般義務	B1. 買方一般義務
A2. 許可證、授權、安檢通關和其他手續	B2. 許可證、授權、安檢通關和其他手續
A3. 運輸合同與保險合同	B3. 運輸合同與保險合同
A4. 交貨	B4. 收取貨物
A5. 風險轉移	B5. 風險轉移
A6. 費用劃分	B6. 費用劃分
A7. 通知買方	B7. 通知賣方
A8. 交貨憑證	B8. 交貨憑證
A9. 查對、包裝、標記	B9. 貨物檢驗
A10. 協助提供信息及相關費用	B10. 協助提供信息及相關費用

小思考 3-2

貿易術語可以適用於國內貿易嗎？

知識

國際商會簡介

國際商會（International Chamber of Commerce，ICC）是具有重要影響的世界性民間商業組織，成立於 1919 年，總部設在巴黎。目前，有 100 多個國家設有國際商會國家委員會，擁有超過 140 多個國家的 8000 多家會員公司和會員協會。中國於 1994 年加入國際商會。國際商會是聯合國等政府間組織的諮詢機構，設立的目的是在經濟和法律領域裡，以有效的行動促進國際貿易和投資的發展。

國際商會的組織機構包括理事會、執行局、財政委員會、會長、副會長及前任會長和秘書長、所屬各專業委員會和會員、會員大會，此外還設有國家特派員。國際商會現下屬 24 個專業委員會及工作機構。這 24 個專業委員會是國際商會—聯合國、關稅和貿易總協定經濟諮詢委員會，國際貿易政策委員會，多國企業和國際投資委員會，國際商業慣例委員會，計算機、電報和信息政策委員會，銀行技術和慣例委員會，知識和工業產權委員會，環境委員會，能源委員會，海運委員會，空運委員會，稅務委員會，有關競爭法律和實務委員會，保險委員會，銷售、廣告和批售委員會，國際仲裁委員會，國際商會國際局，國際商會仲裁院，國際商合國際商業法律和實務學會，東西方委員會，國際商會／中國國際商會合作委員會，國際商會國際海事局，國際商會海事合作中心，國際商會反假冒情報局。

工作提示：

在有關貿易術語的國際貿易慣例中，《國際貿易術語解釋通則》是包括內容最多、使用範圍最廣和影響最大的一種。

任務二　《2010 通則》中的貿易術語

任務目標

- 充分領會並掌握 6 種主要的貿易術語的風險、費用和責任的劃分
- 理解其他 5 種貿易術語的含義及使用情況
- 掌握貿易術語的選用

任務引入

中國某出口公司按 CIF 條件向歐洲某國進口商出口一批草編製品，向中國人民保險公司投保了一切險，並規定信用證方式支付。該出口公司在規定的期限、指定的中國某港口裝船完畢，船運公司簽發了提單，然後去中國銀行議付款項。第二天，該出口公司接到客戶來電，稱裝貨的海輪在海上失火，草編製品全部燒毀，客戶要求該出口公司出面向中國人民保險公司提出索賠，否則要求該出口公司退回全部貨款。

討論題：

(1) 該出口公司能否答應客戶的要求，為什麼？

(2) 該出口公司正確處理此類事件的做法是什麼？

知識內容

一、《2010 通則》中六種主要的貿易術語

國際貿易中使用最多的貿易術語仍是 FOB、CFR 和 CIF，即裝運港交貨的三種貿易術語。如今，隨著集裝箱運輸和國際多式聯運的進一步普及，適應這一發展需要的 FCA、CPT 和 CIP，即貨交承運人的三種貿易術語也顯得越來越重要。因此，本書首先將上述六種術語作為主要的國際貿易術語提出來，加以介紹。

（一）FOB 術語

FOB 術語的全稱是 Free on Board（insert named port of shipment），即船上交貨（插入指定裝運港）。這是指賣方在合同規定的裝運期在指定裝運港將貨物裝上買方指定的船上，並負擔貨物裝上船為止的一切費用及貨物滅失或損壞的風險。FOB 只適用於海運和內河運輸，如果雙方不準備採用水上運輸方式，則應改用 FCA 術語更為適宜。

1. FOB 術語買賣雙方義務的規定

根據《2010 通則》對 FOB 的解釋，買賣雙方各自應承擔的主要義務劃分如下：

（1）賣方義務。賣方義務具體內容如下：

①必須在約定的裝運期間內和指定的裝運港，將合同規定的貨物交到買方指派的船上，並給予買方充分的通知；

②必須承擔貨物在裝運港裝上船之前與貨物相關的一切費用和風險；

③必須自負風險和費用，取得所需出口許可證或其他官方批准證件，並辦理貨物出口所需要的一切海關手續；

④負責提交商業發票和證明貨物已交至船上的交貨憑證，以及合同要求的其他與合同相符的單據。在雙方約定和符合慣例的情況下，任何單證可以是同等作用的電子記錄。

（2）買方義務。買方義務具體內容如下：

①負責租船訂艙，支付運費，並將船名、航次、裝貨地點和裝貨日期等相關事項及時通知賣方；

②承擔貨物在裝運港裝上船后的一切費用和風險；

③必須自負風險和費用，取得進口許可證或其他官方證件，並負責辦理貨物進口和必要時從他國過境所需的一切海關手續；

④根據買賣合同規定，接受賣方提供各種符合合同要求的單據，並受領貨物，支付貨款。

2. 使用 FOB 術語時應注意的問題

（1）FOB 交貨點確定的問題。交貨點是指貨物滅失與損壞的風險從賣方轉移至買方的點。《2010 通則》中 FOB 以「將貨物置於買方指定的船舶之上」作為劃分買賣雙方所承擔的風險和費用責任的界限。這一規定改變了一直以來以「船舷」為界作為交貨點的表述，即《2010 通則》FOB 合同的交貨點已延伸至「船上」。

案例討論 3-1

一份採用 FOB 術語的廣州出口電器合同，在裝運港貨物吊裝入艙的過程中發生跌落造成損失。定損后發現，一部分是貨物跌落海中的損失，還有一部分是貨物跌落船舶甲板的損失。

請根據《2000 通則》和《2010 通則》對 FOB 術語的不同規定，分析這些損失應該由誰來承擔？

（2）船貨銜接問題。在 FOB 術語成交的合同中，賣方的一項基本義務是按約定的時間和地點完成裝運。然而，由於在 FOB 條件下是由買方負責安排運輸，因此就存在一個船貨銜接問題。根據有關法律和慣例，如買方未能按時派船，包括未經賣方同意提前派船或延遲派船，賣方都有權拒絕交貨，而且由此產生的各種損失，如空艙 (Dead Freight)、滯期費 (Demurrage) 及賣方增加的倉儲費等，均由買方負擔。如果買方所派船只按時到達裝運港，而賣方沒能按時備妥貨物，那麼由此產生的各種費用則要由賣方負擔。有時買賣雙方按 FOB 價格成交，而買方又委託賣方辦理租船訂艙，賣方也可酌情接受，但這屬於代辦性質，由此產生的風險和費用仍由買方承擔。

案例討論 3-2

某公司以 FOB 條件出口一批茶具，買方要求該公司代為租船，費用由買方負擔。由於該公司在約定日期內無法租到合適的船，且買方不同意更換條件，以致延誤了裝運期，買方以此為由提出撤銷合同。

請問：買方的要求是否合理？

（3）裝船費用的負擔問題。由於 FOB 術語歷史較悠久，各個國家和地區在使用時對「裝船」概念解釋上有一定的差別，做法上也不完全一致。如果採用班輪運輸，船方管裝卸，裝卸費用計入運費之中，自然由負責租船訂艙的買方承擔，而如果採用租船運輸，船方一般不負擔裝卸費用，這就必須明確裝船過程中的各項費用應由誰負擔。

為了說明裝船費用的負擔問題，往往在 FOB 術語后面加列附加條件，這就形成了 FOB 的變形。FOB 的變形只說明裝船費用由誰負擔，而不影響買賣雙方所應承擔風險的劃分的界限。FOB 的變形具體如下：

①FOB Liner Terms（FOB 班輪條件），即裝船費用是按照班輪運輸的做法辦理，該費用包含在運費中，由支付運費的買方來負擔。值得注意的是，FOB 班輪條件並不是要求用班輪運輸貨物。

②FOB Under Tackle（FOB 吊鉤下交貨），即賣方負擔的費用只到買方指派船只的吊鉤所及之處，吊裝入艙以及其他各項費用由買方負擔。

③FOB Stowed（FOB 理艙費在內），即賣方負責將貨物裝入船艙並承擔包括理艙費在內的裝船費。理艙費是指貨物入艙后進行安置和整理的費用。

④FOB Trimmed（FOB 平艙費在內），即賣方負責將貨物裝入船艙並承擔包括平艙費在內的裝船費。平艙費是指對裝入船艙的散裝貨物進行平整所需要的費用。

在許多標準合同中，為明確表示由賣方承擔包括理艙費和平艙費在內的各項裝船

費用，常採用 FOBST（FOB Stowed and Trimmed）來表示。

小思考 3-3

如果以 FOB 條件進口貨物，採用租船運輸，若買方不願意承擔裝船費用，應採用 FOB 哪種變形？

（4）個別國家對 FOB 術語的不同解釋。以上有關對 FOB 術語的解釋都是按照國際商會的《2010 通則》做出的。然而，不同的國家和不同的慣例對 FOB 術語的解釋並不完全統一。它們之間的差異在有關交貨地點、風險劃分界限以及賣方承擔的責任義務等方面的規定都可以體現出來。例如，在北美洲的一些國家採用的《1941 年美國對外貿易定義修訂本》中將 FOB 概括為六種，其中僅第五種同《2010 通則》解釋基本相似，但是應在 FOB 和港口之間加上「Vessel」字樣，如「FOB Vessel New York」。

即使都是在裝運港船上交貨，關於風險劃分界限的規定也不完全一樣。按照美國的《1941 年美國對外貿易定義修訂本》的解釋，買賣雙方劃分風險的界限不是在船舷，而是在船上。賣方由此「承擔貨物一切滅失或毀損責任，直至在規定日期或期限內，已將貨物裝載於輪船上為止」。

另外，關於辦理出口手續問題也存在分歧。按照《2010 年通則》解釋，FOB 條件下，賣方應「自擔風險及費用，取得出口許可證或其他官方證件，並辦理出口貨物所需的一切海關手續」。但是，按照《1941 年美國對外貿易定義修訂本》的解釋，賣方只是「在買方請求並由其負擔費用的情況下，協助買方取得由原產地或裝運地國家簽發的、為貨物出口或在目的地進口所需的各種證件」，即買方要承擔一切出口捐稅及各種費用。

鑒於上述情況，在中國對美國、加拿大等北美洲國家的業務中，採用 FOB 術語成交時，應對有關問題做出明確規定，以免發生誤會。

（二）CFR 術語

CFR 術語的全稱是 Cost and Freight（insert named port of destination），即成本加運費（插入指定目的港）。這是指賣方在合同規定的裝運期內，在裝運港將貨物交至運往指定目的港的船上，負擔貨物裝上船為止的一切風險及由於各種事件造成的任何額外費用，並負責租船訂艙，支付至目的港的正常運費。CFR 術語也是國際貿易中常用的術語之一，只適用於海運和內河運輸。

1. CFR 術語買賣雙方義務的規定

根據《2010 通則》對 CFR 的解釋，買賣雙方各自應承擔的主要義務劃分如下：

（1）賣方義務。賣方義務具體內容如下：

①必須簽訂或取得運輸合同，支付運費，經由通常航線，由通常用來運輸該類商品的船舶運輸；

②必須在約定的裝運期間內和指定的裝運港，將合同規定的貨物交到買方指派的船上，並給予買方充分的通知；

③必須承擔貨物在裝運港裝上船之前與貨物相關的一切費用和風險；

④必須自負風險和費用，取得所需出口許可證或其他官方批准證件，並辦理貨物

出口所需要的一切海關手續；

⑤負責提交商業發票和證明貨物已交至船上的交貨憑證，以及合同要求的其他與合同相符的單據。在雙方約定和符合慣例的情況下，任何單證可以是同等作用的電子記錄。

（2）買方義務。買方義務具體內容如下：

①受領符合合同規定的貨物與單證並支付合同規定的價款；

②承擔貨物在裝運港裝上船后的一切費用和風險；

③必須自負風險和費用，取得進口許可證或其他官方證件，並負責辦理貨物進口和必要時從他國過境所需的一切海關手續。

2. 使用 CFR 術語時應注意的問題

（1）租船訂艙問題。租船訂艙是國際貿易貨物交付過程中的一個重要步驟。採用 CFR 術語成交，賣方的基本義務是安排運輸，並支付運費。必須注意的是，按規定賣方只要安排了通常的船只和慣常的行駛航線，就盡到了自己的責任。如果買方提出一些超越這一範圍的要求，賣方有權拒絕，也可在不增加費用的前提下考慮接受，但這並不是賣方所必須履行的責任和義務。因此，在實踐中買方提出的關於船籍、船型、船齡、船級以及指定船公司的船只等額外要求時，賣方均有權拒絕接受。

（2）費用劃分與風險劃分的問題。按照 CFR 術語成交，買賣雙方風險劃分界限在裝運港船上，即貨物裝上船時風險由賣方轉移至賣方。因此，CFR 術語仍然屬於裝運港交貨的貿易術語。但是，事實上賣方只是保證按時裝運，並不保證貨物按時到達，也不承擔貨物送抵目的港的義務。儘管賣方負責運輸，並支付貨物到達目的港的運費，但賣方支付的運費只是正常情況下的運輸費用，不包括途中出現意外而產生的其他費用。

（3）關於裝船通知的問題。按慣例，不論是 FOB 合同還是 CFR 合同，賣方在貨物裝船后，都必須立即向買方發出裝船通知，對於 CFR 合同來說，這一點尤為重要，因為這將直接影響買方是否能及時地辦理貨物運輸保險。按有關法律及慣例規定，如果由於賣方沒有及時發出裝船通知，使買方未能及時辦理貨物運輸保險，貨物在海運途中的風險造成貨物的損失或滅失，相應的責任將由賣方承擔。也就是說，由於賣方沒有及時向買方發出裝船通知使買方漏保，賣方不能以風險已於裝運港貨物裝上船時發生轉移為由而免除責任。

小思考 3-4

為什麼說賣方及時發出裝船通知對 CFR 合同來說尤為重要？

案例討論 3-3

中國某公司以 CFR 貿易術語與 B 國的 H 公司簽訂一批消毒碗櫃的出口合同。合同規定裝運的時間是 4 月 15 日前。中國某公司備妥貨物，並於 4 月 8 日裝船完畢。由於遇星期日休息，中國某公司的業務員未及時發出裝運通知，導致 H 公司未能及時辦理投保手續，而貨物在 4 月 8 日晚因發生火災被燒毀。

請問：貨物損失責任由誰負責？為什麼？

（4）卸貨費用的負擔問題。CFR 是指賣方應將貨物運往合同規定的目的港，並支付正常的費用，但貨物運至目的港后的卸貨費由誰承擔則不明確。如果採用班輪運輸，班輪公司既管裝又管卸，運輸費用已包括目的港卸貨費用，因此該費用由賣方負擔。如果大宗商品採用程租船運輸時，裝船費用由賣方負擔，而貨物在目的港的卸貨費用由誰負擔就必須在合同中明確規定。由於各國做法不盡相同，通常採用 CFR 變形的形式來做出具體規定。CFR 變形后的形式主要如下：

① CFR Liner Terms（CFR 班輪條件），即卸貨費用按班輪條件處理，由船方負擔。但是，CFR 術語由賣方租船訂艙，支付運費，實際上最終由賣方負擔卸貨費用。

② CFR Landed（CFR 卸至岸上），即由賣方負擔將貨物卸至岸上的費用，包括可能支付的駁船費和碼頭費在內。

③ CFR Ex Ship's Hold（CFR 艙底交貨），即貨物運抵目的港后，買方負責由艙底起吊至卸到碼頭的卸貨費用。

④ CFR Ex Tackle（CFR 吊鈎下交貨），即貨物運抵目的港后，賣方負擔的費用中包含了將貨物從船艙吊起卸到船舶吊鈎所及之處（碼頭上或駁船上）的費用。船舶不能靠岸時，駁船費用由買方負責。

CFR 術語的變形只說明卸貨費用的劃分，並不改變的交貨地點和風險劃分的界限。

（三）CIF 術語

CIF 術語的全稱是 Cost, Insurance and Freight（insert named port of destination），即成本、保險費加運費（插入指定目的港）。

CIF 術語是指賣方在合同規定的裝運期內，在裝運港將貨物交至運往目的港的船上，負擔貨物裝上船為止的一切風險及由於各種事件造成的任何額外費用，並負責辦理貨運保險，支付保險費，以及負責租船訂艙，支付從裝運港到目的港的正常運費。該術語只適用於海洋運輸和內河運輸。

1. CIF 術語買賣雙方義務的規定

根據《2010 通則》對 CIF 的解釋，買賣雙方各自應承擔的主要義務劃分如下：

（1）賣方義務。賣方義務具體內容如下：

①必須簽訂或取得運輸合同，支付運費，經由通常航線，由通常用來運輸該類商品的船舶運輸；

②必須在約定的裝運期間內和指定的裝運港，將合同規定的貨物交到買方指派的船上，並給予買方充分的通知；

③必須承擔貨物在裝運港裝上船之前與貨物相關的一切費用和風險；

④按照合同的規定，自負費用辦理貨物運輸保險，並支付保險費；

⑤必須自負風險和費用，取得所需出口許可證或其他官方批准證件，並辦理貨物出口所需要的一切海關手續；

⑥負責提交商業發票和證明貨物已交至船上的交貨憑證，以及合同要求的其他與合同相符的單據。在雙方約定和符合慣例的情況下，任何單證可以是同等作用的電子記錄。

（2）買方義務。買方義務具體內容如下：

①受領符合合同規定的貨物與單證並支付合同規定的價款；

②承擔貨物在裝運港裝上船后的一切費用和風險；

③必須自負風險和費用，取得進口許可證或其他官方證件，並負責辦理貨物進口和必要時從他國過境所需的一切海關手續。

2. 使用 CIF 術語應注意的問題

（1）保險的險別問題。CIF 合同中，賣方負有為貨物辦理貨物運輸保險的責任。從風險角度講，貨物在裝運港裝上船以後的風險是由買方承擔的。因此，賣方是為了買方的利益而辦理貨物運輸保險的，即賣方辦理貨物運輸保險是代辦的性質。

辦理保險必須明確險別，投保不同的險別，保險人承保的責任範圍不同，收取的保險費率也不同。那麼，按 CIF 術語成交，賣方應該投保什麼險別呢？一般的做法是，在雙方簽約時，在合同中明確規定保險的險別、保險金額等內容，賣方在投保時按合同的約定辦理即可。但是，如果買賣雙方在合同中沒有明確的規定，則按有關慣例來處理。按照《2010 通則》對 CIF 的解釋，賣方只需投保最低險別。最低保險金額一般在合同價格的基礎上加成 10%（即 110%），並應採用合同貨幣。如果買方要求增加保險險別或保險金額，並由買方負擔費用，賣方可加保戰爭、罷工、暴亂和民變險。

（2）租船訂艙的問題。CIF 術語與 CFR 術語一樣，要求賣方負責安排運輸。同樣，按規定賣方只要安排了通常的船只和慣常的行駛航線，就盡到了自己的義務。如果買方提出一些超越這一範圍的要求，賣方有權拒絕，也可在不增加費用的前提下考慮接受，但這並不是賣方所必須履行的責任和義務。

（3）卸貨費用的負擔問題。與 CFR 術語相同的是，採用 CIF 術語時，仍然由賣方將貨物運往合同規定的目的港，並支付正常的費用，但如果大宗商品採用程租船運輸時，船舶公司不願意承擔目的港的卸貨費，卸貨費的負擔也出現不明確的現象。為了解決這個問題，通常採用 CIF 變形的形式來做出具體規定。CIF 變形后的形式主要 4 種：CIF Liner Terms（CIF 班輪條件）、CIF Landed（CIF 卸至岸上）、CIF Ex Ship's Hold（CIF 艙底交貨）、CIF Ex Tackle（CIF 吊鈎下交貨）。具體含義與 CFR 變形相同，不再重複。

（4）象徵性交貨（Symbolic Delivery）問題。所謂象徵性交貨，是針對實際交貨（Physical Delivery）而言的。象徵性交貨是指賣方只要按期在約定地點完成裝運，並向買方提交包括物權憑證在內的有關單證，就算完成了交貨義務，而無須保證貨物達到最終目的地。而實際交貨是指賣方要在規定的時間和地點，將符合合同規定的貨物交給買方或其指定人。

CIF 合同的特點在於它是一種典型的象徵性交貨，即是賣方憑單據交貨，買方憑單據付款，只要賣方所交單據齊全與合格，賣方就算完成了交貨義務，賣方無須保證到貨，而在此情況下，買方都必須履行付款義務。反之，如果賣方提交的單據不符合要求，即使貨物完好無損地到達目的地，買方仍有權拒付貨款。

CIF 術語的這一性質使得 CIF 合同成為一種「單據買賣」合同。要求賣方必須保證所提交的單據完全符合合同的要求，否則將無法順利地收回貨款。但是，必須指出的

是，按 CIF 術語成交，賣方履行其交單義務只是得到買方付款的前提條件，除此之外，賣方還要履行交貨義務。如果所交貨物與合同規定不符，只要買方能證明貨物的缺陷在裝船前就已經存在，而且這種缺陷在正常檢驗中很難發現，買方即使已經付款，只要未超過索賠期，仍然可以根據合同的規定向賣方提出索賠。

小思考 3-5

CIF 可以稱為「到岸價」嗎？按 CIF London 條件成交，賣方是否要在倫敦交貨？

案例討論 3-4

某進口公司以 CIF 漢堡向英國某客商出售供應聖誕節的應季杏仁一批。由於該商品季節性較強，買賣雙方在合同中規定：買方須於 9 月底以前將信用證開到，賣方保證不遲於 12 月 5 日將貨運抵漢堡，否則買方有權撤銷合同。如賣方已結匯，賣方須將貨款退還買方。

請問：該合同是否還屬於 CIF 合同？為什麼？

綜上所述，FOB、CIF 和 CFR 三種術語都是只適用於水上運輸的貿易術語；賣方的交貨地點均在裝運港；買賣雙方承擔的風險劃分界限均是在裝運港貨物超過船舷時由賣方轉移給買方。FOB、CIF 和 CFR 三種術語之間的區別是，賣方承擔的責任和費用有所不同。CFR 與 FOB 相比，賣方的責任增加了貨物運輸的辦理，價格構成上相應增加了一筆正常的貨物運輸費用；CIF 與 CFR 相比，賣方的責任增加了貨運保險的辦理，價格構成上也相應增加了一筆保險費。

以上三種貿易術語是傳統的貿易術語，在早期的國際貿易中使用的較多，下面將 FOB、CIF 和 CFR 三種術語之間的異同點用表 3-4 加以總結。

表 3-4　　　　　　FOB、CIF、CFR 三種術語的異同點

		賣方	買方
相同點		1. 裝貨、充分通知 2. 出口手續、提供證件 3. 交單	1. 接貨 2. 進口手續、提供證件 3. 受單、付款
		4. 都是裝運港交貨，以貨物裝上船為風險劃分界限 5. 交貨性質相同，都是象徵性交貨 6. 都適合海洋運輸和內河運輸	
不同點	FOB		租船訂艙、支付運費（F） 辦理保險、支付保險費（I）
	CFR	租船訂艙、支付運費（F）	辦理保險、支付保險費（I）
	CIF	租船訂艙、支付運費（F） 辦理保險、支付保險費（I）	

（四）FCA 術語

FCA 術語的全稱是 Free Carrier（insert named place），即貨交承運人（插入指定交

貨地點）。

FCA 指賣方在合同規定的交貨期內，在指定地點將已經出口清關手續的貨物交與買方指定的承運人即完成交貨，賣方承擔貨物被交由承運人監管為止的一切風險和費用。FCA 術語適用於任何形式的運輸，包括多式聯運。

1. FCA 術語買賣雙方義務的規定

根據《2010通則》對 FCA 的解釋，買賣雙方各自承擔的主要義務如下：

（1）賣方義務。賣方義務具體內容如下：

①在合同規定的時間內，在指定的地點，將合同規定的貨物交於買方指定的承運人，並及時通知買方。

②承擔將貨物交於買方指定的承運人之前的一切風險和費用。

③自負風險和費用，取得出口許可證或其他官方批准證件，並辦理貨物出口所需的一切海關手續。

④自行負擔費用向買方提交商業發票和交貨憑證，或有同等效力的電子信息。

（2）買方義務。買方義務具體內容如下：

①簽訂自指定定點承運貨物的運輸合同，支付貨物運至目的地的運費，並將承運人名稱及有關信息及時通知賣方。

②受領貨物和有關單證或具有同等效力的電子信息，並按合同規定並支付貨款。

③承擔貨物交承運人之后的一切風險和費用。

④自負風險和費用，取得進口許可證或其他官方證件，並辦理貨物的進口和必要時從他國過境所需的一切海關手續。

2. 使用 FCA 術語應注意的問題

（1）貨物交接的問題。在 FCA 條件下，通常是由買方安排承運人。「承運人」是指在運輸合同中，承諾通過鐵路、公路、空運、海運、內河運輸或上述運輸的聯合運輸方式承擔履行運輸或承擔辦理運輸業務的任何人。這表明承運人可以是擁有運輸工具的實際承運人，也可以是運輸代理人或其他人。按照《2010通則》的規定，交貨地點的選擇直接影響到裝卸貨物的責任劃分問題。若賣方在其所在地交貨，則賣方應負責把貨物裝上承運人所提供的運輸工具上。若賣方在任何其他地點交貨，賣方在自己所提供的運輸工具上完成交貨義務，不負責卸貨。如果在約定地點並未約定具體的交貨點，且有幾個具體交貨點可供選擇時，賣方可以從中選擇最適合完成交貨的交貨點。買方必須在賣方按照規定交貨時受領貨物。

（2）風險轉移問題。在採用 FCA 術語成交時，不論採用的是海運、陸運、空運等任何運輸方式，買賣雙方的風險劃分均是以貨交承運人為界。如果買方未能及時向賣方通知承運人名稱及有關事項，或者他所指定的承運人在約定的時間內未能接受貨物，則由買方承擔自約定的交貨期限屆滿之日起貨物滅失或損壞的一切風險。由於買方的原因造成賣方無法按時交貨，只要貨物已被特定化，那麼風險轉移的時間可以前移。

按 FCA 術語成交，一般由買方負責訂立運輸合同、指定承運人。但是，如果賣方有要求，並由買方承擔風險和費用的情況下，賣方可以代替買方指定承運人並訂立運輸合同。如果賣方拒絕，應及時通知買方，以便買方另行安排。

61

案例討論 3-5

中國西部某貿易公司 A 於 2011 年 10 月向韓國出口 50 公噸貨物，以 FOB 天津的條件成交，即期信用證結算，裝運期為 10 月 31 日之前。由於 A 公司在天津設有辦事處，於是在 10 月上旬便將貨物運到天津，由天津辦事處負責訂箱裝船。不料貨物在天津存倉後的第三天，倉庫午夜失火，由於風大火烈搶救不及，貨物全部被焚。辦事處立即通知 A 公司並要求盡快補發貨物，否則無法按期裝船，但 A 公司總部已無現成貨源。

請評析此案。

（五）CPT 術語

CPT 術語的全稱是 Carriage Paid to（insert named place of destination），即運費付至（插入指定目的地）。

CPT 是指賣方向其指定的承運人交貨，並支付將貨物運至目的地的運費，在貨物被交由指定的承運人監管時，貨物滅失或損壞的風險，以及由於發生各種事件而引起的任何額外費用，即從賣方轉移至買方。該術語與 FCA 術語一樣，適用於任何運輸方式，包括多式聯運。

1. CPT 術語買賣雙方義務的規定

根據《2010 通則》對 CPT 的解釋，買賣雙方各自承擔的主要義務如下：

（1）賣方義務。賣方義務具體內容如下：

①訂立將貨物運至目的地的合同，並支付運費，在合同規定的時間、地點將貨物給承運人，並及時通知買方。

②承擔貨物交給承運人控製之前的一切風險和費用。

③自負風險和費用，取得出口許可證或其他官方證件，並辦理貨物的出口清關手續。

④提交商業發票和在指定目的地提貨所需要的運輸單據，或有同等作用的電子信息。

（2）買方義務。買方義務具體內容如下：

①接受賣方提供的有關單據，受領貨物，並按合同規定支付貨款。

②承擔自貨物交給承運人控製之后的一切風險。

③自費風險和費用，取得進口許可證或其他官方證件，並辦理貨物的進口和必要時從他國過境所需的一切海關手續。

2. 使用 CPT 術語應注意的問題

（1）風險劃分的界限問題。CPT 術語是運費付至術語，但是賣方承擔的風險並沒有相應地延伸到指定的目的地。根據《2010 通則》的規定，賣方只承擔貨物交給承運人控製之前的風險。在多式聯運方式下，賣方只承擔貨物交給第一承運人控製之前的風險，貨物自交貨地至目的地的運輸途中的風險由買方承擔。

（2）責任和費用的劃分問題。採用 CPT 術語成交，由賣方負責訂立運輸合同，並負擔從交貨地點到指定目的地的正常運費。正常運費之外的其他有關費用，一般由買方負擔。貨物的裝卸費用可以包括在運費中，由賣方負擔，也可由買賣雙方在合同中

另行約定。

（3）裝運通知。CPT 術語實際上是 CFR 術語在適用的運輸方式上的擴展。CFR 術語只適用於水上運輸方式，而 CPT 術語適用於任何運輸方式。買賣雙方在義務劃分原則上是完全相同的。賣方只負責貨物的運輸而不負責貨物的運輸保險。因此，賣方在交貨後及時通知買方，以便買方投保。否則，一旦造成買方未能及時投保或漏保，造成的相應損失應由賣方承擔。

小思考 3-6

請比較 CFR 術語和 CPT 術語的區別。

（六）CIP 術語

CIP 術語的全稱是 Carriage and Insurance Paid to（insert named place of destination），即運費保險費付至（插入指定的目的地）。

CIP 是指賣方向其指定的承運人交貨，辦理貨物運輸並支付將貨物運至目的地的運費，還要訂立保險合同並支付保險費用，在貨物被交由承運人控製時，貨物滅失或損壞的風險，以及由於發生事件而引起的任何額外費用，即從賣方轉移至買方。該術語適合各種運輸方式，包括多式聯運。

1. CIP 術語買賣雙方義務的規定

根據《2010 通則》對 CIP 的解釋，買賣雙方各自承擔的主要義務如下：

（1）賣方義務。賣方義務具體內容如下：

①訂立將貨物運至目的地的合同，並支付運費，在合同規定的時間、地點將貨物給承運人，並及時通知買方。

②按照買賣合同的約定，自負費用投保貨物運輸保險。

③承擔貨物交給承運人控製之前的一切風險。

④自負風險和費用，取得出口許可證或其他官方證件，並辦理貨物的出口清關手續。

⑤提交商業發票和在指定目的地提貨所需要的運輸單據，或有同等作用的電子信息。

（2）買方義務。買方義務具體內容如下：

①接受賣方提供的有關單據，受領貨物，並按合同規定支付貨款。

②承擔自貨物交給承運人控製之後的一切風險。

③自費風險和費用，取得進口許可證或其他官方證件，並辦理貨物的進口和必要時從他國過境所需的一切海關手續。

在 CIP 條件下，賣方的交貨地點、買賣雙方風險劃分的界限、適用的運輸方式以及出口手續、進口手續的辦理等方面的規定均與 CPT 相同。CIP 與 CPT 的唯一差別是賣方增加了辦理貨物運輸保險、支付保險費和提交保險單的責任。在價格構成因素中，CIP 比 CPT 增加了一項保險費。

2. 使用 CIP 術語應注意的問題

（1）正確理解風險和保險問題。按 CIP 術語成交的合同，由賣方負責辦理貨物運

輸保險，並支付保險費。但是，貨物從交貨地點運往目的地途中的風險則由買方承擔。因此，賣方的投保仍屬於代辦性質。根據《2010通則》的規定，如果買賣雙方沒有在合同中約定具體的投保險別，則由賣方按慣例投保最低的險別即可；如果買賣雙方有約定，則按雙方約定的險別投保。保險金額一般在合同價格的基礎上加成10%。

（2）應合理地確定價格。與 FCA 術語相比，CIP 條件下賣方要承擔較多的責任和費用。CIP 的價格構成中包括了通常的運費和約定的保險費。因此，賣方在對外報價時，要認真核算運費和保險費，並考慮運價和保險費的變動趨勢等。從買方來講，也要對賣方的報價進行認真分析，做好比價工作，以免接受不合理的報價。

案例討論 3-6

某出口公司 A 同新加坡的客戶因價格條款發生了一些分歧，一直爭執不下。A 和這個客戶做的業務是空運方式進行運輸，A 認為 CIF 只適用於「海運及陸運方式」，而不是用於「空運方式」，所以堅持用 CIP 條款（並且銀行方面也堅持按照國際慣例空運必須使用 CIP）。可客戶堅持要用 CIF，客戶認為 CIP 比 CIF 多一項費用。

請問：CIP 和 CIF 在費用上究竟有什麼區別？A 公司的做法是否正確？

二、《2010通則》中其他五種貿易術語

除了以上六種常用的貿易術語以外，《2010通則》中還規定了 EXW、FAS、DAT、DAP 和 DDP 五種貿易術語。這些術語雖不常用，但在某些商品和特殊交易條件下，卻是非常有用的，因此熟練掌握這五種術語才能更好地勝任外貿工作。

（一）EXW 術語

EXW 術語的全稱是 Ex Works（insert named place of delivery），即工廠交貨（插入指定交貨地點）。

EXW 是指當賣方在其所在地或其他指定地點，如工廠、倉庫等，將貨物交給買方時即完成交貨。買方承擔在賣方所在地受領貨物、辦理出口清關手續，以及將貨物裝上運輸工具及檢驗等全部費用和風險。

EXW 是賣方承擔責任最小的術語，使用時應注意以下問題：

（1）賣方沒有義務為買方裝載貨物。即使實際上賣方也許更方便這樣做，如果由賣方裝載貨物，相關風險和費用亦由買方承擔。

（2）以 EXW 為基礎購買出口產品的買方需要注意，賣方只有在買方要求時，才會協助辦理出口，即賣方無義務安排出口通關。因此，買方若無法做到直接或間接辦理貨物出口手續時，不宜採用這一術語成交。

（二）FAS 術語

FAS 術語的全稱是 Free Alongside Ship（insert named port of shipment），即船邊交貨（插入指定裝運港）。

按照這一術語成交，賣方要在約定的時間內，將合同規定的貨物交到指定的裝運港買方所指派的船邊時，即完成交貨。當買方所派船只不能靠岸時，要求賣方負責用

駁船把貨物運至船邊，仍在船邊交貨。裝船的責任和費用由買方承擔。買賣雙方負擔的風險和費用均以船邊為界。

由於賣方承擔在特定地點交貨前的風險和費用，而且這些費用和相關作業費可能因各港口慣例不同而變化，因此特別建議雙方盡可能清楚地約定指定裝運港內的裝貨點。

FAS 術語是由買方負責安排貨物的運輸，買方要及時將船名和要求裝貨的具體時間、地點通知賣方，使賣方能按時做好交貨準備。如果買方指派的船只未按時到港接受貨物，或者比規定的時間提前停止裝貨，只要貨物已被清楚地由賣方割出，此后產生的風險和費用均由買方承擔。

小思考 3-7

請分析 FOB 術語和 FAS 術語的異同。

（三）DAT 術語

DAT 術語的全稱是 Delivered at Terminal（insert named terminal at port or place of destination），即運輸終端交貨（插入指定目的港或目的地的運輸終端）。

DAT 指當賣方在指定港口或目的地的指定運輸終端將貨物從抵達的載貨運輸工具上卸載下，交給買方處置時，即完成交貨。「運輸終端」意味著任何地點，而不論該地點是否有遮蓋，如碼頭、倉庫、集裝箱堆場、公路、鐵路或者空港。

賣方承擔將貨物運送到指定港口或目的地的運輸終端並將其卸下的一切風險。

在使用 DAT 術語時，應注意如下問題：

（1）關於運輸終端的確定。由於賣方承擔涉及包括把貨物運至終點地或終點港並將其卸下時產生的一切風險，合同雙方應謹慎的、盡可能的確定清晰的運輸終端，如有可能，應以某一特定地作為雙方都認可的終點地或終點港。

（2）關於進出口報關手續。DAT 要求賣方為貨物辦理出口清關手續。但是，賣方沒有任何義務為貨物辦理進口清關手續和支付進口關稅和履行任何進口海關手續。

（四）DAP 術語

DAP 術語的全稱是 Delivered at Place（insert named Place of destination），即目的地交貨（插入指定目的地）。

DAP 是指當賣方在指定的目的地將仍處於抵達的運輸工具之上，且已做好卸貨準備的貨物交給買方處置時，即為交貨。賣方承擔將貨物送到指定地點的一切風險。這一術語適用於任何運輸方式或多式聯運。

由於賣方承擔在特定地點交貨前的風險，特別建議雙方盡可能清楚地約定指定目的地內的交貨點。另外，DAP 要求賣方辦理出口清關手續，如果雙方希望賣方辦理進口清關、支付所有進口關稅、辦理所有進口手續，則應當使用 DDP 術語。

（五）DDP 術語

DDP 術語的全稱是 Delivered Duty Paid（insert named place of destination），即完稅后交貨（插入指定目的地）。

DDP 是指賣方在指定的目的地將仍處於抵達的運輸工具上，但已完成進口清關，且已做好卸載準備的貨物交由買方處置時，即為交貨。賣方承擔將貨物運至目的地的一切風險和費用，並且有義務辦理貨物出口和進口清關手續，支付所有出口和進口的關稅和辦理所有海關手續。

辦理進口清關手續時，賣方也可要求買方予以協助，但費用和風險仍由賣方負擔。買方應給予賣方一切協助取得進口所需的進口許可證或其他官方證件。如雙方當事人希望將進口時所要支付的一些費用（如增值稅 VAT），從賣方的義務中排除，應在合同中訂明。DDP 術語適用於所有運輸方式。DDP 術語是賣方承擔責任、費用和風險最大的一種術語。使用該術語應注意以下事項：

（1）妥善辦理投保事項。由於按照 DDP 術語成交，賣方要承擔很大的風險，為了能在貨物受損或滅失時及時得到經濟補償，賣方應辦理貨運保險。選擇投保的險別時，應根據貨物的性質、運輸方式及運輸路線來靈活決定。

（2）在 DDP 交貨條件下，賣方是在辦理了進口結關手續后在指定目的地交貨的，這實際上是賣方已將貨物運進了進口方的國內市場。如果賣方直接辦理進口手續有困難，也可要求買方協助辦理。

（3）如果雙方當事人同意在賣方承擔的義務中排除貨物進口時應支付的某些費用，如增值稅，則需要在條款中另加文字予以明確，否則不能免除。

以下將 11 種貿易術語進行歸納對比，見表 3-5。

表 3-5　　　　　　　　　　　11 種貿易術語對比

貿易術語	交貨地點	風險轉移界限	出口清關手續	進口清關手續	辦理運輸支付運費	辦理保險支付保險費	運輸方式
EXW	商品產地或所在地	買方處置貨物后	買方	買方	買方	買方	任何
FAS	裝運港船邊	貨交船邊后	賣方	買方	買方	買方	水上
FOB	裝運港船上	貨物裝上船后	賣方	買方	買方	買方	水上
CFR	裝運港船上	貨物裝上船后	賣方	買方	賣方	買方	水上
CIF	裝運港船上	貨物裝上船后	賣方	買方	賣方	賣方	水上
FCA	出口國指定地點	承運人處理貨物后	賣方	買方	買方	買方	任何
CPT	出口國指定地點	承運人處理貨物后	賣方	買方	賣方	買方	任何
CIP	出口國指定地點	承運人處理貨物后	賣方	買方	賣方	賣方	任何
DAT	進口國指定地點	買方處置貨物后	賣方	買方	賣方	賣方	任何
DAP	進口國指定地點	買方在指定地點收貨后	賣方	買方	賣方	賣方	任何
DDP	進口國指定地點	買方在指定地點收貨后	賣方	賣方	賣方	賣方	任何

三、貿易術語的選用

《2010通則》共有11種貿易術語，不同的貿易術語，買賣雙方所承擔的責任、義務、風險也不同，價格術語選擇正確與否直接關係到買賣雙方的經濟利益。因此，選擇何種貿易術語，要根據具體的交易情況來進行分析，既要有利於雙方交易的達成，又要避免使己方承擔過大的風險。

(一) 貿易術語選用應考慮的因素

1. 考慮貨物特性及運輸條件

國際貿易中的貨物品種很多，不同類別的貨物具有不同的特點，它們在運輸方面的要求各有不同，故安排運輸的難易不同，運費開支大小也有差異。這是選用貿易術語應考慮的因素。此外，成交量的大小也直接涉及安排運輸是否有困難和經濟上是否合算。當成交量太小，又無班輪通航的情況下，負責安排運輸的一方勢必會增加運輸成本，故選用貿易術語時也應予以考慮。

2. 考慮運費高低

運費是貨價構成因素之一，在選用貿易術語時，應考慮貨物經由路線的運費收取情況和運價變動趨勢。一般來說，當運價看漲時，為了避免承擔運價上漲的風險，可以選用由對方安排運輸的貿易術語成交，如按C組術語進口，按F組術語出口。在運價看漲的情況下，如因某種原因不得不採用由自身安排運輸的條件成交，則應將運價上漲的風險考慮到貨價中去，以免遭受運價變動的損失。

3. 考慮運輸方式

在本身有足夠運輸能力或安排運輸無困難，而且經濟上又合算的情況下，可爭取按由自身安排運輸的條件成交（如按FCA、FAS或FOB進口，按CIP、CIF或CFR出口）；否則，則應酌情爭取按由對方安排運輸的條件成交（如按FCA、FAS或FOB出口，按CIP、CIF或CFR進口）。另外，目前由於集裝箱運輸和多式運輸的廣泛運用，使貿易術語的選用由以前傳統的FOB、CFR、CIF發展到現在的FCA、CPT和CIP。

4. 考慮海上風險程度

在國際貿易中，交易的商品一般需要通過長途運輸，貨物在運輸過程中可能遇到各種自然災害、意外事故等風險，特別是當遇到戰爭或正常的國際貿易容易遭到人為障礙與破壞的時期和地區，則運輸途中的風險更大。因此，買賣雙方洽商交易時，必須根據不同時期、不同地區、不同運輸線路和運輸方式的風險情況，並結合購銷意圖來選用適當的貿易術語。

5. 考慮辦理進出口貨物結關手續的難易

在國際貿易中，關於進出口貨物的結關手續，有些國家規定只能由結關所在國的當事人安排或代為辦理，有些國家則無此項限制。因此，當某出口國政府當局規定買方不能直接或間接辦理出口結關手續，則不宜按EXW條件成交；若進口國當局規定賣方不能直接或間接辦理進口結關手續，則不宜採用DDP條件成交。

(二) 貿易術語與合同性質的關係

　　1. 貿易術語是決定合同性質的重要因素

　　不同的貿易術語，賣方交貨的地點、承擔的責任和費用不同。通常來講，如果買賣雙方選用了某種貿易術語成交，並且雙方按照慣例的規定來劃分雙方的責任、風險和費用，則該買賣合同的性質也就相應確定下來。在這種情況下，貿易術語的性質與買賣合同的性質是相吻合的。例如，如果買賣雙方選用了 F 組術語成交，比如選用了 FOB，賣方只要在規定的裝運期和指定的裝運港將貨物裝上買方指派的船上就算完成交貨義務。

　　2. 雙方自願選定合同中的貿易術語

　　雖然貿易術語是確定進出口合同性質的重要因素，但是貿易術語並不是唯一的決定因素。因為有關貿易術語的國際貿易慣例的適用，都是以當事人的「意思自治」為原則，並不具有強制性。買賣雙方可以在進出口合同中酌情做出某些與國際慣例不一致的具體約定。例如，買賣雙方是按 CIF 術語簽訂了進出口合同，但是雙方又在合同中明確規定：「以貨物到達目的港作為支付貨款的前提條件。」此時，賣方的交貨地點已不再是裝運港，而是目的港。該合同也不再是裝運合同，而是到達合同。如果貨物在運輸途中遇到風險而致使貨物滅失，買方在目的港收不到合同規定的貨物，買方是有權拒絕支付貨款的。

　　3. 貿易術語與合同條款的關係

　　貿易術語一般作為買賣合同單價條款的一部分，但由於貿易術語除了明確價格構成之外，還涉及運輸、保險、貨物交接地點、風險轉移問題，因此就不可避免地與合同中的其他交易條款存在關聯。因此，應注意貿易術語與價格條款、裝運條款、保險條款、支付條款以及檢驗條款之間的邏輯關係。

案例討論 3-7

　　新疆某公司和日本客商洽談一項出口合同，計劃貨物由烏魯木齊運往橫濱，我方不願承擔從烏魯木齊至出口港天津新港的貨物風險，日本客商堅持由自己辦理運輸，但不負責出口手續。

　　請問：應採用何種貿易術語使雙方都滿意？

工作提示：

　　在實踐中，買賣雙方應在合同中明確列明術語所適用的慣例，同時應根據該慣例對術語的解釋，嚴格按照對彼此的風險和責任的劃分，履行相關義務並支付應該承擔的費用。

任務三　商品價格的掌握

任務目標

- 理解進出口商品的作價原則和方法
- 瞭解計價貨幣與支付貨幣的選擇
- 熟練掌握佣金和折扣的計算與規定

任務引入

中國某出口公司擬出口化妝品去中東地區某國。正好該國某中間商主動來函與中國某出口公司聯繫，表示願代為推銷化妝品，並要求按每筆交易的成交金額給予5%的佣金。不久，經該中間商與當地進口商達成CIFC5總金額5萬美元的交易，裝運期為訂約后2個月內從中國港口裝運，並簽訂了銷售合同。合同簽訂后，該佣金商即來電要求中國某出口公司立即支付佣金2500美元。中國某出口公司復電稱：「佣金需待貨物裝運並收到全部貨款后才能支付。」於是，雙方發生了爭議。

討論題：

（1）請分析這起爭議發生的原因是什麼？
（2）中國某出口公司應接受什麼教訓？

知識內容

商品的價格是交易雙方磋商的主要內容之一，也是雙方最為關注的方面。價格的高低，決定其他各項交易條件的規定，其他條件的不同規定，也必然反應到價格上來。在進出口交易中，商品價格的確定涉及商品作價的方法，商品的成本、費用和利潤的核算，還與佣金、折扣有關。

一、進出口商品作價原則

中國進出口商品作價原則是在貫徹平等互利和國家政策的前提下，根據國際市場價格，貫徹國別（地區）政策，結合企業自身的營銷戰略和目標制定適當的價格。

（一）按照國際價格水平作價

目前，國際市場上並沒有一個統一的國際市場價格，通常所說的國際市場價格是指商品的國際集散地中心的市場價格、主要出口國（地區）當地市場的出口價格或主要進口國（地區）當地市場的進（出）口價格。有些商品一時沒有國際市場價格，可參照國際市場上類似商品的價格進口定價。必須注意的是，這些國際市場價格受供求關係的影響，圍繞著商品的價格上下波動。

（二）結合國別（地區）政策作價

為了配合中國有關的外貿政策和規定，對有些國家和地區的價格可以在參照國際市場價格水平的同時，適當考慮國別、地區政策。

（三）結合企業的購銷意圖作價

在確定某種商品的出口價格時，還應結合出口企業自身的營銷戰略和目標，做到既有利於吸引和保持國外客戶，擴大國外市場份額，又能使企業獲得最佳的經濟效益。商品的定價可以略高或略低於國際市場價格。

二、影響價格的各種具體因素

（一）商品的質量和檔次

在國際市場上，一般都按質論價，即好貨好價，次貨次價。品質的優劣，檔次的高低，包裝的好壞，商標、牌號的知名度，都影響著商品的價格。

（二）運輸距離的遠近

國際貨物買賣一般都要通過長途運輸。運輸距離的遠近影響運費和保險費的開支，從而影響商品的價格。因此，確定商品價格時，必須核算運輸成本，做好比價工作，以體現地區差價。

（三）季節性需求的變化

在國際市場上，某些節令性商品，如趕在節令前到貨，搶行應市，便能賣上好價。過了節令的商品，往往售價很低。因此，我們應當充分利用季節性需求的變化，掌握好季節性差價，爭取按對我方有利的價格成交。

（四）支付條件和匯率變動的風險

支付條件是否有利和匯率變動風險的大小，都影響著商品的價格。例如，某一商品在其他條件相同的情況下，採取預付貨款和憑信用證付款方式，其價格應當有所區別。同時，確定商品價格時，一般應爭取採用對自身有利的貨幣成交；如果採用不利的貨幣成交時，應當把匯率變動的風險考慮到貨價中去，即適當提高出售價格或壓低購買價格。

此外，交貨期的遠近、市場消費習慣、成交數量的大小和消費者的愛好等因素，對確定價格也有不同程度的影響，我們必須通盤考慮和正確掌握。

三、進出口商品的作價方法

在國際貨物買賣中，可以根據不同情況，分別採取不同的作價方法。

（一）固定價格

固定價格是指買賣雙方在協商一致的基礎上，明確地規定成交價格，履約時按此價格結算貨款。這是國際上常見的做法。固定價格具有明確、具體、嚴格的特點，便於雙方在合同履行的過程中，減少對價格的爭議。但是，由於商品市場行情的複雜性和多變性，價格時漲時落，如果規定固定價格，就意味著買賣雙方要承擔從訂約到交貨付款以致轉售時價格變動風險。因為，為了減少價格風險，促成交易，也可採用較靈活的方法。

（二）非固定價格

非固定價格，即一般業務上所說的「活價」。某些貨物因其國際市場價格變動頻繁，價格變動幅度較大，或交貨期較遠，買賣雙方對市場趨勢難以預測，但又確有訂約的意項，在這種情況下採用非固定作價具有一定的好處。這種好處表現在：有助於暫時解決雙方在價格方面分歧，雙方可先就其他條款達成協議簽約；解除客戶對價格風險的顧慮，敢於簽訂交貨期較長的合同；雖不能完全排除價格風險，但利於出口方可做成生意，也對進口方保證一定的轉售利潤。

非固定作價大體可分為以下幾種：

1. 具體價格待定

這種定價方法可以有兩種表示方法。

（1）在價格條款中明確規定定價時間和定價方法，如「在裝船月份前50天，參照當地及國際市場價格水平，協商議定正式價格」。

（2）只規定作價時間，如「雙方將於某年某月某日協商確定價格」。

2. 暫定價格

在合同中訂立一個初步價格，作為開證和初步付款的依據，雙方確定最後價格之後再進行清算，多退少補。例如，「單價暫定CIF紐約，每公噸2000美元，作價方法以某交易所3個月期貨，按裝船月份月平均價加8美元計算，買方案本合同規定的暫定價開立信用證」。

3. 部分固定價格，部分非固定價格

為了照顧雙方的利益，解決雙方在採用固定價格或非固定價格方面的分歧，也可採用部分固定價格、部分非固定價格的做法，或者分批作價方法，交貨期近的價格在訂約時固定下來，其餘部分在交貨前一定期限內作價。

非固定價格的做法是先訂約后作價，合同的關鍵條款價格是在訂約之後由雙方按一定的方式來確定的。這就不可避免地給合同帶來較大的不穩定性，存在著雙方在作價時不能取得一致意見，而使合同無法執行的可能或由於合同作價條款規定不當，而使合同失去法律效力的危險。

小思考 3-8

在進出口業務中，採用非固定價格有什麼優點？

（三）價格調整條款

某些生產週期長的大型機械、成套設備，從合同訂立到履行需要很長時間，而貨物價格可能要受到工資、原材料價格變動的影響。為了避免雙方承受過大的價格風險，交易雙方，尤其是賣方往往要求在合同中訂立價格調整條款。價格調整條款的做法是在合同中規定一個初步價格，交貨時或交貨前一定時間，按工資、原材料價格變動的指數進行相應調整，以確定最後價格。

四、計價貨幣與支付貨幣的選擇

(一) 規定計價貨幣與支付貨幣的意義

計價貨幣（Money of Account）是雙方當事人用來計算債權債務的貨幣。在買賣合同中，也就是用來計算價格的貨幣。支付貨幣（Money of Payment）是雙方當事人約定清償債權債務的貨幣。在買賣合同中，也就是雙方約定的用來償付按計價貨物表示貨款的等值貨幣。

根據國際貿易的特點，用來計價的貨幣可以是出口國家貨幣，也可以是進口國家貨幣或雙方同意的第三國貨幣，由買賣雙方協商確定。如果合同中的價格是以一種雙方當事人約定的貨幣（如歐元）來表示，沒有規定以其他貨幣支付，則合同中規定的貨幣，既是計價貨幣，又是支付貨幣。如果在計價貨物之外還規定了以其他貨幣（如日元）支付，則日元就是支付貨幣。

國際上普遍實行浮動匯率的情況下，買賣雙方都要承擔一定匯率風險。出口貿易中，計價和結匯爭取使用硬幣（Hard Currency）（即幣值穩定或具有一定上浮趨勢的貨幣）；進口貿易中，計價和結匯爭取使用軟幣（Soft Currency）（即幣值不穩定或具有一定下浮趨勢的貨幣）。在選擇計價貨幣時，對所要選用的貨幣分別進行比較、核算，確定使用哪一種貨幣更合算，達到對方可以接受，己方又能減少風險的目的。

(二) 貨幣的報價核算

由於各國貨幣不同，在國際貿易中會遇到貨幣換算的問題，這就需要瞭解銀行外匯牌價（即匯率）的變化。中國外匯牌價，一般列有買入價和賣出價，買入價是銀行買入外匯的價格，賣出價是銀行賣出外匯的價格。以中國的進出口業務為例，如對外報價時以人民幣報出，對方要求改為美元報出或我方以美元報出，對方要求改為以英鎊報出，那麼應報多少等問題都涉及貨幣的換算問題。

目前，國際上常用的換算方法有以下3種：

1. 本幣折算成外幣對外報價

如果我方出口商品的報價是人民幣，需要改為外幣對外報價，應按銀行買入價進行本幣與外幣的換算，公式如下：

外幣價＝本幣價／［匯率(買入價)／100］

小思考 3-9

某公司出口一批玩具，價值為人民幣 4000 元，客戶要求以美元報價，假設當時外匯匯率為買入價 100 美元等於 700.21 元人民幣，賣出價 100 美元等於 700.69 元人民幣，那麼對外報價應為多少美元？

2. 外幣折算成本幣對外報價

在進口時，企業向銀行購買外匯，銀行賣出外匯時使用賣出價。因此，進口商以外幣報價時，就只能以銀行賣出價進行本幣與外幣的換算，公式如下：

本幣價＝外幣價×［匯率(賣出價)／100］

3. 由一種外幣折算成另一種外幣對外報價

在國際貿易中，當一國出口商報出一種外幣（設為甲國貨幣），外國進口商可能要求出口商改用其他貨幣報價（設為乙國貨幣）。這時應遵循的原則是：無論是在直接標價法還是間接標價法下，將外匯市場甲國貨幣視為本國貨幣，然後根據前述方法計算，即外幣折算本幣，均用賣出價；本幣折算外幣，均用買入價。

(三) 減少匯率風險的常用方法

由於國際金融市場匯價變化頻繁，為了減少外匯風險，除進口業務和出口業務中分別使用「軟幣」和「硬幣」外，還可採用以下方式：

1. 降低進口價格或提高出口價格

降低進口價格或提高出口價格是指在出口不能使用「硬幣」和進口不能使用「軟幣」時，可適當提高出口商品的價格，把該貨幣在我方收匯時可能下浮的幅度考慮進去，進口時則可適當壓低進口價格，計價貨幣和支付貨幣在我方付匯時可能上浮的幅度考慮進去。

2. 「軟」、「硬」貨幣結合使用

各種貨幣的「軟」與「硬」是相對的，而且是有時間性的。為防止匯率變化產生的風險，在進出口貿易中，可以採用「硬幣」和「軟幣」組合的方法，使升值的貨幣所帶來的收益用來抵消貶值貨幣所帶來的損失。如果在交易中對方堅持選擇某種貨幣，可以通過協商解決。

五、佣金與折扣的運用

在進出口業務中，佣金和折扣運用得較為廣泛。正確運用佣金和折扣，可以調動中間商或買方的興趣，擴大貿易出口的數量，加強本國產品在國際市場上的競爭力。

(一) 佣金

1. 佣金的含義

在國際貿易中，有些交易是通過中間代理商進行的。因中間商介紹生意或代買代賣而向其支付一定的酬金，此項酬金叫佣金（Commission）。凡在合同價格條款中，明確規定佣金百分比的，叫做「明佣」。如不標明佣金的百分比，甚至連「佣金」字樣也不標示出來，有關佣金的問題由雙方當事人另行約定，這種暗中約定佣金的做法，叫做「暗佣」。佣金直接關係到商品的價格，貨價中是否包括佣金和佣金比例的大小，都影響商品的價格。顯然，含佣價比淨價要高，正確運用佣金，有利於調動中間商的積極性和擴大交易。

2. 佣金的規定方法

(1) 在商品價格中包括佣金時，通常應以文字來說明。例如，「每公噸 200 美元 CIF 舊金山包括 2%佣金」（US＄200 per M/T CIF San Francisco including 2% commission）。

(2) 可在貿易術語上加註佣金的縮寫英文字母「C」和佣金的百分比來表示。例如，「每公噸 200 美元 CIFC2%舊金山」（US＄200 per M/T CIF San Francisco including 2% commission）。

（3）商品價格中所包含的佣金，除用百分比表示外，還可以用絕對數來表示。例如，「每公噸付佣金 25 美元」。

中間商為了從買賣雙方獲取「雙頭佣金」或為了逃稅，有時要求在合同中不規定佣金，而另按雙方暗中達成的協議支付。佣金的規定應合理，其比率一般掌握在 1%～5%，不宜偏高。

3. 佣金的計算與支付方法

國際貿易中，計算佣金的方法不一。有的按成交金額約定的百分比計算，也有的按成交商品的數量來計算，即按每一單位數量收取若干佣金計算。

在中國進出口業務中，佣金的計算方法也不一致。按成交金額計算和按成交商品的數量計算都有。在按成交金額計算時，有的以發票總金額作為計算佣金的基數，有的則以 FOB 總值為基數來計算佣金。如按 CIF 成交，而以 FOB 值為基數計算佣金時，則應從 CIF 價中減去運費和保險費，求出 FOB 值，然後以 FOB 值乘以佣金率，得出佣金額。

計算佣金的公式如下：

單位貨物佣金額＝含傭價×佣金率

淨價＝含傭價－單位貨物佣金額

上述公式也可寫為：

淨價＝含傭價×（1－佣金率）

假如已知淨價，則含傭價的計算公式如下：

含傭價＝$\dfrac{淨價}{1-佣金率}$

在這裡，值得注意的是，如在洽商交易時，我方報價為 10,000 美元，對方要求 3% 的佣金，在此情況下，我方改報含傭價，按上述公式算出應為 10,309.3 美元，這樣才能保證實收 10,000 美元。

小思考 3-10

某出口公司對外報價某商品每公噸 2000 美元 CIFC2% 紐約，外商要求將佣金率提高到 4%。在保持我方淨收入不變的情況下，應該報含傭價多少？

佣金的支付一般有兩種做法：一種是由中間代理商直接從貨價中扣除佣金；另一種是在委託人收清貨款之後，再按事先約定的期限和佣金比率，另行付給中間代理商。在支付佣金時，應防止錯付、漏付和重付等事故發生。

（二）折扣

1. 折扣的含義

折扣（Discount）是指賣方按原價給予買方一定百分比的減讓，即在價格上給予適當的優惠。國際貿易中使用的折扣，名目很多，除一般折扣外，還有為擴大銷售而使用的數量折扣，為實現某種特殊目的而給予的特別折扣以及年終回扣等。凡在價格條款中明確規定折扣率的，叫做「明扣」；凡交易雙方就折扣問題已達成協議，而在價格條款中都不明示折扣率的，叫做「暗扣」。折扣直接關係到商品的價格，貨價中是否包

括折扣和折扣率的大小，都影響商品價格，折扣率越高，則價格越低。

2. 折扣的規定方法

在國際貿易中，在規定價格條款時如有折扣，通常用以下兩種方式表示。

(1) 用文字明確表示出來。例如，「每公噸200美元CIF倫敦，折扣3%」(US $ 200 per M/T CIF London including 3% discount)。此例也可表示為：「每公噸200美元CIF倫敦，減3%折扣」(US $ 200 per M/T CIF San Francisco less 3%commission)。

(2) 用絕對數來表示。例如，「每公噸折扣6美元」。

在實際業務中，也有用「CIFD」或「CIFR」來表示CIF價格中包含折扣，這裡的「D」和「R」是「Discount」和「Rebate」的縮寫。鑑於在貿易術語中加註的「D」或「R」含義不清，可能引起誤解，最好不使用此縮寫語。

3. 折扣的計算與支付方法

折扣通常是以成交額或發票金額為基礎計算出來的。例如，CIF倫敦，每公噸2000美元，折扣率為2%，則賣方的實際淨收入為每公噸1960美元。其計算方法如下：

單位貨物折扣額 = 原價（或含折扣價）× 折扣率

賣方實際淨收入 = 原價 – 單位貨物折扣額

折扣一般是在買方支付貨款時預先予以扣除，也有的折扣金額不直接從貨價中扣除，而按暗中達成的協議另行支付給買方，這種做法通常在給「暗扣」或「回扣」時採用。

小思考 3-11

某出口商品對外報價為 FOB 上海每打 50 美元，含 3% 折扣，如出口該商品 1000 打，其折扣額和實收外匯各為多少？

知識

累計佣金的計算

累計佣金是指出口企業按一定時期的累計銷售額給國外包銷商、代理商的推銷報酬。累計佣金對銷售具有一定的刺激作用，因為累計銷售額越大，佣金額也就越高。

累計佣金又可分為全額累進佣金和超額累進佣金兩種：

1. 全額累進佣金

全額累進佣金是指按一定時期內推銷金額所達到的佣金等級全額計算佣金。

例如，根據某代理協議，佣金一年累計結付，按全額累進方法結算，推銷額和佣金率如下：

等級	A級	B級	C級
推銷額	100萬元以下	100萬~200萬元	200萬元以上
佣金率	1%	1.5%	2%

假如年末結算，某銷售商實際推銷額為 240 萬元，則應按 C 級「2%」計算佣金，該銷售商應得佣金為 240×2% = 4.8 萬元。

2. 超額累進佣金

超額累進佣金是指各等級的超額部分，各按適用等級的佣金來計算，然後再將各級佣金累加起來，求得累進佣金的總額。以剛才的業務為例，則該銷售商應得佣金計算如下：

100 ×1% +（200 - 100）× 1.5% +（240 - 200）×2% = 3.3（萬元）

> **工作提示：**
> 佣金，習慣上應先由賣方收到全部貨款後，再支付給中間商。折扣一般可由買方在支付貨款時預先扣除。

任務四　價格條款與價格核算

任務目標

- 掌握價格條款的主要內容
- 掌握主要貿易術語之間的價格換算
- 正確計算出口換匯成本和盈虧率

任務引入

某外貿公司出口一批商品，國內進貨價共 10,000 元人民幣，加工費支出 1500 元人民幣，商品流通費是 1000 元人民幣，稅金支出為 100 元人民幣，該批商品出口銷售淨收入為 2000 美元。

試計算：

（1）該批商品的出口總成本是多少？
（2）該批商品的出口銷售換匯成本是多少？
（3）該商品的出口銷售盈虧率是多少？

知識內容

一、價格條款的主要內容

合同中的價格條款一般包括單價和總值兩部分內容。有時還包括作價方法以及佣金和折扣的運用。

（一）單價

單價就是貨物的單位價格。一個完整的外貿單價，通常由 4 部分組成，即計價貨

幣、單位價格金額、計量單位、貿易術語4部分內容組成。舉例如下：

    USD   1000.00   PER M/T   CIF New York
    ①   ②   ③   ④

其中，①為計價貨幣；②為單位價格金額；③為計量單位；④為貿易術語。

（二）總值

總值是單價同數量的乘積，也就是一筆交易的貨款總金額。總值必須用大小寫同時表示，且使用的貨幣應與單據使用的貨幣一致。例如，「中國大米，良好平均品質100公噸，每公噸175美元CIF新加坡，總額17,500美元」（Chinese Rice, FAQ, 100M/T, USD175 PER M/T CIF Singapore, Total Amount USD 17,500. SAY US DOLLARS SEVENTEEN THOUSAND FIVE HUNDRED ONLY）。

小思考3-12

請判斷以下我方出口單價的寫法是否正確：

（1）每公噸500美元CIFC2%淨價英國；

（2）每碼3.5元CIF香港；

（3）每噸1000美元FOB上海；

（4）每公噸400美元CIF維多利亞；

（5）每臺300歐元CIF上海；

（6）每輛40美元CFR新加坡。

二、不同價格之間的換算

在國際貿易中，不同的貿易術語表示的價格構成因素不同。例如，FOB術語不包括從裝運港至目的港的運費和保險費；CFR術語則包括從裝運港至目的港的通常運費；CIF術語既包括從裝運港至目的港的通常運費，又包括保險費。在價格談判過程中，有時一方按某種貿易術語報價時，對方要求改報其他術語所表示的價格。例如，一方按FOB報價，對方要求改報CFR或CIF價，這就涉及價格的換算問題。

（一）FOB價換算為CFR價或CIF價

換算公式如下：

（1）CFR價＝FOB價＋F（運費）

（2）CIF價＝（FOB價＋F）÷（1－保險費率×投保加成）

（3）CIF價＝FOB價＋F＋I（保險費）＝FOB價＋F＋CIF價×保險費率×投保加成

（二）CFR價換算為FOB價或CIF價

換算公式如下：

（1）FOB價＝CFR價－F（運費）

（2）CIF價＝CFR價÷（1－保險費率×投保加成）

（三）CIF價換算為FOB價或CFR價

換算公式如下：

（1）FOB價＝CIF價－I（保險費）－F（運費）

（2）CFR 價 = CIF-I（保險費）

（3）CFR 價 = CIF×（1-保險費率×投保加成）

例如，某商品的出口價為每噸 CFR 香港 700 美元，買方提出該報 CIF 價，並要求按 CIF 價的 110%投保水漬險和戰爭險，總保險費率為 1.2 %，求 CIF 報價。

計算如下：

CIF 價 = CFR 價÷（1-保險費率×投保加成）

= 700÷（1-1.2 %×110 %）

= 709.36（美元）

小思考 3-13

公司某業務員第一次參加廣交會，對其負責的某種商品進行計算后算出該商品可報每桶 150 美元 FOB 廈門，但該業務員認為只準備一種報價是不夠的，該商品銷往北美地區比較多，該業務員準備再計算出 CIFC3 洛杉磯的價格。請幫助該業務員報價（經查該商品每桶運費 15 美元，加一成投保，保險費率為 1%）。

三、商品價格的核算

（一）商品的價格構成

在國際貨物買賣中，商品的價格包括成本、費用和利潤三大要素。成本（Cost）是指出口企業為出口其產品進行生產、加工或採購所產生的含稅成本；費用（Expenses/Charges）主要是指整個交易過程發生的費用，出口報價中費用包括國內費用和國外費用兩部分；利潤（Profit）是指出口商的預期收入，是經營好壞的主要指標。

1. FOB、CFR、CIF 貿易術語的價格構成

FOB、CFR、CIF 貿易術語在價格構成中包括成本、費用和利潤。這 3 種術語的價格關係如表 3-6 所示：

表 3-6　　　　　　FOB、CFR、CIF 貿易術語的價格關係

CIF 價格	CFR 價格	FOB 價格	成本	生產成本	自產自銷的投入
				加工成本	進料或辦成本加工的投入
				採購成本	進貨成本
			國內總費用	加工整理費用、包裝費用、國內運費、證件費用、裝船費用、銀行費用等	
			淨利潤	一般為貨價的 10%	
		國外運費			
	國外保險費 = CIF 價×保險費率×投保加成				

（1）採購成本核算。對出口商而言，採購成本即進貨成本，是貿易商向供貨商購買貨物的支出。但是，該項支出含有增值稅。為了降低出口商品成本，增強產品競爭力，中國也實行出口退稅制度，採取對出口商品中的增值稅全額退還或按一定比例退

還的做法，即將含稅成本中的稅收部分按照出口退稅比例予以扣除，得出實際成本。退稅收入的核算公式如下：

出口退稅收入＝［出口商品購進價（含增值稅）÷（1+增值稅率）］×退稅率

例如，某公司出口陶瓷茶杯，每套進貨成本為人民幣 90 元（包括 17%的增值稅），退稅率為 8%，則實際成本核算如下：

計算公式：實際成本＝進貨成本－退稅金額

退稅金額＝進貨成本（含稅）÷（1+增值稅率）×退稅率

＝90÷（1+17%）×8%

＝6.15（元）

實際成本＝90－6.15＝83.85（元）

因此，陶瓷茶杯的實際成本為每套 83.85 元。

小思考 3-14

某品牌足球每只的購貨成本是人民幣 165 元，其中包括 17%的增值稅，若足球出口可以有 8%的退稅，那麼每只足球的實際成本是多少？

（2）費用核算。費用的核算包括國內費用和國外費用。

常見的國內費用包括：①加工整理費用；②包裝費用；③國內運費（出口商所在地倉庫至裝運港碼頭）；④證件費用（如商檢費、公證費、許可證費、報關單費等）；⑤裝船費用（裝船、起吊費和駁船費）；⑥銀行費用（貼現利息、手續費等）；⑦預計損耗（耗損、短損、漏損、破損、變質等）；⑧郵電費（電報、電話、傳真、電子郵件等費用）。

常見的國外費用包括：①國外運費（自裝運港至目的港的海上運輸費用）；②國外保險費（海上貨物運輸保險）；③如果有中間商，還包括支付給中間商的佣金。

（3）利潤核算。利潤是商人的預期收入，可用某一固定數額作為一批商品的利潤，也可用一定的比率（如 10%）來計算利潤額。

根據以上關係，FOB、CFR、CIF 貿易術語的計算公式如下：

FOB 價＝實際成本+國內總費用+淨利潤

CFR 價＝實際成本+國內總費用+淨利潤+國外運費

CIF 價＝實際成本+國內總費用+淨利潤+國外運費+國外保險費

2. FCA、CPT、CIP 貿易術語的價格構成

FCA、CPT、CIP 貿易術語在價格構成中也包括成本、費用和利潤，其計算公式如下：

FCA 價＝實際成本+國內總費用+淨利潤

CPT 價＝實際成本+國內總費用+淨利潤+國外運費

CIP 價＝實際成本+國內總費用+淨利潤+國外運費+國外保險費

其中，費用的核算也包括國內費用和國外費用。

常見的國內費用包括：①加工整理費用；②包裝費用；③國內運費（倉庫至碼頭、車站、機場、集裝箱運輸場、集裝箱堆場）；④證件費用（如商檢費、公證費、許可證

費、報關單費等）；⑤拼箱費（如果貨物不夠一整個集裝箱）；⑥銀行費用（貼現利息、手續費等）；⑦預計損耗（耗損、短損、漏損、破損、變質等）；⑧郵電費（電報、電話、傳真、電子郵件等費用）。

常見的國外費用包括：①國外運費（自出口國起運地至國外目的地的運輸費用）；②國外保險費（海上貨物運輸保險）；③如果有中間商，還包括支付給中間商的佣金。

（二）出口商品盈虧核算

1. 與核算有關的概念

在進行盈虧核算之前，先瞭解幾個與核算有關的概念。

（1）出口總成本。出口總成本是指出口商品的進出口成本加上出口前的一切費用（含稅金）。出口總成本的計算公式如下：

出口總成本＝進出口商品的進貨價＋出口前的一切費用

其中，「一切費用」包括國內運費、加工整理費、商品流通費、雜費、稅金、利息等。

（2）出口外匯淨收入。出口外匯淨收入是指出口商品按 FOB 價格出售所得外匯收入。

（3）出口銷售人民幣淨收入。出口銷售人民幣淨收入是指出口商品的 FOB 價格按當時外匯牌價折合成人民幣的數額。出口銷售人民幣淨收入的計算公式如下：

出口銷售人民幣淨收入＝FOB 價×外匯牌價

根據出口商品成本的這些內容，可以核算出口商品盈虧率、出口換匯成本和出口創匯率 3 個重要指標。

2. 出口商品盈虧率

出口商品盈虧率是出口商品盈虧額在出口總成本中所占的百分比。出口盈虧額是指出口銷售人民幣淨收入與出口總成本之間的差額，前者大於後者為盈利，反之為虧損。因此，出口商品盈虧率是衡量出口盈虧程度的重要指標。出口商品盈虧率計算公式如下：

出口商品盈虧率＝［（出口人民幣淨收入－出口總成本）÷出口總成本］×100％

例如，中國一外貿企業購買某商品的實際進貨價格為 55,000 元人民幣，商品管理費為 5000 元，出口後外匯淨收入為 10,000 美元。若美元與人民幣的匯率為 1：6.38，計算該商品的盈虧率。

出口總成本＝55,000＋5000＝60,000（元）

出口商品盈虧率＝［（出口人民幣淨收入－出口總成本）÷出口總成本］×100％
　　　　　　　＝［（10,000×6.38－60,000）÷60,000］×100％
　　　　　　　＝6.33％

3. 出口換匯成本

出口換匯成本指某商品出口淨收入一個單位的外匯所需要的人民幣成本。如換匯成本高於銀行牌價，說明出口虧損；反之，說明出口盈利。出口換匯成本的公式如下：

出口換匯成本＝出口商品總成本（人民幣元）/FOB 出口外匯淨收入（美元）

例如，某公司以 1000 美元 CIF 價格出口商品，已知該筆業務需要支付國際運輸費

用為 100 美元，保險費率為 0.1%，國內商品實際採購價格為 4000 元人民幣，其他費用為 500 元人民幣，計算該筆業務的出口換匯成本。

出口總成本 = 4000+500 = 4500（元）

出口外匯淨收入（FOB）= CIF−F−I
　　　　　　　　　　　= CIF−F−CIF×110%×0.1%
　　　　　　　　　　　= 1000−100−1000×110%×0.1%
　　　　　　　　　　　= 898.8（美元）

出口換匯成本 = 4500/898.8 = 5.00（元人民幣/美元）

小思考 3−15

在一筆出口貿易中，計算出的出口換匯成本為 6.8 美元，如果當時外匯牌價為 1 美元折 7.8 元人民幣，該筆業務是贏是虧？如果計算出的出口換匯成本是 8.8 美元呢？

4. 出口創匯率

出口創匯率也稱外匯增值率，用於加工貿易，反應了以外匯購買原料、輔料，經加工成為成品後再出口的創匯效果。出口創匯率的具體計算方法是以成品出口所得的外匯淨收入減去進口原料所支出的外匯，算出成品出口外匯增值的數額，即創匯額，再將其與原料外匯成本相比，計算出百分率。如原料為本國產品，其外匯成本可按原料的 FOB 出口價格計算；如原料是進口的，則按原料的 CIF 價計算。出口創匯率的計算公式如下：

出口創匯率 =（成品出口外匯淨收入−原料外匯成本）/原料外匯成本×100%

例如，中國一外貿企業進口棉花，經過加工制成棉布後出口。已經進口棉花的費用為 335,000 美元，加工復出口外匯淨收入為 525,000 美元。計算該商品的出口創匯率。

出口創匯率 =（成品出口外匯淨收入−原料外匯成本）/原料外匯成本×100%
　　　　　 =（525,000−335,000）/335,000×100%
　　　　　 = 56.72%

這說明進口 1 美元的原料加工後再出口，其成品商品價值相當於 1.5672 美元，增值 56.72%。

工作提示：
商品價格的核算是國際貿易中一項非常複雜而又重要的工作，在出口價格掌握上，既要防止盲目堅持高價，又要防止隨意削價競銷。

項目小結

（1）國際貿易術語是在長期的國際貿易實踐中產生的，用一個簡短概念或英文縮寫字母來表示商品價格的構成及買賣雙方有關責任、風險、費用的劃分，以確定買賣

雙方在交接貨物過程中應盡的責任和義務。

（2）由國際商會制定並於 2011 年 1 月 1 日正式生效的《2010 年國際貿易術語解釋通則》中共包含了 11 個貿易術語，並按照運輸方式不同劃分為兩組，該慣例對每一個貿易術語下買賣雙方的責任都進行了詳盡的解釋。

（3）佣金是指賣方或買方付給中間商代理買賣或介紹交易的服務酬金。折扣是指賣方按原價給予買方一定百分比的減讓，即在價格上給予適當的優惠。

（4）商品的價格條款包括單價和總值兩部分，並要根據商品的特點制定合理的作價方法。

（5）在出口商品價格核算中，出口商品盈虧率、換匯成本、出口創匯率是三個重要指標。

項目演練

一、判斷題

1. 貿易術語的變形不但改變了買賣方費用的承擔，而且也改變了雙方風險的劃分。
（　　）
2. 以 CFR 和 CIF 成交的合同，賣方必須安排運輸，支付運費，保證貨物到達目的港。（　　）
3. 由於國際貿易慣例不是法律，因此仲裁中如以慣例作為評判依據是不合理的。
（　　）
4. FCA 和 FAS 一樣，都可以由進口方辦理貨物的出口手續。（　　）
5. CPT 與 CFR 術語一樣，賣方都不必承擔貨物自交貨地點至目的地運輸過程中的風險。（　　）
6. 採用 CIF 貿易術語，賣方要辦理保險、支付保險費；採用 CFR 貿易術語，保險責任及保險費由買方承擔。可見，對賣方而言，採用 CIF 貿易術語較採用 CFR 貿易術語風險大。（　　）
7. 如果買賣雙方在合同中作出與國際貿易慣例完全相反的約定，只要這些約定是合法的，將得到有關國家法律的承認和保護，並不因與慣例相抵觸而失效。（　　）
8. 出口合同中規定的價格應與出口總成本相一致。（　　）
9. 出口銷售外匯淨收入是指出口商品的 FOB 價按當時外匯牌價折合為人民幣的數額。（　　）
10. 出口商品盈虧率是指出口商品盈虧額與出口總成本的比率。（　　）
11. 從一筆交易的出口銷售換匯成本中可以看出，在這筆交易中用多少人民幣換回一美元，從而得出這筆交易為盈利還是虧損。（　　）
12. 在實際業務中，較常採用的作價辦法是固定作價。（　　）

二、單項選擇題

1. CIF 合同下，用程租船運輸，如賣方不承擔卸貨費用，應在合同中選用（　　）。
   A. CIF Liner Terms　　　　B. CIF Ex Tackle
   C. CIF ExShip's Hold　　　D. CIF Landed

2. 國際貿易慣例的適用是以當事人的意思自治為基礎的，這表明（　　）。
   A. 慣例即是行業內的法律
   B. 慣例有強制性
   C. 當事人有權在合同中作不符合慣例的規定
   D. 法院會維護慣例的有效性

3. 《1932 年華沙—牛津規則》是由國際法協會制定的，其是專門解釋（　　）術語的國際慣例。
   A. FOB　　　B. CIF　　　C. CFR　　　D. FCA

4. 《1941 年美國對外貿易定義修訂本》的主要適用範圍是在（　　）。
   A. 全球　　　B. 北美洲　　　C. 亞洲　　　D. 歐洲

5. 按照《1932 年華沙—牛津規則》的規定，如果該規則與合同具體內容發生矛盾，應該以（　　）為準。
   A. 協議　　　B. 合同　　　C. 規則　　　D. 無明確規定

6. 以 FOB/CIF 術語成交的合同，應當由（　　）來辦理保險。
   A. 賣方/買方　　B. 買方/買方　　C. 買方/賣方　　D. 賣方/賣方

7. 就賣方承擔的費用而言，下列術語排列順序正確的是（　　）。
   A. FOB>CFR>CIF　　　B. FOB>CIF>CFR
   C. CIF>FOB>CFR　　　D. CIF>CFR>FOB

8. 採用 CPT 術語，如雙方未能確定目的地買方受領貨物的具體地點，則交接貨物的具體地點應為（　　）。
   A. 由賣方選擇　　　　B. 由承運人選擇
   C. 由買方選擇　　　　D. 買賣雙方另行協商決定

9. 按 CIF Tianjin 成交的進口合同中，賣方完成交貨任務的地點最有可能是在（　　）。
   A. 紐約港　　B. 紐約市　　C. 天津港　　D. 天津市內

10. 在國際貿易中，含傭價的計算公式是（　　）。
    A. 單價×傭金率　　　　B. 含傭價×傭金率
    C. 淨價×傭金率　　　　D. 淨價／（1-傭金率）

11. 凡貨價中不包含傭金和折扣的被稱為（　　）。
    A. 折扣價　　B. 含傭價　　C. 淨價　　D. 出廠價

12. 一筆業務中，若出口銷售人民幣淨收入與出口總成本的差額為正數，說明該筆業務為（　　）。

A. 盈 　　　　　　　　　　B. 虧
C. 平 　　　　　　　　　　D. 可能盈、可能虧

三、多項選擇題

1. CIF 是一種典型的象徵性交貨的術語，其特徵明顯地表現在（　　　）。
   A. 賣方以函電中的明確態度表示交貨
   B. 賣方提供全套合格的單據履行交貨義務
   C. 賣方只需提供少量樣品即表示交貨完成
   D. 只要賣方提供了合格的單據買方就應付款
   E. 賣方只要按時裝運貨物，並不保證貨物實際到達對方手中

2. 在以貨交承運人的三種貿易術語成交的合同中，下列說法正確的是（　　　）。
   A. 可以適合任何一種運輸形式
   B. 賣方必須保證貨物到達對方手裡
   C. 賣方將貨物交給第一承運人即完成交貨義務
   D. 賣方要辦理貨物的出口和進口手續
   E. 買方與賣方需要明確約定貨物裝卸費用由誰來承擔

3. CIF 與 CFR 術語的相同之處有（　　　）。
   A. 交貨地點相同　　　　　　B. 風險劃分界線相同
   C. 買賣雙方的責任劃分相同　　D. 術語后均註明目的港
   E. 進出口運輸方式相同

4. 適用於任何運輸方式的貿易術語是（　　　）。
   A. FOB　　　　B. CIF　　　　C. CPT　　　　D. CFR
   E. CIP

5. 在進出口合同中，單價條款包括的內容是（　　　）。
   A. 計量單位　　B. 單位價格金額　　C. 計價貨幣　　D. 貿易術語

6. 佣金的表示方法有（　　　）。
   A. 在價格中表明所含佣金的百分比　　B. 用字母「C」來表示
   C. 用絕對數表示　　D. 用字母「D」來表示

7. 非固定價格的規定方法主要有（　　　）。
   A. 只規定作價的方式而具體價格待確定
   B. 暫定價
   C. 滑動價格
   D. 支付一定的訂金，部分非固定價格

8. 以下我方出口商品單價寫法正確的是（　　　）。
   A. 每打 50 港元 FOB 廣州黃埔
   B. 每套 200 美元 CIFC3% 香港
   C. 每臺 5800 日元 FOB 大連，含 2% 的折扣
   D. 每桶 36 英鎊 CFR 倫敦

四、案例分析題

1. 某公司向外商出售一級大米 300 噸，成交條件為 FOB 上海。裝船時貨物經檢驗符合合同要求，貨物出運后，賣方及時向買方發出裝船通知。航運途中，因海浪過大，大半貨物被海水浸泡，大米的品質受到影響。貨物到達目的港后，只能按三級大米價格出售，於是買方要求賣方賠償差價損失。請問：買方的要求是否合理，為什麼？

2. 中國某公司以 CFR 廣州條件從國外進口一批貨物，由國外賣方負責租船運輸。支付方式為不可撤銷即期信用證。賣方在信用證規定的期限內交付了符合要求的單據，開證銀行按規定向其支付了貨款，並通知某公司前來付款贖單。某公司付了款取得單據后，卻遲遲得不到有關貨物的消息。后來得知，該批貨物的承運人是一家小公司，船離港后不久就宣告破產了，船貨俱告失蹤。中國某公司受到巨額損失。請分析：這種事件的發生說明了什麼問題？在海運進出口業務中，應怎樣選擇貿易術語？

3. 某公司 A 與另一公司 B 簽訂一份為期 10 年的供貨合同。合同規定：A 公司每月向 B 公司供應 10 公噸 1 級菜油，價格每季度議訂一次。同時，合同還規定：如雙方發生爭議，應提交仲裁處理。但是該合同執行了半年后，甲方提出因合同價格不明確，主張合同無效，后報仲裁裁決。請問：合同中價格條款是否明確，你認為應該如何處理爭議？

五、實務操作題

1. 以下是中國某公司簽訂的三個國際貨物買賣合同中的商品單價。請翻譯下列條款內容，分析這可能分別是什麼貿易。

（1）USD 20.00 per yard FOB Dalian.

（2）GBP 46.00 per set CPT Beijing.

2. 榮成貿易公司收到日本岡島株式會社求購 17 公噸冷凍水產（一個 20 英尺貨櫃）的詢盤，經瞭解該水產每公噸的進貨價為 5600 元人民幣（含增值稅 17%）；出口包裝費每公噸 500 元；該批貨物國內運輸雜費共計 1200 元；出口的商檢費 300 元；報關費 100 元；港區港雜費 950 元；其他各種費用共計 1500 元；出口冷凍水產的退稅率為 3%；海洋運費從裝運港青島至日本神戶，一個 20 英尺冷凍集裝箱的運費是 2200 美元；客戶要求按成交價格的 110% 投保平安險，保險費率為 0.85%；岡島株式會社要求在報價中包括其 3% 的佣金。若榮成貿易公司的預期利潤率是 10%（按成交金額計），人民幣對美元匯率為 6.85：1，試報出每公噸水產品出口 CIFC3% 價格。

項目四　國際貨物運輸條款

項目導讀

　　以貨物為運輸目的的國際貨物運輸是國際貿易商品流通過程中的一個重要環節。國際貨物運輸以承運人、貨主和代理為其當事人，以不同的運輸方式，完成其運輸任務，在國際貿易中發揮獨特的作用。國際貨物運輸的方式很多，主要包括海上運輸、鐵路運輸、航空運輸、郵政運輸及多式聯運。本項目將介紹國際上的一些常用的運輸方式，其中海上運輸作為最主要的運輸方式將做重點介紹。

任務一　國際貨物運輸方式

任務目標

- 瞭解國際貨物運輸方式的種類、特點，合理地選用運輸方式
- 掌握班輪運費的計算方法

任務引入

中國某公司按 CFR 條件出口成衣 350 箱，裝運條件是 CY/CY。貨物交運後，中國某公司取得提單，提單上標明「Shipper's load and count」。在信用證規定的有效期內，中國某公司及時交單議付了貨款。20 天后，中國某公司接買方來函稱：經有關船方、海關、保險公司、公證行會同到貨開箱檢驗，發現其中有 20 箱包裝嚴重破損，每箱均有短少，共缺成衣 512 件。各有關方均證明集裝箱外表完好無損，為此買方要求中國某公司賠償其貨物短缺的損失，並承擔全部檢驗費 2500 美元。

討論題：
（1）試翻譯案例中出現的英文單詞和短語。
（2）買方的要求是否合理？為什麼？

知識內容

一、海洋運輸

國際貨物運輸包括海洋運輸、鐵路運輸、航空運輸、河流運輸、郵政運輸、公路運輸、管道運輸、大陸橋運輸以及由各種運輸方式組合的國際多式聯運等。海洋運輸歷史最為悠久，是指使用船舶通過海上航道在不同國家和地區的港口之間運送貨物的一種方式。和其他運輸方式相比，海洋運輸具有通過能力大、運費低廉、運載量大的特點，因此成為國際貨物運輸中最主要的運輸方式。目前，海洋運輸量占國際貿易總運量中的 2/3 以上，中國進出口貨運總量的約 90% 都是利用海上運輸。

海運當事人主要有承運人、托運人、貨運代理三類。承運人是指承辦運輸貨物事宜的人，如船公司，承運人有權簽發提單。托運人是指委託他人辦理貨物運輸事宜的人，如出口單位。貨運代理是指貨運代理人接受貨主或者承運人委託，在授權範圍內以委託人名義或以代理人身分，辦理貨物運輸事宜的人。受貨主委託的代理人，稱為「貨代」；受承運人委託的代理人，稱為「船代」。他們熟悉運輸業務，掌握各條運輸路線的動態，通曉有關的規章制度，精通各種手續。因此，絕大多數出口企業都委託尋求貨運代理承辦訂艙裝運事宜。

海洋運輸按其船舶經營方式不同，分為班輪運輸和租船運輸兩大類。

(一) 班輪運輸

班輪運輸（Liner Transport），又稱定期船運輸，是指船舶在固定的航線上和固定港口間，按事先公布的船期表航行，並按事先公布的費率計收運費，從事客貨運輸的經營方式。班輪運輸是國際航運中主要的運輸方式之一。

1. 班輪運輸的特點

（1）具有「四固定」的特點，即固定航線、固定港口、固定船期和相對固定的費率。這是班輪運輸的最基本特徵。

（2）船方負責貨物裝卸。裝卸費含在運費中，貨方不再另付，也不計滯期費和速遣費。

（3）船貨雙方的權利義務與責任豁免，以船方簽發的提單條款為依據。

（4）承運貨物的品種、數量比較靈活，主要承運對象是雜貨，與大宗貨物相比具有批次多、批量小、貨價高等特點。

知識

全球班輪公司運力百強排名

Alphaliner 最新運力數據顯示，截至 2014 年 1 月 2 日，全球班輪公司運力 100 強中排名前三的分別是馬士基航運、地中海航運和達飛輪船。第四名到第十名依次為長榮海運、中遠集運、赫伯羅特、美國總統輪船、韓進海運、中海集運、商船三井。東方海外排名第十一位。

在上榜的中國大陸班輪公司中，中遠集運排名第五位，中海集運排名第九位，海豐國際排名第 26 位，中外運集運排名第 32 位，泉州安盛船務排名第 34 位，中谷新良海運排第 47 位，海南泛洋排名第 59 位，大新華物流第 68 位，上海錦江航運排名第 78 位，上海海華輪船排名第 82 位。

2. 班輪運費的計算

班輪運費（Liner Freight）是承運人為承運貨物而向托運人收取的費用。計算運費的單價或費率稱為班輪運價。班輪運價一般按照班輪運價表的規定計算的，相對比較固定。班輪公司制定運價時，除了考慮航運成本費用外，還關注貨物價值和商品特性、運量大小和港口裝卸效率的高低、航程的遠近、航運市場的供求變化和同業競爭的程度。

班輪運費包括基本運費和附加費兩部分。基本運費是指貨物從裝貨港到卸貨港所收取的基本費用，是構成全程運費的主要部分。附加費是針對一些需要特殊處理的貨物，或者由於突然事件的發生而需另外加收的費用。

（1）基本運費。基本運費的計費標準，根據不同商品，通常採用以下幾種：

①按重量噸（Weight Ton）計收，運價表上用「W」表示。按貨物毛重計算，如 1 公噸（1000 公斤）為一個計算單位。這種計費標準適用於價值不高、體積小、重量大的貨物。

②按尺碼噸（Measurement Ton）計收，運價表上用「M」表示。按貨物體積計算，

如 1 立方米（約合 35.3147 立方英尺）為一個計算單位。這種計費標準適用於價值不高、重量輕、體積大的貨物。重量噸和尺碼噸統稱為運費噸或計費噸（Freight Ton, FT）。

③按重量噸或尺碼噸計收，運價表上用 W/M 表示。這是常見的一種計費標準，由船公司選擇其中數值較高的一種計收。

④按價格計收，俗稱從價運費，運價表上用「Ad. Val」或「A. V.」表示。以貨物價值作為運費計收標準，一般按 FOB 價收百分之幾收取。這種計費標準適用於黃金、白銀、精密儀器、手工藝品等貴重商品。

⑤按重量噸或尺碼噸或從價運費計收，運價表上用 W/M or A. V. 表示。由船公司從三種計收標準中選擇收費最高的一種計收。

⑥按重量噸或尺碼噸中收費較高的作為標準再另行加收一定百分比從價運費。運價表上用 W/M plus A. V. 表示。

⑦按貨物的件數（Per Unit /Per Head）計收，如卡車按輛，活牲畜按頭計收。

⑧按議價（Open Rate）計收。臨時商定運價，如糧食、礦石、煤炭等大宗貨物。

⑨按起碼運費（Mini Rate）計收。不足 1 運費噸（1 重量噸或 1 尺碼噸）的貨物均按一級貨收取運費，稱之為起碼運費。

（2）附加運費。除基本運費外，班輪公司還規定了各種附件費。附加運費主要有兩種計費方法，一種是在基本運費的基礎上，加收一定的百分比；另一種是按每運費噸加收一個絕對數計算。

附加費名目繁多，通常有下列幾種：

①超重附加費（Heavy Lift Add）。一件貨物毛重超過運價表規定的重量，即為超重貨，需要加收附加費。

②超長附加費（Long Length Add）。一件貨物的長度超過運價表規定的長度，即為超長貨，需要加收附加費。

③轉船附加費（Transhipment Surcharge）。貨物轉船時，船公司在轉船港口辦理換裝和轉船手續而增加的費用，稱為轉船附加費。

④燃油附加費（Bunker Adjustment Factor，BAF）。燃油價格上漲時，船公司按基本運價的一定百分比加收的燃油漲價費。

⑤直航附加費（Direct Surcharge）。運往非基本港的貨物達到一定數量時，船公司可安排直航而收取的費用。直航附加費一般比轉船附加費低。

⑥港口附加費（Port Add）。對有些設備條件差或裝卸效率低的港口，船公司為了彌補船舶靠港時間長造成的損失收取的費用。一般按基本運價的一定百分比計收。

⑦港口擁擠費（Port Congestion Surcharge）。有些港口由於壓港壓船，導致停泊時間較長，船方因此而收取的費用。

⑧選卸附加費（Additional on Optional Discharging Port）。對於選卸貨物（Optional Cargo）需要在積載方面給以特殊的安排，這要增加一定的手續和費用，甚至有時需要翻船（指倒艙翻找貨物），根據這樣的原因而追加的費用，稱為選卸附加費。

⑨繞航附加費（Deviation Surcharge）。正常航道不能通行，需繞道才能到達目的港

時，船方便要加收此費。

⑩貨幣貶值附加費（Devaluation Surcharge or Currency Adjustment Factor，CAF）。當運價表中規定的貨幣貶值時，船公司便按基本運價加收一定百分比的附加費。

小思考 4-1

出口箱裝貨物共 100 箱，報價為每箱 4000 美元 FOB 廣州，基本費率為每噸運費 26 美元或從價費率 1.5%，以 W/M or Ad. Val 選擇法計算，每箱體積為 140 厘米×130 厘米×110 厘米，毛重為每箱 2 公噸，並加收燃油附加費 10%，貨幣貶值附加費 20%，轉船附加費 40%，求總運費。

3. 班輪運費的計算步驟

（1）根據貨物名稱，在貨物分級表中（見表 4-1）查到運費計算標準（BASIS）和等級（CLASS）；中國海洋班托運輸公司使用的是「等級運價表」，即將承運的貨物分成若干等級（一般分為 20 個等級）。每一個等級的貨物有一個基本費率。其中，1 級費率最低，20 級費率最高。根據貨物的英文名稱，根據等級運價表中對應的貨物等級找到相應的計算標準。

（2）在等級費率表（見表 4-2）的基本費率部分，找到相應的航線、啓運港、目的港，按等級查到基本運價。

（3）再從附加費部分查出所有應收（付）的附加費項目和數額（或百分比）及貨幣種類。

（4）根據基本運價和附加費算出實際運價。

（5）運費＝運價×運費噸

表 4-1　　　　　　　　　　某船公司貨物分級表

貨名	標準	等級
農機	W/M	9
未列名豆	W/M	3
鐘及零件	M	10
五金及工具	W/M	10
人參	AV/M	20
玩具	M	11

表 4-2　　　　　　　　　　等級費率表

等級	運費（HKD）
1	243.00
2	254.00
3	264.00

表4-2(續)

等級	運費（HKD）
4	280.00
…	…
9	404.00
10	443.00
11	477.00
…	…
20	1120.00

班輪運費計算方法舉例如下：

中國以 CFR 價格出口鉸鏈一批至蒙巴薩，重量為 10 公噸，體積為 12 立方米，求該批貨物的運費（設燃油附加費為 20%）。

（1）根據商品名稱確定商品屬於五金類，可查到該商品的計算標準為 W/M，登記為 10 級，即按尺碼噸計算運費。

（2）再查中國至蒙巴薩的等級費率表得 10 級商品對應的基本運費率為每噸運費 443 港幣。

（3）具體計算如下：

基本運費 = 12×443 = 5316（港幣）

附加運費 = 5316×20% = 1063.2（港幣）

總運費 = 基本運費+附加運費 = 6379.2（港幣）

（二）租船運輸

租船運輸是指租船人向船東租賃船舶用於貨物運輸。租船運輸適用於大宗貨物運輸，有關航線和停靠的港口、運輸貨物的種類以及航行的時間等，都按照承租人的要求，由船舶所有人確認。租船人與出租人之間的權利義務以雙方簽訂的租船合同確定。

租船運輸的經營方式包括以下幾種：

1. 定期租船

定期租船又稱期租船，是指按一定期限租賃船舶的方式，即由船東（船舶出租人）將船舶出租給租船人在規定期限內使用，在此期限內由租船人自行調度和經營管理。租期可長可短，短則數月，長則數年。這種租船方式不以完成航次數為依據，而以約定使用的一段時間為限。

定期租船的特點是在租賃期間內，船舶交由租船人管理、調動和使用。貨物的裝卸、配載、理貨等一系列工作都由租船人負責，由此而產生的燃料費、港口費、裝卸費、墊艙物料費等都由租船人負擔。租金按船舶的載重噸、租期長短及商定的租金率計算。船方負擔船員薪金、伙食等費用，並負責保持船舶在租賃期間的適航狀態以及因此而產生的費用和船舶保險費用。

2. 定程租船

定程租船又稱程租船或航次租船，是指租船人向船東租賃船舶按租船合同規定的

航程進行貨物運輸。這是一種以航程為基礎的租船方式，船舶所有人按雙方事先議定的運價與條件向租船人提供船舶全部或部分倉位，在指定的港口之間進行一個或多個航次運輸，以完成指定貨物運輸業務。定程租船一般可分為單航次、來回航次和連續航次等方式租賃船舶。

單航次程租是只租一個航次的租船，船舶所有人負責將指定貨物由一港口運往另一港口，貨物運到目的港卸貨完畢后，合同即告終止。

來回航次程租是洽租往返航次的租船，一艘船在完成一個單航次后，緊接著在上一航次的卸貨港裝貨，駛返原裝貨港卸貨，貨物卸畢合同即告終止。

連續航次租船，即洽租連續完成幾個單航次或幾個往返航次的租船。在這種方式下，同一艘船舶在同方向、同航線上，連續完成規定的兩個或兩個以上的單航次，合同才告結束。

3. 光船租船

光船租船不具有承攬運輸性質，只相當於一種財產租賃。光船租船是指船舶所有人將船舶出租給承租人使用一定期限，但船舶所有人提供的是空船，承租人要自己任命船長、配備船員，負責船員的給養和船舶（經營管理所需的一切費用）。

4. 包運租船

包運租船是指船舶所有人以一定的運力，在確定的港口之間，按事先約定的時間、航次週期、擬航次以較均等的運量，完成全部貨運量的租船方式。

二、鐵路運輸

鐵路運輸是利用鐵路設施、設備運送旅客和貨物的一種運輸方式，在國際貨運中的地位僅次於海洋運輸。鐵路運輸與海洋運輸相比，一般不易受氣候條件的影響，可保障全年的正常運行，具有高度的連續性。鐵路運輸還具有載運量較大、運行速度較快、運費較低廉、運輸準確、遭受風險較小的優點。

鐵路運輸按經營方式的不同，可分為國際鐵路聯運和國內鐵路運輸。

(一) 國際鐵路貨物聯運

國際鐵路聯運是指由兩個或兩個以上不同國家鐵路當局聯合起來完成一票貨物從出口國向進口國轉移所進行的全程運輸。國際鐵路聯運是使用一份統一的國際聯運票據，由鐵路部門以連帶責任負責辦理貨物的全程運輸，在由一國鐵路向另一國鐵路移交貨物時無需發貨人、收穫人參加的運輸方式。

國際鐵路貨物聯運主要依據《國際鐵路貨物運送公約》和《國際鐵路貨物聯運協定》（以下簡稱《國際貨協》）為框架進行。《國際貨協》是各參加國鐵路和發、收貨人辦理貨物聯運必須遵守的基本文件，具體規定了貨物運送條件、運送組織、運輸費用計算核收辦法，以及鐵路與發、收貨人之間權利與義務的問題。中國是《國際貨協》的締約方。

《國際貨協》規定，國際鐵路貨物聯運的範圍包括在《國際貨協》締約成員之間的鐵路運輸；《國際貨協》成員方與非成員方間的運輸；通過港口的貨物運送。

知識

國際鐵路聯運

國際鐵路聯運開始於 19 世紀中葉，參加國際鐵路聯運的國家分兩個集團，一個是由南斯拉夫、奧地利、瑞士、法國、義大利、比利時、荷蘭、西班牙、葡萄牙、芬蘭、瑞典、英國等 32 個國家參加並簽有《國際鐵路貨物運送公約》的「貨約」集團；另一個是由蘇聯、阿爾巴尼亞、保加利亞、匈牙利、波蘭、中國、朝鮮、蒙古等國家參加並簽有《國際鐵路貨物聯運協定》的「貨協」集團。「貨協」集團現已解散但聯運業務並未終止。

(二) 國內鐵路貨物聯運

中國出口貨物經鐵路運至港口裝船、進口貨物卸船后經鐵路運往各地及供應中國港澳地區貨物經鐵路運往香港、九龍、澳門，都屬於國內鐵路運輸的範圍。下面主要介紹對中國港澳地區的貨物運輸。

1. 對香港的鐵路運輸

對香港的鐵路運輸由大陸段和港九段兩部分鐵路運輸組成。對香港的鐵路運輸的特點是「兩票運輸、租車過軌」。出口單位在始發站將貨物運至深圳北站，收貨人為深圳外運公司。貨到深圳北站後，由深圳外運作為出口單位的代理向鐵路租車過軌，交付租車費（租金從車到深圳北站之日起至車從香港返回深圳之日止，按車上標定的噸位，每天每噸若干元人民幣）並辦理出口報關手續。經海關放行過軌後，由香港的「中國旅行社有限公司」（以下簡稱「中旅」）作為深圳外運在港代理，由其在羅湖車站向港九鐵路辦理港段鐵路運輸的托運、報關工作，貨到九龍站後由「中旅」負責卸貨並交收貨人。

2. 對澳門的鐵路運輸

出口單位在發送地車站將貨物運至廣州，整車到廣州南站新風碼頭 42 道專用線，零擔到廣州南站，危險品零擔到廣州吉山站，集裝箱和快件到廣州車站，收貨人均為廣東省外運公司。貨到廣州後由廣東外運辦理水路中轉將貨物運往澳門，貨到澳門由南光集團的運輸部負責接貨並交付收貨人。

三、航空運輸

航空運輸是指利用飛機運送貨物的現代化運輸方式。具有運送速度快、安全性高等特點。近年來，隨著國際貿易現代化程度的提高，現代運輸技術的進步，航空運輸方式也日益普遍。

(一) 航空運輸的承運人

1. 航空運輸公司

航空運輸公司擁有飛機，從事航空運輸，辦理與其能力相適應的航空運輸業務，是貨物運輸業務的實際承運人，負責辦理從啓運機場至到達機場的運輸，並對全程運輸負責。

2. 航空貨運代理公司

航空貨運代理公司又稱空運代理人，可以是貨主的代理，代理貨主向航空公司辦理貨物托運或提取貨物；也可以是航空公司的代理，代理航空公司接受貨物，對全程運輸負責。中國對外貿易運輸總公司及其分公司，既是中華人民共和國商務部下屬各專業進出口公司的貨運代理，也是中國民航的代理。

(二) 航空運輸方式

1. 班機運輸

班機是指在固定的航線上定期航行的航班，即有固定始發站、目的站和途經站的飛機。班機的航線基本固定，定期開航，收、發貨人可以確切地掌握起運和到達時間，保證貨物安全迅速地運達目的地，對運送鮮活、易腐的貨物以及貴重貨物非常有利。班機運輸的不足之處是艙位有限，不能滿足大批量貨物及時出運的需要。

2. 包機運輸

包機運輸可分為整架包機和部分包機。

（1）整架包機是指航空公司或包機代理公司，按照與租機人雙方事先約定的條件和運價，將整架飛機租給租機人，從一個或幾個航空站裝運貨物至指定目的地的運輸方式。運費隨國際航空運輸市場的供求情況而變化。

（2）部分包機是指幾家航空貨運代理公司聯合包租一架飛機，或者由包機公司把一架飛機的艙位分別分給幾家航空貨運代理公司，適合一噸以上但不足裝一整架飛機的貨物，運費較班機低，但運送時間則比班機要長。

3. 集中托運

集中托運是航空貨運代理公司把若干批單獨發運的、發往同一方向的貨物集中起來，組成一票貨，向航空公司辦理托運，採用一份總運單集中發運到同一站，由航空貨運代理公司在目的地指定的代理人收貨、報關並分撥給各實際收貨人的運輸方式。這種托運方式，貨主可以得到較低的運價，使用比較普遍，是航空貨運代理的主要業務之一。

4. 航空快遞

航空快遞是由一個專門經營該項業務的公司和航空公司合作，通常為航空貨運代理公司或航空速遞公司派專人以最快的速度在貨主、機場和用戶之間運送和交接貨物的快速運輸方式。該項業務是兩個空運代理公司之間通過航空公司進行的，是最快捷的一種運輸方式。

(三) 航空運輸的運價

航空運輸的運價是指從起運機場到目的機場的運價，一般按重量（公斤）或體積重量（6000立方厘米折合1公斤）計算的，而以兩者中高者為準。空運貨物是按一般貨物、特種貨物和起碼運價規定運價標準。

1. 一般貨物運價（General Cargo Rate）

貨物的種類既不適用特種貨物運價也不適用等級貨物運價，就必須按一般貨物運價計收。以45公斤為劃分點，45公斤以上比45公斤以下的運價低。換言之，重量越

大其運價越低。

2. 特種貨物運價（Special Cargo Rate）

特定貨物在特定航線上享有的特別優惠的運價。特定運價規定有起碼重量（100公斤），達不到則不能按此價計算。

3. 等級貨物運價（Class Cargo Rate）

等級貨物運價僅適用於少數貨物。通常在一般貨物運價基礎上增加或減少一定的百分比計收，其起碼重量為5公斤。

4. 起碼運價（Minimum Rate）

這是航空公司辦理一批貨物所能接受的最低運價，是指不論貨物的重量或體積是多少，在兩點之間運輸一批貨物應收取的最低金額。不同地區有不同的起碼運價。

四、集裝箱運輸

集裝箱運輸（Container Transport）是以集裝箱作為運輸單位進行貨物運輸的一種現代化的運輸方式。集裝箱運輸可以從發貨人倉庫運到收貨人倉庫，實現門到門的運輸。適用於海洋運輸、鐵路運輸及國際多式聯運。集裝箱具有堅固、密封和反覆使用的優越性，放在船上等於貨艙，放在火車上等於車皮，放在卡車上等於貨車。因此，集裝箱運輸具有裝卸效率高、減少貨損貨差、提高貨運質量、降低貨運成本、簡化手續、可進行連續運輸的優點。

知識

集裝箱的種類

集裝箱的種類很多，分類方法多種多樣，常見的分類方法有：

（1）按所裝貨物種類分，集裝箱有干散貨集裝箱、液體集裝箱、冷藏集裝箱以及一些特種專用集裝箱，如汽車集裝箱、牲畜集裝箱等。

（2）按製造材料分，集裝箱有鋼制集裝箱、鋁合金集裝箱、玻璃鋼集裝箱、木集裝箱、不銹鋼集裝箱等。

（3）按結構分，集裝箱有固定式集裝箱、折疊式集裝箱、薄殼式集裝箱等。

國際標準化組織制定的集裝箱標準規格共有13種，最常見的有20英尺和40英尺兩種。

20英尺集裝箱，也稱20英尺貨櫃。它是國際上計算集裝箱的標準單位，英文稱為Twenty-foot Equivalent Unit，簡稱「TEU」，規格為8英尺×8英尺×20英尺，內徑尺寸為5.9米×2.35米×2.38米，最大毛重為20噸，最大容積為31立方米，一般可裝17.5噸或25立方米。

40英尺集裝箱，規格為8英尺×8英尺×40英尺，內徑尺寸為12.03米×2.35米×2.38米，最大毛重為30噸，最大容積為67立方米，一般可裝25噸或55立方米。一個40英尺集裝箱相當於2個20英尺集裝箱。

（一）集裝箱的運輸機構

1. 集裝箱堆場

堆場（Container Yard, CY）是專門用來保管和堆放集裝箱（重箱和空箱）的場所，是整箱貨（Full Container Load, FCL）辦理交接的地方，一般設在港口的裝卸區內。堆場簽發場站收據（Dock Receipt, D/R），辦理集裝箱的裝卸並編製集裝箱的裝船配載計劃，簽發設備交接單和收、發空箱，辦理貨櫃存儲、保管、維修、清掃、熏蒸和出租。

2. 集裝箱貨運站

集裝箱貨運站（Container Freight Station, CFS）又叫中轉站或拼裝貨站，是拼箱貨（Less Container Load, LCL）辦理交接的地方，一般設在港口、車站附近，或內陸城市交通方便的場所。對於不足一箱的貨物，由貨主或貨主代理將貨物送到貨運站，由貨運站組合進行拼裝，辦理重箱運往堆場、拼箱、保管、報關、鉛封、簽發「場站收據」等。

（二）裝箱、交接方式

1. 裝箱方式

集裝箱運輸是以集裝箱為運輸單位，根據托運貨物數量多少分為整箱貨和拼箱貨兩種裝修方式。

（1）整箱貨（Full Container Load, FCL）。整箱貨是由發貨人負責裝箱、計數、積載並加鉛封的貨運。凡裝貨量達到每個集裝箱容積的75%或達到每個集裝箱負荷量的95%以上即為整箱貨，由貨主或貨主代理自行裝箱后以箱為單位直接送到集裝箱堆場向承運人進行托運。

（2）拼箱貨（Less than Container Load, LCL）。拼箱貨指裝不滿一整箱的小票貨物。這種貨物通常是由承運人分別攬貨並在集裝箱貨運站集中，而后將根據貨類性質和目的地進行分類整理，把去同一目的地的兩票或兩票以上的貨物拼裝在一個集裝箱內。

2. 交接方式

如上所述，集裝箱貨運分為整箱和拼箱，因此在交接方式上也有所不同，大致有以下四種：

（1）FCL—FCL（整箱交，整箱收）。貨主在工廠或倉庫把裝滿貨后的整箱交給承運人，收貨人在目的地以同樣整箱接貨，換言之，承運人以整箱為單位負責交接。貨物的裝箱和拆箱均由貨方負責。

（2）FCL—LCL（整箱交，拆箱收）。貨主在工廠或倉庫把裝滿貨后的整箱交給承運人，在目的地的集裝箱貨運站或內陸轉運站由承運人負責拆箱后，各收貨人憑單接貨。

（3）LCL—FCL（拼箱交，整箱收）。貨主將不足整箱的小票托運貨物在集裝箱貨運站或內陸轉運站交給承運人。由承運人分類調整，把同一收貨人的貨集中拼裝成整箱，運到目的地后，承運人以整箱交，收貨人以整箱接。

（4）LCL—LCL（拼箱交，拆箱收）。貨主將不足整箱的小票托運貨物在集裝箱貨

運站交給承運人，由承運人負責拼箱和裝箱運到目的地貨站，由承運人負責拆箱，拆箱后，收貨人憑單接貨。貨物的裝箱和拆箱均由承運人負責。

上述各種交接方式中，以整箱交、整箱接效果最好，也最能發揮集裝箱運輸的優越性。

(三) 交接地點

集裝箱貨物的交接，根據貿易條件所規定的交接地點不同一般分為如下幾種：

1. 門到門（Door to Door）

從發貨人工廠或倉庫至收貨人工廠或倉庫。

2. 門到場（Door to CY）

從發貨人工廠或倉庫至目的地或卸箱港的集裝箱堆場。

3. 門到站（Door to CFS）

從發貨人工廠或倉庫至目的地或卸箱港的集裝箱貨運站。

4. 場到門（CY to Door）

從起運地或裝箱港的集裝箱堆場至收貨人工廠或倉庫。

5. 場到場（CY to CY）

從起運地或裝箱港的堆場至目的地或卸箱港的集裝箱堆場。

6. 場到站（CY to CFS）

從起運地或裝箱港的集裝箱堆場至目的地或卸箱港的集裝箱貨運站。

7. 站到門（CFS to Door）

從起運地或裝箱港的集裝箱貨運站至收貨人工廠或倉庫。

8. 站到場（CFS to CY）

從起運地或裝箱港的集裝箱貨運站至目的地或卸箱港的集裝箱堆場。

9. 站到站（CFS to CFS）

從起運地或裝箱港的集裝箱貨運站至目的地或卸箱港的集裝箱貨運站。

(四) 集裝箱運費

集裝箱運費包括發貨地運輸費、裝港港區服務費、海上運費、卸港港區服務費、收貨地內陸運費、拼箱費、堆場服務費、集裝箱及設備使用費等。集裝箱運費在計收方法基本上有兩種：一種是以每運費噸為計算單位（按件雜費率）；另一種是按包箱費率，以每個集裝箱為計費單位。包箱費率有的不論貨種和箱容利用程度，有的則規定最低的箱容數，有的還規定所裝貨物的等級線，裝運貨物超過規定等級的按實際等級計費，低於規定等級的按規定等級計收，有的經營集裝箱運輸的船公司還有最低運費的規定。拼裝貨最低運費的規定與班輪運輸中的規定基本相同，對整箱貨如由貨主自行裝箱而箱內所裝貨物未達規定的最低計費標準時，其虧倉損失由貨主負擔。各船公司都分別按重量噸和尺碼噸給不同類型和用途的標準時，其虧倉損失由貨主承擔。各船公司都分別按重量噸和尺碼噸給不同類型和用途的集裝箱規定有最低的裝箱噸數，並以兩者中高者作為裝箱貨物的最低運費噸。因此，在實際操作中，提高集裝箱積載技術，充分利用集裝箱容積空間以節省運輸費用是至關重要的。

案例討論 4-1

我方某公司按 CFR 條件出口成衣 350 箱，裝運條件是 CY to CY。貨物交運后，我方取得提單，提單上標明 Shipper's load and count。過了一個星期，客戶收到提單後提貨，來函稱經有關船方、海關、保險公司、公證行會同到貨開箱檢驗，發現其中有 20 箱包裝嚴重破損，每箱均有短少，共缺成衣 512 件。各有關方均證明集裝箱完好無損。為此對方要求我方賠償短缺的損失，並承擔全部檢驗費 2500 美元。

請問：對方的要求是否合理，為什麼？

五、國際多式聯運

（一）概念

國際多式聯運（International Multimodal Transport）簡稱多式聯運，是在集裝箱運輸的基礎上產生和發展起來的，是指按照多式聯運合同，以至少兩種不同的運輸方式，由多式聯運經營人將貨物從一國境內的接管地點運至另一國境內指定交付地點的貨物運輸。國際多式聯運適用於水路、公路、鐵路和航空多種運輸方式。

（二）條件

國際多式聯運要滿足以下條件：

(1) 必須具有一份多式聯運合同。國際多式聯運中，由多式聯運經營人與托運人訂立多式聯運合同。

(2) 必須使用一份全程多式聯運提單。

(3) 必須由一個多式聯運經營人對貨物運輸的全程負責。

(4) 必須是至少兩種不同運輸方式的連續運輸，包括鐵路、公路、航空、海運等任何兩種或兩種以上運輸方式的聯合運輸在內。

(5) 一個多式聯運人，以單一費率向貨主收取全程運費。

開展國際多式聯運是實現「門到門」運輸的有效途徑。國際多式聯運簡化了手續，減少了中間環節，加快了貨運速度，降低了運輸成本且提高了貨運質量。

六、大陸橋運輸

大陸橋運輸（Land-Bridge Transport）是指以橫貫大陸的鐵路（或公路）運輸作為中間橋樑，把大陸兩端的海洋運輸連接起來的集裝箱連貫運輸方式。大陸橋運輸屬於多式聯運範圍，一般都是以集裝箱為媒介，故又稱為國際鐵路集裝箱運輸或大陸橋集裝箱運輸。

大陸橋運輸具有運費低廉、運輸時間短、貨損貨差率小、手續簡便等特點，大陸橋運輸是一種經濟、迅速、高效的現代化運輸方式。大陸橋運輸始於 1967 年，發展到現在已形成西伯利亞大陸橋、北美大陸橋和新歐亞大陸橋運輸路線。

（一）西伯利亞大陸橋

西伯利亞大陸橋是以俄羅斯西伯利亞鐵路作為橋樑，把太平洋地區與波羅的海和

黑海沿岸以及西歐大西洋口岸連接起來，是世界最長的運輸路橋。西伯利亞大陸橋主要運送遠東國家經西伯利亞到歐洲各國或亞洲的伊朗、阿富汗等國的貨物，經過這條路線運往歐洲的貨物要比經蘇伊士運河縮短路程約 8000 千米，時間減少 20 天左右。

(二) 北美大陸橋

北美大陸橋包括美國大陸橋和加拿大大陸橋，這兩條陸橋是平行的，都是連接大西洋和太平洋的大陸通道，主要運送從遠東國家經北美銷往歐洲的貨物。其中，美國大陸橋作用更為突出，包括兩條航線，一條是從西部太平洋口岸至東部大西洋口岸的鐵路（公路）運輸系統，全長約 3200 千米；另一條是西部太平洋口岸至南部墨西哥灣口岸的鐵路（公路）運輸系統，全長約 1100 千米。

知識

OCP 運輸方式

在美國有個 OCP（Overland Common Points，意為「內陸地區」）運輸方式，是指貨運目的地為美國內陸的一個區域，在海運貨物卸在沿海港口再陸運至內陸運輸可達的地點的一種運輸方式。內陸地區是指以美國西部 9 個州為界，美國落基山脈以東的地區，其範圍約占美國大陸的 2/3。OCP 運輸方式的運費率比其他運費率低，但要注意：①貨物最終目的地必須是 OCP 地區範圍；②貨物必須經美國西海岸港口中轉；③裝貨單、提單、嘜頭上必須註明 OCP 字樣，並加註內陸地區城市名稱。

(三) 新歐亞大陸橋

新歐亞大陸橋橫貫歐亞大陸中部，在中國境內長 4134 千米，途徑中國中部的各個省份，1992 年 9 月正式通車。新歐亞大陸橋東起中國連雲港，途經隴海、蘭新、北疆鐵路進入到阿拉山口，與哈薩克斯坦境內的德魯日巴站接軌，經哈薩克斯坦、俄羅斯、白俄羅斯、波蘭、德國，西至荷蘭鹿特丹，橫跨亞洲、歐洲，與太平洋、大西洋相連，全長約 10,800 千米。

七、其他運輸方式

(一) 國際公路運輸

公路運輸是指以公路為運輸線，利用汽車等陸路運輸工具，做跨地區或跨國的移動，以完成貨物位移的運輸方式。公路運輸是對外貿易運輸和國內貨物流通的主要方式之一，既是獨立的運輸體系，又是車站、港口和機場物資集散的重要手段。公路運輸具有機動靈活、適應性強、可提供「門到門」服務等優點。但是，公路運輸也有安全性差、環境污染較大的缺點。

(二) 內河運輸

內河運輸是指使用船舶通過國內江湖河川等天然或人工水道，運送貨物和旅客的一種運輸方式。內河運輸是水上運輸的一個組成部分，是內陸腹地和沿海地區的紐帶，也是邊疆地區與鄰國邊境河流的連接線，在現代化的運輸中起著重要的輔助作用。

（三）郵包運輸

郵包運輸是一種簡便的運輸方式，具有「門到門」的特點。賣方只需按規定的時間將商品包裹送交郵局，付清郵資並取回收據就完成了交貨義務，郵件到達目的地後，收件人只可憑郵局到件通知提貨。郵包運輸一般適合於量輕體小的貨物。

（四）管道運輸

管道運輸是一種特殊的運輸方式。管道運輸是貨物在管道內借助高壓氣泵的壓力將液體或氣體貨物輸往目的地。這種方式不受地麵條件影響，可連續作業，並且運量大、速度快、成本低、貨損小。但是，管道建設固定投資大。

管道運輸在美國、歐洲的許多國家以及石油輸出國組織的石油運輸方面起到了積極作用。中國管道運輸起步較晚，因石油、天然氣運輸的需要也逐步發展了起來。

小思考 4-2

若一批貨物從中國運往荷蘭，有哪些運輸方式可選擇？請舉例說明。

工作提示：

國際貨物運輸有很多方式，對於從事國際貨物買賣的商務人員，應在瞭解各種運輸方式特點和經營方式的基礎上，根據貿易具體情況合理選擇正確的運輸方式。

任務二　合同中的裝運條款

任務目標

- 熟悉裝運期的規定方法
- 掌握裝運地和目的地、分批裝運和轉船的規定方法
- 掌握裝卸時間、裝卸率、滯期和速遣的概念

任務引入

中國某出口公司按 CFR 條件向日本出口紅豆 250 公噸，合同規定卸貨港為日本口岸。發貨時，正好有一船駛往大阪，我方出口公司打算租用該船。在裝運前，我方出口公司主動去電詢問哪個口岸卸貨時正值貨價下跌，日方故意讓我方在日本東北部的一個小港卸貨，我方堅持要在神戶、大阪卸貨。雙方爭執不下，日方就此撤銷合同。

討論題：

（1）試問我方做法是否合適？

（2）日方是否違約？

知識內容

裝運條款是進出口合同的一個重要組成部分,明確了裝運條件和買賣雙方相互責任。國際貿易絕大部分的運輸都是通過海運完成的,因此本部分內容將對海運條款加以說明。在洽商交易時,買賣雙方應就裝運時間、裝運地和目的地、能否分批裝運和轉船、轉運、滯期費和速遣費等問題商妥,並在合同中具體訂明。明確合理地規定裝運條款是保證出口合同順利履行的重要條件。

一、裝運時間

裝運時間又稱裝運期,是指雙方在合同中規定賣方將貨物裝上運輸工具或交給承運人的期限。裝運時間是買賣合同中的重要條款。

(一) 規定方法

裝運時間的規定方法通常有以下幾種:

1. 明確規定具體裝運時間

這種規定的方法一般不確定在某一個日期上,而只是確定在某一段時間內。如「Shipment on or about June. 20, 2012」即「於或約於 2012 年 6 月 20 日裝運」;「Shipment to be made during Jun/July, 2012」即「在 2012 年 6 月/7 月期間裝船」。按有關慣例的解釋,凡是「以前」字樣的規定,一般不包括一個指定的日期。這種規定方法期限具體,便於賣方備貨,在大宗貨物交易中應用較廣。

2. 規定在收到信用證后若干天或若干月內裝運

例如 Shipment within 30 days after receipt of L/C. In order to prevent the buyer from opening the L/C late, the exporter should stipulate at the same time「The relevant L/C must reach the seller not later than August 20, 2013」(在收到信用證后 30 天內裝船。為了防止買方開立信用證時間過晚,出口商應該同時規定「相關信用證必須不遲於 2013 年 8 月 20 日到達賣方」)。這種規定方法主要適用於下列情況:

(1) 按買方要求的花色、品種和規格或專為某一地區或某商號生產的商品,或一旦買方拒絕履約難以轉售的商品。賣方為防止遭受經濟損失,可採用此種規定方法。

(2) 在一些外匯管制較嚴的國家或地區,或實行進口許可證或進口配額的國家,合同簽訂后,買方因申請不到進口許可證或其國家或地區不批准外匯,遲遲不開信用證。賣方為避免因買方不開信用證而帶來損失,可以採用這種方法來約束買方。

(3) 合同簽訂后,買方因市場貨物價格下跌對其不利遲遲不開信用證,賣方為避免買方不及時開信用證而帶來的損失,可以採用這一辦法來約束買方。

(4) 對某些信用較差的客戶,為促其按時開信用證,也可採用此方法。

這種規定方式有利於賣方及時、安全的收匯和結匯。為避免買方故意拖延開信用證時間以致裝運期無法確定,可在合同中增加一條限制買方開信用證時間的規定。

小思考 4-3

若合同籠統地規定「立即裝運」、「盡快裝運」類似的描述，請問對賣方履行義務會產生什麼影響？

(二) 注意事項

1. 考慮裝運時間與貿易術語的關係

履行 FOB、CIF、CFR 的合同時，賣方只需在裝運港將貨物裝上船，取得代表貨物所有權的單據，就完成交貨任務。因此，裝運時間（Time of Shipment）和交貨時間（Time of Delivery）是同一概念，在採用其他價格術語成交時，「裝運」與「交貨」是兩個完全不同的概念。

2. 應該考慮貨源和船源的實際情況，使船貨銜接

如對貨源心中無數，盲目成交，就有可能出現到時交不了貨，形成有船無貨的情況，無法按時履約。按 CIF 和 CFR 條件出口和 FOB 條件進口時，還應考慮船源的情況。如船源無把握而盲目成交，或沒留出安排艙位的合理時間，規定在成交的當月交貨或裝運，則可能出現到時租不到船或訂不到艙位而出現有貨無船的情況，或要經過多次轉船，造成多付運費，甚至倒貼運費的情況。

3. 對裝運期限的規定應適度

應視不同商品租船訂艙的實際情況而定，裝運期過短，勢必給船貨安排帶來困難，過長也不合適，特別是採用收到信用證后若干天內裝運的條件下，會造成買方擠壓資金、影響資金週轉，從而反過來影響賣方的售價。

4. 要根據不同貨物和不同市場需求，規定交貨期

如無妥善裝載工具和設備，易腐爛、易潮貨物一般不宜在夏季、雨季裝運。

二、裝運港和目的港

裝運港是指貨物起始裝運的港口，通常由賣方根據方便貨物的裝運而提出，經買方同意后確定。目的港又稱卸貨港，是指買賣合同規定的最后卸貨港口，通常由買方根據銷售貨物的需要而提出，經由賣方同意后確定。

(一) 規定方法

在進出口合同中，裝運港和目的港規定方法有如下三種：

1. 規定裝運港與目的港各一個

一般來說，規定裝運港與目的港各一個是業務中常用的規定方法。例如，目的港：聖多斯。

2. 規定兩個或兩個以上的裝運港與目的港

如數量較大或貨源分散集中裝運有困難時，可規定兩個或兩個以上裝運港。例如，目的港：倫敦/曼徹斯特。

3. 規定選擇港

這是在明確規定裝運港與目的港有困難時而採取的規定選擇港的方法。

(二) 注意事項

1. 規定裝運港與目的港必須明確具體

在磋商交易時，如因外商籠統地提出以「歐洲主要港口」或「非洲主要港口」為裝運港或目的港時，不宜輕易接受。因為歐洲或非洲港口眾多，究竟哪些港口為主要港口，並無統一解釋，而且各港口距離遠近不一，港口條件也有區別，運費和附加費相差很大。

2. 內陸城市不能直接作為裝運港與目的港

內陸城市不能直接作為裝運港與目的港是因為從港口到內陸城市這段路的運費和風險由何方負擔難以確定。

3. 必須注意裝卸港的具體條件

要注意的條件包括有無直達班輪航線、港口和裝卸條件、運費和附加費水平等。如果租船運輸，還應進一步考慮碼頭泊位的深度，有無冰封期，冰封的具體時間以及對船舶國籍有無限制等港口制度。

4. 規定裝運港與目的港時要注意港名重名問題

世界各國港口重名的很多，如維多利亞港，世界上有12個之多，波特蘭港等也有數個。為防止發生錯誤引起糾紛，在買賣合同中應明確註明裝運港或目的港所在國家和地區的名稱。

三、分批裝運和轉運

(一) 分批裝運

分批裝運（Partial Shipment）是一個合同項下的貨物先後分若干期或若干次裝運。在國際貿易中分批裝運是經常發生的，在大宗貨物或成交數量較大的交易中，買賣雙方根據交貨數量、貨源準備情況、運輸條件、市場銷售和資金等因素，有必要在運輸合同中訂立分批裝運條款。

分批裝運的規定方法有如下兩種：

(1) 只註明允許分批裝運，但不進行具體規定。例如，Partial shipment is allowed。

(2) 規定時間和數量的分批。例如，7月、8月、9月每月裝1000噸（Shipment during July/August/ September 1000 m/ts monthly）。

(3) 規定不準分批裝運。例如，Partial shipment is not allowed。

根據國際商會《跟單信用證統一慣例》（UCP600）規定，除非信用證進行相反規定，否則可准許分批裝運。該慣例還規定，如果信用證規定在指定日期內分批裝運，其中任何一批為按批裝運，信用證對該批和以後各批均告失效。因此，合同和信用證一旦明確規定了允許分批裝運，則賣方必須嚴格執行。

需要注意的是，在運輸單據表面上註明貨物是使用同一運輸工具裝運並經同一路線運輸的，即使每套運輸單據註明的裝運日期不同或接受監管地不同，只要運輸單據註明的目的地相同，也不視為分批裝運。

案例討論 4-2

中國出口 3000 公噸大米至新加坡，國外開來信用證規定：不允許分批裝運。結果我方在規定的期限內分別在菸臺、連雲港、大連各裝 1000 公噸於同一航次的同一船上，提單也註明了不同的裝運地和不同的裝船日期。

請問：這是否違約？銀行能否付款？

(二) 轉運

轉運（Transshipment）在海洋運輸中稱為轉船，是指貨物裝運后允許在中途換裝其他船舶轉運至目的港。一般來說，貨物中途轉船可能導致費用增加和發生貨物損失，買方往往不肯接受貨物轉船的條款。但當進出口貨物運往沒有直達船的港口或一時無合適的船舶運輸貨物，或目的地港口條件太差，需通過轉船運輸時，買賣雙方在權衡利弊的基礎上，可規定「允許轉船」（Transshipment to be allowed）的條款。另外，按照《跟單信用證統一慣例》的規定，如果信用證未明確規定禁止轉船，則視為可以轉船。

四、裝卸時間、裝卸率、滯期和速遣條款

在程租船運輸合同中，船方為約束對方，通常會訂立滯期速遣條款作為裝運條件之一，其內容包括裝卸時間、裝卸率、滯期費和速遣費。

(一) 裝卸時間

裝卸時間是指承租人和船舶所有人約定的、承租人保證將合同貨物在裝運港全部裝完或在卸貨港全部卸完的時間。裝卸時間通常規定為按連續日計算、按工作日或連續工作日計算、按好天氣工作日計算、按 24 小時好天氣工作日計算、按連續 24 小時好天氣工作日計算。

(二) 裝卸率

裝卸率是指每日裝卸貨物的數量。裝卸率的確定一般應按照港口習慣的正常裝卸速度，掌握實事求是的原則。裝卸率的高低關係到完成裝卸任務的時間和運費水平，裝卸率規定得過高或過低都不合適。裝卸率規定得過高，負責裝卸的不能在規定時間內完成裝卸任務，需要向船方支付延誤船期的費用；反之，裝卸率規定得過低，則會延長船舶在港時間，增大運費開支。因此，應從港口實際情況出發，實事求是地確定合理、可行的裝卸率。

(三) 滯期條款

在規定的裝卸時間內未能將貨物全部裝卸完畢，致使貨物及船舶繼續在港內停泊，使船東開始增加在港費用支出並遭受船期損失的時間，這段超出規定的時間叫滯期。滯期條款是承租合同中的重要條款之一。為了保護船東的正常營運權益，由於延滯船舶而使船東蒙受的經濟損失應得到適當的補償。同時，又考慮到租船人所遇到的實際困難，在約定的範圍內允許其繼續占用船舶以便履行租船合同。

(四) 速遣條款

速遣費是指在規定的裝卸期限內，租船人提前完成裝卸作業，使船方節省了在港

開支，船方向租船人支付一定的獎金。按慣例，速遣費一般為滯期費的一半。

案例討論 4-3

信用證裝運總量為 500 公噸，規定從 6 月份開始，每月裝 100 公噸。在實際裝運時，6 月份裝了 100 公噸，7 月份裝了 100 公噸，8 月份未裝，而賣方要求 9 月份一起補交。

請問：這是否可以？

五、裝運通知

裝運通知（Shipping Advice）或稱裝船通知，是買賣雙方為互相配合，共同搞好車、船、貨的銜接和辦理貨運保險，雙方要承擔相互通知義務。例如，派船通知、備貨通知等。

賣方在貨物裝運完畢時，向買方發出裝船通知，及時告知買方有關貨物裝運情況和預計到達時間，以便買方及時辦理必要的保險和準備接貨。裝船通知內容一般包括合同號、信用證號、貨物明細、裝運港、裝運期限、船名、航次、預計的開航日期和到達目的港日期等。

特別強調的是，按 CFR 或 CPT 術語成交時，賣方裝運后，及時向買方發出裝運通知更為重要。若賣方不向買方發裝船通知，視為風險沒有轉移。

> **工作提示：**
> 裝運條款是國際貨物買賣合同中的重要條款，具體、明確的裝運條款有利於賣方按規定的裝運時間組織貨物運輸，順利履行合同。

任務三　國際貨物運輸單據

任務目標

- 理解並掌握海運提單的性質和種類
- 正確認識和運用各種運輸單據

任務引入

英國 A 進口商開來一張信用證，以 B 公司為受益人。信用證要求提交憑 A 進口商指示的 2/3 正本已裝船的清潔海運提單，以開證申請人為被通知人。在特殊條款中又規定受益人需在裝運後立即將 1/3 正本提單寄給開證申請人。根據信用證規定，B 公司

在裝運后從船方取得了三份正本提單，並將其中一份郵寄給英國商人，其余兩份連同其他單據一起提交銀行議付。開證行收到單據后，即向 B 公司提出拒付。理由是提單被通知人一欄漏打開證申請人的電話號碼，單證不符，不能接受。我方立即與國外代理取得聯繫，更改提單，但是被告知貨物已被收貨人憑一份正本提單提走。請討論在本案中我方有何失誤？

知識內容

運輸單據是承運人收到出口商交給的承運貨物后簽發給出口商的證明文件。在國際貨物買賣中，裝運單據具有十分重要的作用。裝運單據是買方提取貨物、辦理報關手續、轉售貨物以及向承運人或保險公司請求賠償或進行議付的重要單據。

在國際貿易運輸中，由於運輸方式不同，所以使用的運輸單據不同，其中主要包括海運提單、鐵路運單、航空運單、多式聯運單據和郵包收據等。

一、海運單據

(一) 海運提單

1. 海運提單的性質和作用

海運提單（Ocean Bill of Lading，B/L），簡稱提單，是船方或其代理接管承運貨物或貨物裝船后簽發給托運人的貨物收據，以及承運人據以保證交付貨物的憑證。提單的性質和作用有三點：一是貨物收據，證明船方已收到或接管貨物；二是物權憑證，提單持有人有權憑以提貨，還可背書轉讓其貨物所有權；三是運輸契約的證明，提單條款規定了承、托雙方的權利和義務、責任與豁免，是處理糾紛的法律依據。發貨人收到提單，說明已完成交貨任務，可憑有關單證向銀行辦理收匯；收貨人收到提單，說明貨物所有權已從賣方轉移到買方。貨物到港前，買方有權將提單轉讓給後來的購貨人，或憑以向銀行抵押貸款；貨物到港后，買方可憑提單就運輸途中發生的事故向船方索賠。

2. 海運提單的格式和內容

海運提單格式很多，但基本內容大致相同（見表 4-3）。一般提單正面記載有關貨物和運費事項，背面還有印好的運輸條款，為了統一提單背面的運輸條款的內容，國際上曾先后簽署了《海牙規則》、《維斯比規則》和《漢堡規則》三項國際公約。

提單的正面內容包括以下項目：

（1）托運人（SHIPPER）。托運人是與承運人簽訂運輸契約，委託運輸的貨主，即發貨人。在信用證支付方式下，一般以受益人為托運人，托收方式以托收的委託人為托運人。

（2）收貨人（CONSIGNEE）。收貨人要按合同和信用證的規定來填寫。

（3）被通知人（NOTIFY PARTY）。這是船公司在貨物到達目的港時發送到貨通知的收件人。如信用證上對提單被通知人有權具體規定時，則必須嚴格按信用證要求

填寫。

（4）提單號碼（B/L NO）。一般列在提單右上角，以便於工作聯繫和查核。

（5）船名（NAME OF VESSEL）。應填列貨物所裝的船名。

（6）航次（Voy. No.）。班輪運輸多加註航次。

（7）裝貨港（PORT OF LOADING）。應填列實際裝船港口的具體名稱，L/C項下一定要符合L/C的規定和要求。

（8）卸貨港（PORT OF DISCHARGE）。填列貨物實際卸下的港口名稱。如屬轉船，第一程提單上的卸貨港填轉船港，收貨人填第二程船公司；第二程提單裝貨港填上述轉船港，卸貨港填最后目的港如由第一程船公司出聯運提單（THROUGH B/L），則卸貨港即可填最后目的港，提單上列明第一和第二程船名。如經某港轉運，要顯示「VIA X X」字樣。

（9）嘜頭（SHIPPING MARKS）。信用證有規定的，必須按規定填列，否則可按發票上的嘜頭填列。

（10）件數和包裝種類（NUMBER AND KIND OF PACKAGES）。按實際包裝情況填寫，一般散裝貨物該欄只填「In Bulk」，單位件數與包裝都要與實際貨物相符，並在大寫合計數內填寫英文大寫文字數目。

（11）貨物描述（DESCRIPTION OF GOODS）。原則上提單上的商品描述應按信用證規定填寫並與發票等其他單據一致。但是，若信用證上貨物的品名較多，提單上允許使用類別總稱來表示商品名稱，一般需要與貨物出口時向當地海關申報的品名一致。

（12）毛重（GROSS WEIGHT）。除信用證另有規定者外，一般以公斤為單位列出貨物的毛重。

（13）尺碼（MEASUREMENT）。除信用證另有規定者外，一般以立方米列出貨物體積。

（14）運費和費用（FREIGHT AND CHARGES）。一般為預付（FREIGHT PREPAID）或到付（FREIGHT COLLECT）。如CIF或CFR出口，一般均填上運費預付字樣；如系FOB出口，則運費可製作「運費到付」字樣。

（15）提單簽發地點與日期（PLACE AND DATE OF ISSUE）。提單的簽發地點一般在貨物運港所在地，日期則按信用證的裝運期要求，一般要早於或與裝運期為同一天。

（16）提單簽發的份數（TOTAL NUMBERS OF ORIGINAL）。一般按信用證要求出具，通常簽發三份正本若干副本。

（17）承運人簽章（SIGNED FOR THE CARRIER）。提單必須由承運人或其代理人簽字才能生效。若信用證要求手簽的也要照辦。

表 4-3　　　　　　　　海運提單樣本

BILL OF LADING

SHIPPER		B/L NO.
CONSIGNEE		COSCO 中國遠洋運輸（集團）總公司 CHINA OCEAN SHIPPING (GROUP) CO. ORIGINAL COMBINED TRANPORT BILL OF LADING
NOTIFY PARTY		
PLACE OF RECEIPT	OCEAN VESSEL	
VOYAGE NO.	PORT OF LOADING	
PORT OF DISCHARGE	PLACE OF DELIVERY	

MARKS NOS. &KINDS OF PKGS DESCRIPTION OF GOODS	G. W.（kg）	MEAS（m³）

TOTAL NUMBER OF CONTAINERS OR PACKAGES（IN WORDS）

FREIGHT & CHARGES	REVENUE TONS	RATE	PER	PREPAID	COLLECT
PREPAID AT	PAYABLE AT		PLACE AND DATE OF ISSUE		
TOTAL PREPAID	NUMBER OF ORIGINAL B (S) L				
LOADING ON BOARD THE VESSEL DATE			BY		

3. 提單的類型

（1）按簽發提單的時間來分類，提單可以分為已裝船提單和備運提單。

①已裝船提單（Shipped or on Board Bill of Lading）是指貨物裝上船舶以後，由承運人簽發給托運人的提單。這種提單必須載明裝貨船名和裝船日期。由於已裝船提單對收貨人按時收到貨物較有保障，因此在買賣合同中一般都規定賣方須向買方提供已裝船提單。

②備運提單（Received for Shipment Bill of Loading）又稱收貨待運提單。這是承運人在收到貨物但尚未把貨物裝上船只以前簽發給托運人的一種提單。買方一般都不願意接受這種提單。

備運提單可以改變為已裝船提單，其做法是當承運人已簽發備運提單之后，如他已把貨物裝上船只，則承運人可在提單的正面加註「已裝船」字樣和裝船日期，並在其上簽字，這樣就可以使備運提單成為已裝船提單。

小思考 4-4

A公司經青島港向日本出口一批貨物。A公司從船運公司代理人處拿到海運提單，但沒有注意到提單上沒有「On Board」字樣，在向銀行議付時被拒付。A公司該如何處理？

（2）按承運人在提單上對貨物的外表狀態加列批註來分類，提單可以分為清潔提單與不清潔提單。

①清潔提單（Clean Bill of Lading）是指承運人或船方在收到貨物或裝載貨物時，貨物或外包裝沒有某種缺陷或不良情況的提單。這種提單表明，貨物是在表面狀況良好的條件下裝船的。

②不清潔提單（Claused B/L, or Foul B/L）是指承運人對貨物的表面狀況加有不良批註的提單，如註明「包裝不固」、「破包」、「沾有油污」等。這種提單表明，貨物是在表面狀況不良的條件下裝上船舶的。一般情況下，銀行只接受清潔提單。

（3）按提單收貨人抬頭分類，提單有記名提單（Straight B/L）、不記名提單（Open B/L）和指示提單。

①記名提單是指在提單收貨人欄內具體指定收貨人名稱的提單。記名提單只能由指定的收貨人提貨，它不能轉讓流通。

②不記名提單是指不填具體收貨人名稱，即承運人將貨物交給提單的持有人，誰持有提單，誰就可以提貨。不記名提單僅憑單交貨，風險較大，在國際貿易中不經常使用。

③指示提單（Order B/L）是指在提單的收貨人欄內填寫「憑指示」（To order）或「憑某人指示」（To order of）字樣的提單。此種提單可通過背書轉讓，因而又稱為可轉讓的提單。背書的方法有兩種：由背書人單純簽字蓋章的稱為空白背書；除背書人簽字蓋章外，還列明被背書人名稱的，稱為記名背書。提單經背書后，可轉讓給其他第三者。由於指示提單可以背書轉讓，故其在國際貿易中被廣為使用。在中國貿易中，通常採用憑指定空白背書提單，習慣上稱為「空白抬頭、空白背書提單」。

（4）按運輸方式來分類，提單可以分為直達提單（Direct B/L）、轉船提單（Tran-shipment B/L）和聯運提單（Through B/L）。

①直達提單是指裝貨船舶自裝貨港直接到達最終目的港，中途不轉船的提單。

②轉船提單指貨物從裝運港裝船后，中途轉換另一條船，或中途改換其他的運輸方式才到達目的港或目的地的提單。在直達提單中，不得有中途轉船的批語，在轉船提單中，一般註明「在某港轉船」的字樣。

③聯運提單是在由海運和其他運輸方式所組成的聯合運輸時使用。聯運提單是由承運人或其代理人在貨物起運地簽發運往貨物最終目的地的提單，並收取全程運費。由於聯運提單包括全程運輸，所以第一承運人或其代理人應將貨物轉交給下一程承運人，有關貨物中途轉換運輸工具和交接工作，均不需托運人辦理。轉運提單和聯運提單的區別在於前者僅限於轉船，后者可在中途轉換其他運輸工具。

（5）其他種類的提單。

①集裝箱提單（Container B/L）。集裝箱提單是指為運輸集裝箱貨物而由承運人簽發給托運人的提單。

②艙面提單（On deck B/L）。艙面提單是指貨物裝在船舶甲板上運輸所簽發提單，又稱甲板提單。在這種提單中應註明「在艙面」字樣。

③過期提單（Stale B/L）。過期提單有兩種情況：一種是提單晚於貨物到達目的港，叫過期提單。在近洋運輸中難免會出現這種情況，因此買賣合同中一般都規定「過期提單可以接受」的條款。另一種是向銀行交單時間超過提單簽發日期 21 天，這種滯期交到銀行的提單，也稱為過期提單，銀行有權拒收。

④正本提單和副本提單。

正本提單（Original B/L）是指提單上有承運人、船長或其代理人簽字蓋章，並註明簽發日期的提單。這種提單在商業上和法律上都是公認有效的單證。

副本提單（Copy B/L）是指提單上沒有承運人、船長或其代理人簽字蓋章，僅供工作上參考使用的提單。

(二) 海運單

海運單（Sea Waybill）是指證明海上貨物運輸合同和承運人接收貨物或者已將貨物裝船的不可轉讓的單證。海運單的正面內容與提單的基本一致，但是印有「不可轉讓」的字樣。目前海運單的使用頻率已越來越高，主要是因為海運單能方便進口人及時提貨，簡化手續，節省費用，還可以在一定程度上減少以假單據進行詐騙的現象。

小思考 4-5

海運提單和海運單有什麼區別？

二、鐵路運單

鐵路運單（Railway Bill）是指當通過國際鐵路辦理貨物運輸時，在發運站由承運人加蓋日戳簽發的運單。鐵路運單是由鐵路運輸承運人簽發的貨運單據，是收、發貨人同鐵路之間的運輸契約。

鐵路運單可分為國際鐵路聯運和國內鐵路運輸兩種方式，前者使用國際鐵路聯運運單，后者使用國內鐵路運單。中國內地通過鐵路對中國香港、中國澳門運輸貨物時，由於國內鐵路運單不能作為對外結匯的憑證，故使用「承運貨物收據」這種特定性質和格式的單據。

國際鐵路貨物聯運所使用的運單是鐵路與貨主間締結的運輸契約的證明。此運單正本從始發站隨同貨物附送至終點站並交給收貨人是鐵路同貨主之間交接貨物，核收運雜費用和處理索賠與理賠的依據。運單副本是賣方憑以向銀行結算貨款的主要證件。

承運貨物收據既是承運人出具的貨物收據，也是承運人與托運人簽訂的運輸契約的證明。中國內地通過鐵路運往中國香港、中國澳門地區的貨物，一般委託中國對外貿易運輸公司承辦。當貨物裝車發運后，對外貿易運輸公司即簽發承運貨物收據交給托運人，作為對外辦理結匯的憑證。

三、航空運單

航空運單（Airway Bill，AWB）是承運人與托運人之間簽訂的運輸契約，也是承運人或其代理人簽發的貨物收據。但是，航空運單不是代表貨物所有權的憑證，也不能通過背書轉讓。收貨人提貨不是憑航空運單，而是憑航空公司的提貨通知單。在航空運單的收貨人欄內，必須詳細填寫收貨人的全稱和地址。

航空運單依簽發人的不同可分為主運單和分運單。主運單由航空公司簽發，是航空公司和托運人訂立的運輸合同；分運單在辦理集中托運人使用，由集中托運人向單獨托運人簽發。

四、多式聯運單據

多式聯運單據（Combined Transport Documents，CTD）是在多種運輸方式情況下使用的一種運輸單據。多式聯運單據由多式聯運經營人簽發。簽發這種單據的多式聯運經營人必須對全程運輸負責，即不論貨物在哪種運輸方式下發生屬於承運人責任範圍內的滅失或損害，都要對托運貨物的人負賠償責任。

多式聯運單據與海運中的聯運提單有相似之處，但其性質與聯運提單有別。聯運提單限於在由海運與其他運輸方式所組成的聯合運輸時使用，而多式聯運單據，即可用於海運與其他運輸方式的聯運，也可用於不包括海運的其他運輸方式的聯運。

五、郵包收據

郵包收據（Parcel Post Receipt）是郵包運輸的主要單據，是郵局收到寄件人的郵包后出具的收據。郵包收據是收件人以提取郵包的憑證，當郵包發生滅失或損壞時，郵包收據還可作為索賠和理賠的依據。但是，郵包收據不是物權憑證。

工作提示：

國際貿易人員要注意海運提單的正確使用，正本提單其中一份提貨後，其余各份均告失效。副本提單承運人不簽署，份數根據托運人和船方的實際需要而定。副本提單只用於日常業務，不具備法律效力。

📁 項目小結

（1）國際貨物運輸方式多種多樣，其中海洋運輸具有通過能力大、運費低廉、運載量大的特點，是國際貨物運輸中最主要的運輸方式。

（2）海運當事人主要有承運人、托運人、貨運代理三類。

（3）海洋運輸按其船舶經營方式不同，分為班輪運輸和租船運輸兩大類。班輪運輸適合少量小件雜貨的運輸，相比於租船運輸更加靈活。而租船運輸適合於運輸大宗貨物。

（4）裝運條款主要由裝運時間、裝運港和目的港、分批裝運和轉船、裝卸時間、裝卸率、滯期和速遣條款及裝運通知組成。

（5）不同的運輸方式使用的運輸單據各有不同，主要有海運提單、海運單、鐵路運單、航空運單、多式聯運單據等，各種單據的性質和作用也有所不同。

📇 項目演練

一、判斷題

1. 中國對外貿易運輸的主要方式是鐵路運輸。　　　　　　　　　　　　（　）
2. 不清潔提單是說提單上有污漬。　　　　　　　　　　　　　　　　　（　）
3. 海運提單的簽發日期是指貨物開始裝船的日期。　　　　　　　　　　（　）
4. 海運提單、鐵路提單、航空運單都是物權憑證，都是可以通過背書轉讓的。
　　　　　　　　　　　　　　　　　　　　　　　　　　　　　　　　（　）
5. 合同中的裝運條款為「9/10月份裝運月份裝運月份裝運月份裝運」我出口公司需將貨物於9月、10月兩個月內，每月各裝一批。　　　　　　　　　　（　）
6 按照國際慣例，凡是裝在同一航次及同一條船上的貨物，即使裝運時間與裝運地點不同，也不作為分批裝運。　　　　　　　　　　　　　　　　　　（　）
7. 空白抬頭、空白背書的提單是指既不填寫收貨人又不要背書的提單。（　）
8. 使用班輪運輸貨物時，貨方不再另行支付裝卸費，船貨雙也不計算滯期費、速遣費。　　　　　　　　　　　　　　　　　　　　　　　　　　　　　（　）
9. 鐵路運單、航空運單性質上與海運提單是相同的，都可作為物權憑證在市場上流通轉讓。　　　　　　　　　　　　　　　　　　　　　　　　　　（　）
10. 按照《跟單信用證統一慣例》的規定，除非信用證另有規定，允許分批裝運

和轉船。   (   )
    11. 清潔提單是指不載有任何批註的提單。   (   )
    12. 業務中常用的「空白抬頭」的提單是指在提單收貨人欄中不填寫任何內容。
                                                              (   )

二、單項選擇題

    1. 班輪運輸的運費應該（   ）。
       A. 包括裝卸費，但不計滯期費和速遣費
       B. 包括裝卸費，但應計滯期費和速遣費
       C. 不包括裝卸費
       D. 不包括裝卸費，也不計滯期費和速遣費
    2. 按照貨物重量、體積或價值三者中較高的一種計收運費，運價表內以（   ）表示。
       A. M/W   B. W/MorAd. Val.
       C. Ad. Val.   D. Open
    3. 對於成交量較小、批次較多、交接港口分散的貨物運輸比較適宜（   ）。
       A. 班輪運輸   B. 租船運輸   C. 定期租船運輸   D. 定程租船運輸
    4. 用班輪運輸貨物，在規定運費計收標準時，如果採用「W」的規定辦法，則表示按貨物的（   ）計收運費。
       A. 毛重   B. 體積   C. 價值   D. 淨重
    5. 中國出口到蒙古的雜貨運輸應選擇（   ）。
       A. 海洋運輸   B. 鐵路運輸   C. 航空運輸   D. 管道運輸
    6. 滯期費是（   ）。
       A. 買方向賣方收取的因賣方延期交貨而造成損失的補償費
       B. 賣方向買方收取的因買方延期付款而造成損失的補償費
       C. 租船人未按約定日期完成裝運，延誤了船期而付給船方的罰款
       D. 船方裝卸太慢而向貨方支付的賠償費
    7. 鐵路運輸的最大特點是（   ）。
       A. 風險較小   B. 有高度的連續性
       C. 中途轉運較多   D. 費用低
    8. 在國際貨物運輸中，使用最多的是（   ）運輸。
       A. 公路   B. 鐵路   C. 航空   D. 海洋
    9. 當大宗貨物採用（   ）運輸方式時，為了加快裝卸速度，減少船舶在港口停留的時間，通常規定滯期、速遣條款。
       A. 班輪   B. 定程租船   C. 定期租船   D. 光船租船
    10. 簽發多式聯運提單的承運人的責任是對（   ）負責。
       A. 第一程運輸   B. 全程運輸
       C. 最后一程運輸   D. 商品自身包裝和質量問題

三、多項選擇題

1. 海洋運輸中的船舶按其經營方式不同分為（　　）。
   A. 班輪運輸　　B. 大陸橋運輸　　C. 集裝箱運　　D. 輸租船運輸
2. 班輪運費的構成包括（　　）。
   A. 基本運費　　B. 附加運費　　C. 裝卸費　　D. 燃油費
3. 班輪運輸的特點是（　　）。
   A. 四固定
   B. 一負責
   C. 班輪公司和貨主雙方的權利、義務和責任豁免均以班輪公司簽發的提單條款為依據
   D. 運輸方式靈活
4. 班輪運輸的運費包括（　　）。
   A. 裝卸費　　B. 滯期費　　C. 速遣費　　D. 平艙費、理艙費
5. 航空運輸的主要特點是（　　）。
   A. 運輸速度快
   B. 貨物的損壞率較低
   C. 可以節省包裝、保險、儲存費和利息等
   D. 運量小、運費高
6. 國際航空運輸的方式有（　　）。
   A. 班機運輸　　B. 包機運輸　　C. 集中托運　　D. 急件運送
7. 鐵路運輸的優點是（　　）。
   A. 運行速度快　　　　　　　　B. 載運量較大
   C. 運輸途中風險較小　　　　　D. 一般能保持全年正常運行

四、案例分析題

1. 有份 CIF 合同，出售礦砂 5000 公噸，合同的裝運條款規定：「CIF Hamburg，2012 年 2 月份由一船或數船裝運。」賣方於 2 月 15 日裝運了 3100 公噸，余數又在 3 月 1 日裝上另一艘輪船。當賣方憑單據向買方要求付款時，買方以第二批貨物延期裝運為由，拒絕接受全部單據，並拒付全部貨款。請問：買方可否拒絕接受全部單據，並拒付全部貨款？

2. 有一份出售成套設備的合同，合同規定分五批交貨。在第三批交貨時，買方發現交貨的品質有嚴重缺陷，根本達不到合同所規定的技術標準。因此，買方主張全部合同無效。請問：在上述情況下，買方能否主張這種權利？為什麼？

3. 有一份合同，出售中國絲苗大米 10,000 噸。合同規定：「自 2 月份開始，每月裝船 1000 噸，分 10 批交貨。」賣方從 2 月份開始交貨，交至第五批大米時，大米品質有霉變，不適合人類食用，因而買方以此為理由，主張以後各批交貨均應撤銷。請問：在上述情況下，買方能否主張這種權利？為什麼？

五、實務操作題

1. 上海運往蘇丹港五金工具 500 箱，總毛重量 15 公噸，總體積為 12 立方米。根據海運公司規定，計費標準是 W/M，等級為 10 級。若基本運費率為 90 美元，試計算應付運費是多少？若燃油附加費率為 20%，港口擁擠附加費率為 10%，運費又是多少？

2. 上海某公司有一批打字機需從上海出口到澳大利亞的悉尼，對外報價 CFR 悉尼 20 美元/臺，客戶要求改報 FOB 價。已知貨物用紙箱裝運，每箱的尺碼為 44×44×30（厘米），每箱毛重是 35 公斤，每箱裝 4 臺，共計 800 箱。計收標準 W/M 每運費噸 110 美元，貨幣附加費 10%，試報 FOB 悉尼價多少美元一臺？出口總額是多少？

3. 根據下列條件繕制裝運條款：

2013 年 12 月 15 日前交貨；裝運港深圳，目的港紐約；可以轉船，不允許分批裝運。

項目五　國際貨物運輸保險條款

項目導讀

　　在國際貨物運輸中，大多航線長、風險大，經過不同的地理區域和不同的氣候地帶，受氣候和自然條件的影響較大，還存在著戰爭、罷工、貿易禁運等社會風險。國際貨物運輸主要的運輸方式是海洋運輸，海運環節多，需要港口、船舶、供應、通信導航、船舶修造和代理等企業及國家有關職能部門等多方面的配合完成，航行日期易不準確，貨主和承運人對大多數風險和損失、費用都無力單獨承受，需要通過保險分攤。

　　保險是以交納一定費用為代價，換取遭受風險損失時的補償。國際貨物運輸保險屬於財產保險的範疇。與國際貨物運輸相對應，分為海運貨物保險、陸路貨物保險、航空貨物保險和郵包貨物保險。

任務一　海上貨物運輸保險的承保範圍

任務目標

- 熟悉海上貨物運輸的各種風險類型
- 掌握承保風險造成的保險標的損失類型
- 掌握施救費用和救助費用的區別

任務引入

某貨輪滿載貨物駛離 A 港口。開航后不久，由於空氣濕度很大，導致老化的電線短路引起大火，將裝在貨艙的毛毯全部燒毀。船到 B 港口卸貨時發現，裝在同一貨艙中的菸草和茶葉由於羊毛燃燒散發出的焦糊味道而遭受了不同程度的串味損失。其中菸草由於包裝較好，串味不是非常嚴重，經過特殊加工處理，仍保持了菸草的特性，但是等級已大打折扣，售價下降三成。而茶葉則完全失去了其特有的芳香，無論如何也不能當做茶葉了，只能按照廉價的填充物處理。

討論題：試分析各貨物損失屬於什麼類型和性質？

知識內容

貨物在海上運輸、裝卸和儲存過程中可能遇到各類風險，因為海運保險是各類保險中發展最早的一種，亦是使用最多的運輸保險種類，所以我們主要從海運保險的角度來瞭解保險所保障的風險、損失和費用。

一、承保的風險

海洋貨運運輸保險承保的風險主要分為海上風險和外來風險兩類。

（一）海上風險

海上風險（Perils of the Sea）也稱海難，是指船舶或貨物在海上運輸過程中所遇到的自然災害和意外事故。

1. 自然災害

自然災害（Natural Calamity）是指不以人們意志為轉移的自然界力量所引起的災害。例如，惡劣氣候、雷電、海嘯、洪水、火山爆發、浪擊落海等人力不可抗拒的力量所造成的災害。

2. 意外事故

意外事故（Accidents）是指由於偶然的、難以預料的原因所造成的事故。例如，運輸工具擱淺、觸礁、沉沒、與流冰或其他物體碰撞、互撞、失火、爆炸等造成的

事故。

小思考 5-1
請思考著名的「泰坦尼克號」是遇到了什麼類型的風險。

(二) 外來風險

外來風險（Extraneous Risks）是指海上風險以外的其他外來原因引起的風險。外來風險可以分為一般外來風險和特殊外來風險

1. 一般外來風險

一般外來風險是指被保險貨物在運輸途由於偷竊、雨淋、串味、破損、鏽損、滲漏、玷污、受潮、受熱、發霉、短量、包裝破裂和鈎損等一般外來原因所造成的風險。

2. 特殊外來風險

特殊外來風險是指軍事、政治、國家政策法令以及行政措施等外來風險。常見的特殊外來風險有戰爭、罷工、交貨不到、拒收等。

二、承保的損失

海上貨運保險中，承保範圍除了海上風險，還包括承保風險造成的保險標的損失，被稱為海上損失（Average）。按照損失程度劃分，海上損失可以分為全部損失和部分損失。

(一) 全部損失

全部損失（Total Loss）簡稱全損，是指運輸中的整批貨物或不可分割的一批貨物在運輸途中整批遭受滅失或視同全部滅失。從損失的性質看，全損又可分為實際全損和推定全損。

1. 實際全損

實際全損（Actual Total Loss，ATL）又稱絕對全損。構成保險標的的實際全損有保險標的完全滅失、保險標的喪失屬性和被保險人無法挽回的喪失了保險標的的實際有效的佔有以及保險標的神秘失蹤。

2. 推定全損

推定全損（Construction Total Loss，CTL）又稱商業全損，指保險標的雖然尚未發生實際全損，但是因實際全損不可避免而被放棄，或者保險標的嚴重受損或喪失屬性不可避免，以及被保險人喪失了對保險標的的實際佔有，或者保險標的嚴重受損，修理和恢復的費用和運費總和將超過標的的重置價值，可以視為推定全損。

小思考 5-2
有一臺精密儀器價值 15,000 美元，貨輪在航行途中觸礁，船身劇烈震動而使儀器受損。事後經專家檢驗，修復費用為 16,000 美元，如拆為零件銷售，可賣 2000 美元。該儀器屬於何種損失？

(二) 部分損失

任何不屬於全部損失的，就是部分損失（Partial Loss）。按其損失的性質不同，部

分損失可分為共同海損和單獨海損。

1. 共同海損

共同海損（General Average，GA）是指當船、貨及其他利益方處於共同危險時，為了共同的利益而故意地採取合理的措施所引起的特殊的犧牲和額外的費用。

構成共同海損應具備的條件如下：

（1）有危及船、貨共同安全的危險存在。

（2）船方為共同安全或為完成航程而有意識地、合理地採取施救措施。

（3）所做的犧牲是特殊性質的，支付的費用是額外的，即這種犧牲不是海上危險直接導致的，而是人為造成的特殊損失，

（4）必須以船、貨獲救為前提，即所作出的特殊犧牲和支出費用最終是有效的。

由於共同海損範圍內的犧牲和費用是為了使船舶、貨物或其他財產免於遭受整體損失而支出的，因而應該由船方、貨方和運費收入方根據最后獲救價值按比例分攤，這就叫共同海損的分攤。

2. 單獨海損

單獨海損（Particular Average，PA），是指被保險貨物因海上風險直接導致的船艙或貨物的部分損失，而且該損失由受損方單獨承擔。

綜上所述，共同海損與單獨海損的主要區別在於：

（1）造成海損的原因不同。單獨海損是承保風險所直接導致的船貨損失；共同海損則不是承保風險所直接導致的損失，而是為了解除船貨共同危險而有意採取的合理措施所造成的損失。

（2）損失的承擔責任不同。單獨海損由受損方自行承擔；共同海損則應由各受益方按照受益大小的比例共同分攤。

案例討論 5-1

某貨物從天津新港駛往新加坡，在航行途中船舶貨艙起火，大火蔓延到機艙。船長為了船、貨的共同安全，決定採取緊急措施，往船中灌水滅火。火雖被撲滅，但由於主機受損，無法繼續航行，於是船長決定雇用拖輪將貨船拖回新港修理。修檢后重新駛往新加坡。

事後調查，此次事件造成的損失有：① 1000 箱貨被燒毀；② 300 箱貨由於灌水滅火受損；③主機和部分甲板被燒毀；④拖船費用；⑤額外增加的燃料和船長、船員工資。

討論：從損失的性質來看，上述各項分別屬於哪種類型的損失？

三、承保的費用

海上費用是指保險人承保的費用。被保險貨物遭受保險責任範圍內的事故，除了使貨物遭受損失以外，還會引起的一些費用的支出。這些費用主要有施救費用和救助費用。

（一）施救費用

施救費用（Sue and Labor Expenses）是指保險標的物在遭受承保責任範圍內的災害

事故時，被保險人或其代理人、受讓人、雇用人員為了避免或減小損失，搶救或保護被保險貨物時所支付的合理費用。該費用由保險公司負責賠償。

(二) 救助費用

救助費用（Salvage Charge）是指保險標的物在遭受了承保責任範圍內的災害事故時，由保險人和被保險人以外的第三者採取了有效的救助措施，由被救方付給救助人的一種報酬。海上救助合同有兩種：一種是雇傭性救助合同，這種合同不論救助是否有效，均要按約定標準支付費用；另一種是「無效果、無報酬」合同，目前世界上較多國家採用這種方式。

> **工作提示：**
> 國際貨物海洋運輸的保險責任較為複雜，外貿人員需要在工作中細緻分析風險的類別，產生了什麼損失及損失的類別，方便理清未來的保險責任。

任務二　國際海洋貨物運輸保險條款

任務目標

- 熟練掌握中國海洋運輸貨物保險條款的基本險別、附加險別和專門險別
- 熟悉英國倫敦保險協會基本條款
- 熟練運用中國人民保險公司海洋貨物運輸保險條款，選擇投保適當的險種和險別，並分析各類保險的責任期限

任務引入

廣州約克貿易公司按 CIF 條件出口冷凍食品一批，合同規定投保平安險加戰爭、罷工險。貨到目的港適逢罷工，貨物無法卸載，又因貨船無法補充燃料而停止制冷。等到罷工結束，該批冷凍食品已經變質。

討論題：

(1) 平安險的承保範圍有哪些？
(2) 案例中因罷工而引起的損失，保險公司是否負責賠償？

知識內容

在中國，國際運輸貨物保險通常是按照中國保險條款進行投保。中國保險條款（China Insurance Clause，CIC），是中國人民保險公司制定的系列保險條款的總稱，包括海運、陸運、空運、郵包運輸等各種運輸方式下的保險條款。另外，英國倫敦保險

協會制定的《協會貨物條款》（Institute Cargo Clause，ICC）在國際上被廣泛採用，對此我們也應該有所瞭解。

一、中國海洋運輸貨物保險條款

根據中國人民保險公司1981年1月1日修訂的《海洋運輸貨物保險條款》的規定，中國海洋運輸所承保的險別分為基本險別和附加險別兩類。

(一) 基本險別

基本險別是指可以單獨投保和承保的險別，也稱為主險別。中國人民保險公司規定的基本險別包括平安險、水漬險和一切險。

1. 平安險

平安險（Free from Particular Average，FPA）是保險人承保責任範圍最小的基本險。平安險在中國保險行業中沿用已久，通常適用於大宗、低價值的無包裝貨物。平安險的英文原意是「單獨海損不負責賠償」。平安險的具體責任範圍主要包括如下內容：

(1) 在運輸過程中，由於自然災害和運輸工具發生意外事故，造成被保險貨物的實際全損或推定全損。

(2) 由於運輸工具遭遇擱淺、觸礁、沉沒、互撞、與流冰或其他物體碰撞以及失火、爆炸等意外事故造成被保險貨物的全部或部分損失。

(3) 在運輸工具已經發生擱淺、觸礁、沉沒、焚毀等意外事故的情況下，貨物在此前或此后又在海上遭受惡劣氣候、雷電、海嘯等自然災害所造成的部分損失。

(4) 在裝卸轉船過程中，被保險貨物一件或數件落海所造成的全部損失或部分損失。

(5) 被保險人對遭受承保責任內危險的貨物採取搶救、防止或減少貨損措施而支付的合理費用，但以不超過該批被救貨物的保險金額為限。

(6) 運輸工具遭遇自然災害或意外事故，需要在中途的港口或者在避難港口停靠，因而引起的卸貨、裝貨、存倉以及運送貨物所產生的特別費用。

(7) 發生共同海損所引起的犧牲、分攤和救助費用。

(8) 運輸契約中有「船舶互撞條款」，按該條款規定應由貨方償還船方的損失。

案例討論 5-2

某外貿公司按CIF術語出口一批貨物，裝運前已向保險公司按發票金額的110%投保平安險，6月初貨物裝妥順利開航，載貨船舶於6月14日在海上遇到暴風雨，致使一部分貨物受到水漬，損失價值為2100美元。數日後，該輪又突然觸礁，致使該批貨物又遭到了部分損失，損失價值為8000美元。

請問：保險公司對該批貨物的損失該如何賠償？為什麼？

2. 水漬險

水漬險（With Particular Average，WPA）的英文原意是「負責單獨海損」，責任範圍除了包括上述「平安險」的各項責任外，還負責被保險貨物由於惡劣氣候、海嘯、地震、雷電、洪水等自然災害所造成的部分損失，其責任大於平安險。

3. 一切險

一切險（All Risks, AR）除包括上述水漬險的各項責任外，還負責保險標的物在運輸途中因一般外來風險所致的全部或部分損失，其責任大於平安險和水漬險。

（二）附加險別

附加險別是基本險別責任的補充和擴大。附加險別不能單獨投保，必須在投保一種基本險的基礎上加保一種或數種附加險別。附加險別有一般附加險和特殊附加險。

1. 一般附加險

一般附加險（General Additional Risk）對應承保因一般外來風險所造成的損失。一般附加險種類很多，主要包括如下內容：

（1）偷竊提貨不著險（Theft Pilferage and Non-Delivery, TPND）。在保險有效期內，保險貨物被偷走或竊走，以及貨物運抵目的地以後，整件未交的損失，由保險公司負責賠償。

（2）淡水雨淋險（Fresh Water Rain Damage, FWRD）。貨物在運輸途中，由於淡水所造成的損失，保險公司都負責賠償。淡水包括雨水、雪溶，以及船上淡水艙、水管漏水和船汗等。

（3）短量險（Risk of Shortage）。短量險負責保險貨物數量短少和重量的損失。對有包裝貨物的短少，必須有外包裝發生異常的現象，如破口、裂袋、扯縫等，以區別是原來的短量還是外來原因造成的短量。對散裝的貨物則往往以裝船重量和卸船重量之間的差額作為計算短量的依據，但不包括正常的途耗。

（4）混雜、沾污險（Risk of Intermixture & Contamination）。混雜、沾污險負責保險貨物在運輸途中，混進了雜質造成的損失。

（5）滲漏險（Risk of Leakage）。滲漏險負責保險流質、半流質的液體物質和油類物質，在運輸過程中因為容器損壞而引起的滲漏損失。用液體貯藏的物質，如濕腸衣、醬菜等因為液體滲漏而使腸衣、醬菜等發生腐爛、變質等損失，均由保險公司負賠償責任。

（6）碰損、破碎險（Risk of Clash & Breakage）。碰損主要是對金屬、木質等貨物來說的。例如，搪瓷、鋼精器皿、機器、漆木器等，在運輸途中，因為受到震動、顛簸、擠壓等造成貨物本身的凹癟、脫瓷、脫漆、割痕等損失。破碎則主要是對易碎性物質來說的。

（7）串味險（Taint of Odor Risk）。保險貨物因為受到其他物品的氣味影響所造成的串味損失由保險公司承擔。

（8）受熱、受潮險（Heating & Sweating Risks）。受熱、受潮險對被保險貨物在運輸過程中因氣溫驟變或由於船上通風設備失靈使船艙內水汽凝結、受潮、受熱而引起的損失負責賠償。

（9）鉤損險（Hook Damage）。鉤損險負責保險貨物在裝卸過程中因為使用手鉤、吊鉤等工具所造成的損失。

（10）包裝破裂險（Breakage of Packing Risk）。包裝破裂險負責保險因包裝破裂造

成物資的短少、沾污等損失。此外，對於因保險運輸過程中續運安全需要而產生的修補包裝、調換包裝所支付的費用，也予負責賠償。

（11）銹損險（Risks of Rust）。銹損險負責保險貨物在運輸過程中因為生鏽造成的損失。

2. 特殊附加險

特殊附加險（Special Additional Risk）對應承保特別外來風險造成的損失。中國保險條款承保的特殊附加險包括下列險別：

（1）戰爭險（War Risk）。戰爭險承保戰爭或類似戰爭行為等引起保險貨物的直接損失，如貨物由於捕獲、拘留、扣留、禁制和扣押、海盜等行為引起的損失，保險公司負責賠償。但是，對於敵對行為中使用原子或熱核武器所導致的損失和費用，保險公司不負責賠償，因為這種原子、核武器的破壞性非常大，造成的損失也是難以估計的，保險公司無法承擔。

（2）罷工險（Strikes Risk）。罷工險是承保因罷工者、被迫停工工人、參加工潮、暴動和民眾鬥爭的人員，採取行動造成保險貨物的直接損失。對於任何人的惡意行為造成的損失也予負責。

值得注意的是，罷工險負責的損失都必須是直接損失，對於間接損失是不負責任的。例如，因為罷工勞動力不足或者無法使用勞動力對堆存在碼頭的貨物遇到大雨無法採取罩蓋防雨布的措施而遭淋濕受損；因為罷工，沒有勞動力對冷凍機添加燃料致使動力中斷冷凍機停機，而使冷凍貨物遭受到化凍變質的損失等。此外，對罷工引起的費用損失，如港口工人罷工無法在原定港口卸貨，改到另外一個港口卸貨引起的增加運輸費用，均屬於間接損失，不予負責。

（3）交貨不到險（Failure to Deliver Risk）。交貨不到險負責自貨物裝上船舶時開始，不論由於任何原因，如貨物不能在預定抵達目的地的日期起 6 個月以內交付，保險公司同意按全損予以賠付，但該貨物之全部權益應轉移給保險公司。被保險人保證已獲得一切許可證。所有運輸險及戰爭險項下應予負責的損失，概不包括在交貨不到險條款責任範圍之內。

（4）進口關稅險（Import Duty）。進口關稅險負責由於貨物受損仍需按完好價值完整繳納進口關稅所造成的損失。

（5）拒收險（Rejection）。拒收險承保貨物在進口時，由於各種原因，被進口國的有關當局拒絕進口而沒收所產生的損失。但是，在投保時被保險人必須保證持有進口所需的一切特許證或許可證或進口限額。如果不具備進口所需的證件，那麼遭到拒絕進口是意料中的事了。

（6）黃曲霉素險（Aflatoxin）。對被保險貨物，在保險責任有效期內，在進口港或進口地經當地衛生當局的檢驗證明，（花生、穀物等易產生黃曲霉素）因含有黃曲霉毒素，並且超過了進口國對該毒素的限制標準，必須拒絕進口、沒收或強制改變用途時，保險公司按照被拒絕進口或被沒收部分貨物的保險價值或改變用途所造成的損失，負責賠償。

(7) 艙面險（On Deck）。艙面險承保存放在艙面的貨物按保險單所在條款負責的損失外，還負責被拋棄或被風浪衝擊落水的損失。

(8) 出口貨物到中國香港（包括九龍在內）或中國澳門存倉火險責任擴展條款（Fire Risk Extension Clause for Storage or Cargo at Destination Hongkong, Including Kowloon, or Macao）。這一保險承保被保險貨物直接存放於保險單載明的過戶銀行所指定的倉庫所造成的存倉火險損失，直至銀行收回押款解除貨物的權益為止或運輸責任終止后期滿30天為止。

現將所有風險、損失、險別歸納如表5-1所示：

表5-1　　　　　　　　保險範圍及險別一覽表

風險種類	風險內容	損失種類			險別
海上風險	自然災害（如惡劣氣候、海嘯、洪水、雷電等）	海上風險損失	損失程度	部分損失	基本險別	平安險
^^	^^	^^	^^	全部損失 實際全損	^^	水漬險
^^	^^	^^	^^	全部損失 推定全損	^^	一切險
^^	意外事故（如觸礁、沉沒、擱淺、互撞、失火、爆炸等）	^^	損失性質	共同海損	^^	^^
^^	^^	^^	^^	單獨海損	^^	^^
外來風險	一般原因（如雨淋、短量、短少和提貨不著、銹損、偷竊、滲漏、破碎、受潮、鉤損、串味、碰損等）	外來風險損失	一般外來原因引起		附加險別	一般附加險
^^	特殊原因（如戰爭、罷工、黃曲霉素、拒收、交貨不到、等）	^^	特殊外來原因引起		^^	特殊附加險

（三）除外責任

除外責任是指保險公司明確規定不予承保的損失或費用。《中國人民保險公司海洋運輸貨物保險條款》規定，對於下列損失，保險人不負賠償責任：

（1）被保險人的故意行為或過失所造成的損失。

（2）屬於發貨人責任所引起的損失。

（3）在保險責任開始前，被保險貨物已存在的品質不良或數量短差所造成的損失。

（4）被保險貨物的自然損耗、本質缺陷、特性以及市價跌落、運輸延遲所引起的損失或費用。

（5）海洋運輸貨物戰爭險條款和貨物運輸罷工險條款規定的責任範圍和除外責任。

（四）承保責任的起訖

海上貨運險的責任起訖，即保險期間，亦稱保險期限，在海上貨運險中，就是保險人對被保險貨物承擔保險責任的起訖時間。

1. 基本險承保責任起訖

（1）正常運輸情況下基本險責任起訖規定。依據國際慣例，保險責任起訖以「倉

至倉條款（Warehouse to Warehouse Clause, W/W Clause）」為依據。「倉至倉條款」是指保險責任自被保險貨物運離保險單所載明的起運地倉庫或儲存處所開始生效，包括正常運輸過程中的海上、陸上、內河和駁船運輸在內，至該項貨物到達保險單所載明目的地收貨人的最后倉庫或儲存處所或被保險人用做分配、分派或非正常運輸的其他儲存處所為止。如未抵達上述地點，則以被保險貨物在最后卸載港全部卸離海輪后 60 天為止。如在 60 天內被保險貨物需轉到非保單所載明的目的地時，則該項貨物開始轉運時，保險責任終止。

（2）非正常運輸情況下基本險責任起訖規定。如果發生保險人無法控製的運輸延遲、航程變更、被迫卸貨等意外情況，在被保險人及時通知保險人及加付保費的前提下，可按「擴展責任條款（Extended Cover Clause）」擴展保險期。被保險人如不及時通知保險人加付保費，則保險合同終止，保險人不承擔風險責任。在擴展責任的情況下，保險責任按以下規定終止：在非載明目的地出售，保險責任至交貨時為止，但不論是在任何情況下，均是以貨物在卸載港全部卸離載運船舶后的 60 天為限；卸離后繼續運往原目的地，被保險貨物如果在中途卸載港口全部卸離載運船舶后 60 天期限內，仍舊繼續運往保險單所載明的目的地或其他目的地時，保險責任仍按照正常運輸情況下所規定的倉至倉條款內容處理。

2. 戰爭險、罷工險的責任起訖

（1）戰爭險的責任起止期限。按照國際慣例，戰爭險的責任起止期限以「水面危險」為限。其規定是：保險責任自被保險貨物裝上保險單所列的起運港的海輪或駁船時開始，至卸離保險單所列的目的港的海輪為止。最長期限以海輪或駁船到達目的港的當日午夜起算滿 15 天為限。如果貨物中途轉船，不論貨物在當地卸載與否，保險責任則以海輪到達目的港或卸貨地點的當日午夜起算 15 天為止，直到貨物再裝上續運海輪時方有效。

（2）罷工險的責任起止期限。採用「倉至倉條款」，如貨物運輸已投保戰爭險，加保罷工險一般無須加繳保險費。

二、倫敦保險協會海洋運輸保險條款

在國際保險市場上，各國保險組織都制定有自己的保險條款，但最為普遍採用的是倫敦保險業協會所制定的《倫敦保險協會海洋運輸貨物條款》，簡稱《協會貨物保險條款》（Institute Cargo Clause, ICC）。中國企業按 CIF 和 CIP 條件出口時，一般按中國保險條款投保，但如果國外客戶要求按《協會保險條款》投保，一般可予接受。《協會保險條款》共有 6 種險別。

（一）協會貨物條款（A）

協會貨物條款（A）簡稱 ICC（A），可以獨立投保，相當於中國保險條款中的「一切險」。但其責任範圍更為廣泛，採取「一切風險減除外責任」的方式。

除外責任包括如下內容：

（1）一般除外責任，如因包裝原因造成損失、由船方原因造成損失、使用原子或

熱核武器所造成的損失；

(2) 不適航、不適貨除外責任，如被保險人在裝船時已知船舶不適航、不適貨；

(3) 戰爭除外責任；

(4) 罷工除外責任。

(二) 協會貨物條款 (B)

協會貨物條款 (B) 簡稱 ICC (B)，可以獨立投保，相當於中國保險條款中的「水漬險」。其責任範圍採用「列明風險」的方法，包括如下內容：

(1) 火災、爆炸；

(2) 船舶或駁船觸礁、擱淺、沉沒或者傾覆；

(3) 陸上運輸工具傾覆或出軌；

(4) 船舶、駁船或運輸工具同水以外的任何外界物體碰撞；

(5) 在避難港卸貨；

(6) 地震、火山爆發、雷電；

(7) 共同海損犧牲；

(8) 拋貨；

(9) 浪擊落海；

(10) 海水、湖水或河水進入船舶、駁船、運輸工具、集裝箱、大型海運箱或貯存處所；

(11) 貨物在裝卸時落海或跌落造成整件的全損。

協會貨物條款 (B) 的除外責任，除對「海盜行為」和「惡意損害」的責任不負責外，其余均與協會貨物條款 (A) 的除外責任相同。

(三) 協會貨物條款 (C)

協會貨物條款 (C) 簡稱 ICC (C)，相當於中國保險條款中的「平安險」。其責任範圍也採用「列明風險」的方式，包括如下內容：

(1) 火災、爆炸；

(2) 船舶或駁船觸礁、擱淺、沉沒或傾覆；

(3) 陸上運輸工具傾覆或出軌；

(4) 船舶、駁船或運輸工具同除水以外的任何外界物體碰撞；

(5) 在避難港卸貨；

(6) 共同海損犧牲；

(7) 拋貨。

協會貨物條款 (C) 的除外責任與協會貨物條款 (B) 完全相同。

案例討論 5-3

應進口商的要求，我方某外貿公司為 10 箱裝有木雕工藝品的集裝箱貨向保險公司投保倫敦保險協會貨物條款 A 險，保險期限自上海外貿運輸倉庫到英國利物浦，再轉運到目的地收貨人倉庫。保險單採用的是 1982 年 1 月 1 日的協會貨物條款 (A)，該 10

箱集裝箱由乙輪承運。在這些集裝箱通過卡車運到船舷旁時，其中 1 個集裝箱因為兩輛卡車碰撞而不慎落海全損；另外 1 個集裝箱突然內部起火，使箱內貨物全損，經檢驗是由於箱內貨物本身的性質和箱內溫度過高引起的；當其他集裝箱在利物浦卸船時，又發現其中兩只集裝箱外部已被暴力破壞，箱內貨物已完全失蹤，估計是船舶在中途港停靠加油時被竊。在目的地收貨人的倉庫，又發現兩只集裝箱內貨物沾有嚴重的化學品污染的氣味，使這批工藝品削價出售。據瞭解，這兩只集裝箱在上個航次中裝過某種氣味很大的化學品，在此次裝貨前經過清洗，由裝貨港貨主的代理人外貿運輸公司負責裝箱鉛封。現貨主對上述工藝品的損失向保險公司提出索賠。

請你對以上各項損失進行分析：

(1) 請指出各項損失的性質。

(2) 各項損失應該分別由誰承擔風險責任？

（四）協會戰爭險條款（貨物）

協會戰爭險條款（貨物）簡稱 IWCC，相當於中國保險條款中的「戰爭險」，可作為獨立的險別進行投保。

（五）協會罷工險條款（貨物）

協會罷工險條款（貨物）簡稱 ISCC，相當於中國保險條款中的罷工險，在需要時也可作為獨立的險別進行投。

（六）惡意損害險

惡意損害險承保除被保險人以外的其他人（如船長、船員）的故意破壞行為所造成的被保險貨物的滅失或損壞，但處於政治動機的人的行為除外。

以上 6 種險別中，只有惡意損害險屬於附加險別，不能單獨投保，其他 5 種險別的結構相同、體系完整，均可作為獨立的險別進行投保。

> **工作提示：**
>
> 海洋運輸中的發生風險的類型、所造成的損失的類型與投保的險別的保險範圍和責任息息相關，在工作中需要認真分析貨物的類型、航行的航線、可能遇到的風險和損失決定投保的險別。

任務三 中國陸、空、郵貨物運輸保險

任務目標

- 熟悉國際陸運運輸保險
- 熟悉國際航空運輸保險
- 熟悉國際郵包運輸保險

任務引入

北京某外貿公司按 CFR 馬尼拉價格出口一批儀器，投保的險別為一切險運輸保險，「倉至倉」條款。我方將貨物用卡車由北京運到天津港發貨，但在運送途中，一輛貨車翻車，致使車上所載部分儀表損壞。

討論題：對該項損失應由哪方負責，保險公司是否應給予賠償？

知識內容

在國際貿易中，貨物運輸除了主要採用海洋運輸方式之外，還有陸上運輸、航空運輸、郵政包裹運輸以及由海運、陸運、空運等兩種或兩種以上運輸方式銜接起來所組成的多式聯運。隨著國際貿易的發展，陸上、航空、郵政運輸的保險，在整個保險業務中的重要性也日益顯著。

一、陸上運輸貨物保險

陸上運輸貨物保險主要承保以火車、汽車等陸上運輸工具進行貨物運輸的風險。中國人民保險公司 1981 年 1 月 1 日修訂的《陸上運輸貨物保險條款》規定，陸上運輸貨物保險分為陸運險和陸運一切險兩種基本險別，其責任範圍均適用於火車和汽車運輸。

（一）陸運險與陸運一切險

陸運險是指保險公司負責賠償被保險貨物在運輸途中遭受暴風、雷電、洪水、地震等自然災害，或由於運輸工具遭受碰撞、傾覆、出軌，或在駁運過程中因駁運工具遭受擱淺、觸礁、沉沒、碰撞，或由於遭受隧道坍塌、崖崩、失火、爆炸等意外事故所造成的全部或部分損失，並包括搶救貨物支付的合理費用，但以不超過該批被救貨物的保險金額為限。陸運險的責任範圍與海洋運輸貨物保險條款中的「水漬險」相似。

陸運一切險是指保險公司除承擔上述陸運險的賠償責任外，還負責被保險貨物在運輸途中由於一般外來原因所造成的全部或部分損失。陸運一切險的承保責任範圍與海上運輸貨物保險條款中的「一切險」相似。

陸上運輸貨物險的責任起訖也採用「倉至倉」責任條款，但最長保險責任有效期以被保險貨物運抵最后卸載的車站滿 60 天為止。陸上運輸貨物險的索賠時效為從被保險貨物在最后目的地車站全部卸離車輛后起算，最多不超過 2 年。

（二）陸上運輸冷藏貨物險

陸上運輸冷藏貨物險是一種專門險，除負責賠償陸運險所列舉的自然災害和意外事故所造成的全部或部分損失外，還負責賠償於冷藏機器或隔溫設備在運輸途中損壞所造成的被保險貨物解凍溶化而腐敗的損失。陸上運輸冷藏貨物險的責任起訖也採用「倉至倉」責任條款，但最長保險責任的有效期限以被保險貨物到達目的地車站后 10

天為限。

(三) 陸上運輸貨物戰爭險（火車）

陸上運輸貨物戰爭險（火車）是陸上運輸貨物險的特殊附加險，在投保了陸運險或陸運一切險的基礎上可加保戰爭險。加保戰爭險須另增加保險費。保險公司負責賠償在火車運輸途中由於戰爭、類似戰爭行為和敵對行為、武裝衝突所致的損失，以及各種常規武器包括地雷、炸彈所致的損失。但是，由於敵對行為使用原子或熱核武器所致的損失和費用，以及由於執政者、當權者或其他武裝集團的扣押、拘留引起的承保運程的喪失或挫折而造成的損失除外。在投保戰爭險的基礎上可以加保罷工險，加保罷工險不另行收費。

陸上運輸貨物戰爭險的責任起訖自被保險貨物裝上保險單所載起運地的火車時開始到卸離保險單所載目的地火車時為止。如果被保險貨物不卸離火車，則自火車到達目的地的當日午夜起算，滿48小時為止。

案例討論 5-4

2013年10月8日天津新陽公司以每千克1.76元收購葵花籽34,650千克，共770件，委託天津火車站客貨服務公司運輸到南京鐵路分局化魚山火車站所屬的蕪湖西站，交安徽省蕪湖市果品食雜公司收貨。到站卸車時，收貨人發現車廂內有嚴重異味，拒收貨物。天津新陽公司因此遭受經濟損失，要求南京鐵路分局化魚山火車站賠償全部損失，按貨價、包裝費及運費等共計68,179.50元。后從該批貨物車廂內的殘存物中檢出3911（劇毒農藥），含量為3591.6毫克/千克；在包裝葵花籽的布袋中檢出3911，含量為100毫克/千克。經鐵路到站順查，發現該車皮於2011年5月18日曾裝運過3911。卸車后該車皮被送回鄭州東站經洗刷消毒後又投入使用。

請問：化魚山火車站是否承擔賠償責任？

二、航空運輸保險

中國人民保險公司1981年1月1日修訂的《航空運輸貨物保險條款》規定，航空運輸貨物保險分為航空運輸險和航空運輸一切險兩種基本險別。

(一) 航空運輸險和航空運輸一切險

航空運輸險是指保險公司負責賠償被保險貨物在運輸途中因遭受雷電、火災、爆炸以及由於飛機遭受惡劣氣候、其他危難事故而被拋棄，或由於飛機遭受碰撞、傾覆、墜落、失蹤等自然災害和意外事故所造成的全部或部分損失。航空運輸險的承保責任範圍與海洋運輸貨物保險條款中的「水漬險」相似。

航空運輸一切險的承保責任範圍除包括上述航空運輸險的全部責任外，保險公司還負責賠償被保險貨物由於被偷竊、短少等一般外來原因所造成的全部或部分損失。航空運輸一切險的承保責任範圍與海洋運輸貨物保險條款中的「一切險」相似。

航空運輸貨物險的兩種基本險的保險責任也採用「倉至倉」條款，所不同的是如貨物運達保險單所載明目的地而未運抵保險單所載明的收貨人倉庫或儲存處所，則以

被保險貨物在最后卸載地卸離飛機后滿 30 天為止。

(二) 航空運輸戰爭險

航空運輸戰爭險是航空運輸貨物險的特殊附加險，只有在投保了航空運輸險或航空運輸一切險的基礎上，方可加保。航空運輸戰爭險可以加投保罷工險，加投保罷工險不另行收費。投保航空運輸戰爭險后，保險公司負責賠償在航空運輸途中由於戰爭、類似戰爭行為、敵對行為或武裝衝突以及各種常規武器包括地雷、炸彈所造成的貨物的損失，但不包括因使用原子彈或熱核武器所致的損失。

航空運輸戰爭險的保險責任期限是自被保險貨物裝上保險單所載起運地的飛機時開始，直到卸離保險單所載目的地的飛機時為止。如果被保險貨物不卸離飛機，則以飛機到達目的地當日午夜起計算滿 15 天為止。

三、郵包險

中國人民保險公司 1981 年 1 月 1 日修訂的《郵包險條款》規定，郵包險分為郵包險和郵包一切險兩種基本險別。

(一) 郵包險和郵包一切險

郵包險的承保責任範圍是負責賠償被保險郵包在運輸途中由於惡劣氣候、雷電、海嘯、地震、洪水、自然災害，或由於運輸工具擱淺、觸礁、沉沒、出軌、傾覆、墜落、失蹤，或由於失火和爆炸等意外事故所造成的全部或部分損失。另外，郵包險還負責被保險人對遭受承保責任內風險的貨物採取搶救、防止或減少貨損的措施而支付的合理費用，但以不超過該批被救貨物的保險金額為限。

郵包一切險的承保責任範圍除包括上述郵包險的全部責任外，還負責被保險郵包在運輸途中由於外來原因所致的全部或部分損失。

郵包險和郵包一切險的保險責任是自被保險郵包離開保險單所載起運地點從寄件人的處所運往郵局時開始生效，直至被保險郵包運達保險單所載明的目的地郵局且從郵局發出通知書給收件人的當日午夜起算滿 15 天為止，但在此期限內郵包一經遞交至收件人的處所，保險責任即行終止。

(二) 郵包戰爭險

郵包戰爭險是郵包險的一種附加險，郵包戰爭險的保險責任期限是自被保險郵包經郵政機構收訖后自儲存處所開始運送時生效，直至該郵包運達保險單所載目的地的郵政機構送交收件人為止。

工作提示：

國際貨物除海洋運輸外的其他運輸方式的基本險大致相同，主要是保險的責任起訖範圍時間不同，可在附加險方面，除戰爭險外，海洋運輸貨物保險中的一般附加險和特殊附加險的險別和條款均適用於陸、空、郵包運輸保險。

任務四　中國國際貨物運輸保險實務

任務目標

- 掌握中國國際貨物運輸保險的基本流程
- 掌握保險金額及保險費的計算

任務引入

廣州約克貿易有限公司出口一批貨物，CFR 紐約價為 1980 美元，現外商來電，要求改報 CIF 紐約價，並要求按 CIF 價加 20% 投保一切險加保戰爭險，如一切險的保險費率為 0.8%，戰爭險的保險費率為 0.03%。

請問：

（1）約克公司應向外商報 CIF 紐約價為多少？

（2）約克公司應向保險公司支付多少保險費？

知識內容

一般情況下，保險合同的當事人主要有投保人（Applicant）、保險人（The Insurer）和被保險人（The Insured）。以 CIF/CIP 術語成交的合同，被保險人應在貨物裝運前估定一定的保險金額向保險人即保險公司投保貨物運輸險。被保險人按投保金額、投保險別及投保費率，向保險人支付保險費，並取得保險單據。在國際貨運保險業務中，被保險人通常會碰到選擇投保險別、確定保險金額、具體辦理保險並交付保險費、審核保險單以及在貨損時辦理保險賠償等問題。

一、選擇投保險別

（一）出口貨物投保

中國出口貨物一般採取逐筆投保的辦法。保險公司承擔的保險責任是以險別為依據的，不同的險別，承擔的責任範圍不同，其保險費率也不相同。在辦理投保業務時，選擇投保險別應綜合考慮下列因素：

1. 貨物的性質和特點

投保時必須充分考慮貨物的性質和特點，據以確定適當的險別。例如，糧谷類商品含有水分，長途運輸水分蒸發，可能造成短量；在運輸途中如果通風設備不良，還易受潮、發熱而致發霉。此類商品一般是在投保水漬險的基礎上加保短量險和受熱受潮險，或者投保一切險。又如，油脂類商品易沾污損失；如果是散裝會因油脂本身沾

在艙面或在裝卸過程中消耗而致短量。對此類商品，可以在水漬險的基礎上加保短量險和沾污險。對於家用電器等商品，由於在運輸途中易受碰損或被盜，一般應在水漬險、平安險的基礎上加保碰損險或偷竊提貨不著險。

2. 貨物的包裝

有些貨物在運輸及裝卸轉運過程中，常因包裝破損而造成質量上或數量上的損失。但應注意，由於包裝不良或由於包裝不適應國際貿易運輸的一般要求而致貨物遭受損失，保險人一般不予負責，因為包裝不良或不當屬於裝運前發貨人的責任。

3. 船舶運輸路線及停靠港口

不同的船舶運輸路線及停靠港口由於運輸季節不同氣候是否過於炎熱或寒冷，政局是否動盪，港口設備、裝卸能力、安全等方面的差異，發生貨損貨差的情況也就不同。因此，投保前要進行充分的調查瞭解，以便選擇適當的險別予以保障。

4. 各國貿易習慣

如貨物按 CIF 條件出口，賣方應負責投保何種險別，最好在合同中加以明確規定。按照《2010 通則》的規定，CIF 下的賣方負責投保最低限度的保險險別即可；美國《1990 年對外貿易定義修訂本》和《統一商法典》的規定，CIF 下賣方有義務代買方投保戰爭險，費用由買方負擔；在比利時，按相關規定，CIF 下賣方常負責投保水漬險；在澳大利亞，按許多行業習慣，CIF 下賣方須負責投保水漬險和戰爭險；在德國，按相關規定，CIF 下賣方應根據貨物的種類、貿易習慣和買方的願望確定投保的險別，但僅投保平安險是不夠的。

小思考 5-3

請為下列出口貨物選擇出最合適的保險方式或保險方式組合，並說明理由：①景德鎮青瓷花瓶；②鐵觀音茶葉；③散裝糧食；④散裝白糖。

（二）進口貨物預約保險

由於中國進口貨物大部分採用 FOB、CFR 條件，即由我進口企業自行辦理保險。為簡化投保手續和避免漏保，一般採用預約保險的做法，即被保險人（投保人）和保險人就保險標的物的範圍、險別、責任、費率以及賠款處理等條款簽訂長期性的保險合同。投保人在獲悉每批貨物起運時，應將船名、開船日期及航線、貨物品名及數量、保險金額等內容，書面定期通知保險公司。保險公司對屬於預約保險合同範圍內的商品，一經起運，即自動承擔保險責任。

二、確定保險金額、支付保險費

按照國際保險市場的習慣做法，出口貨物的保險金額（Insured Amount）一般按 CIF 貨價另加 10% 計算，這增加的 10% 叫投保加成率或保險加成率，也就是買方進行這筆交易所付的費用和預期利潤。保險金額計算的公式如下：

保險金額 = CIF 價 × (1+投保加成率)

對於 CFR、FOB 合同項下貨物進行投保，需要先把 CFR、FOB 貨價轉化為 CIF 價

格再加成計算保險金額。

將 CFR 價轉化為 CIF 價計算公式如下：

CIF＝CFR／[1－(1+加成率)×保費率之和]

將 FOB 價轉化為 CIF 價計算公式如下：

CIF＝(FOB+F)／[1－(1+加成率)×保費率之和]

對於進口貨物採取預約保險的，為了簡化手續，方便計算，保險費率按特約費率表規定的平均費率計算。保險金額按進口合同所採用的貿易術語計算即可。

FOB 進口貨物保險金額計算公式如下：

保險金額＝FOB 價×(1+平均運費率+平均保險費率)

CFR 進口貨物保險金額計算公式如下：

保險金額＝CFR 價×(1+平均保險費率)

投保人按約定方式繳納保險費（Premium）是保險合同生效的條件。保險費率是由保險公司根據一定時期、不同種類的貨物的賠付率，按不同險別和目的地，並參照國際上的費率水平而制定的。保險費率分為一般貨物費率和指明貨物加費費率兩種。前者是一般商品的費率，後者是特別列明的貨物（如某些易碎、易損商品）在一般費率的基礎上另行加收的費率。

保險費則根據保險費率表按保險金額計算，其計算公式如下：

保險費＝保險金額×保險費率之和

三、取得保險單據

投保人（被保險人）交付保險費后，即可取得保險單。保險單據是保險公司和投保人之間訂立的保險合同，也是保險公司出具的承保證明，是被保險人憑以向保險公司索賠和保險公司進行理賠的依據。在進出口貿易中，保險單據是可以轉讓的。常用的保險單據有下列幾種：

(一) 保險單

保險單（Insurance Policy）又稱大保單，是一種正規的保險合同，見式樣 5-1 保險單樣本。保險單是保險人根據投保人的申請，逐批簽發的，保險單正面載明被保險人的名稱、被保險貨物的名稱、數量或重量、嘜頭、運輸工具、保險的起訖地點、承保險別、保險金額、期限等項目，背面列有保險人的責任範圍以及保險人與被保險人的各自權利、義務等方面的詳細條款。保險單如同指示性的海運提單一樣，也可由被保險人背書，隨物權的轉移而轉讓。

保險單主要項目的具體填製方法如下：

(1) 發票號碼（Invoice No.）。填寫投保貨物商業發票的號碼。

(2) 保險單號次（Policy No.）。保險單號碼由保險公司編製。

(3) 被保險人（Insured）。如無特別規定，保險單的被保險人應是信用證上的受益人。

(4) 標記（Marks & Nos）。與提單相同，也可以填寫「AS PER INVOICE NO. ×××」。

但是，如果信用證規定所有單據均要顯示裝運嘜頭，則應按實際嘜頭繕制。

（5）包裝及數量（Quantity）。填寫貨物的最大包裝的總件數。如「1000 cases」。

（6）保險貨物項目（Description of Goods）。填寫被保貨物名稱，可用統稱。

（7）保險金額（Amount Insured）。此欄填寫小寫金額，一般按照發票金額加一成（即110%發票金額）填寫。投保所用貨幣應與信用證規定相符。

（8）保險總金額（Total Amount Insured）。將保險金額以大寫的形式填入，計價貨幣也應以全稱形式填入。為防止塗改，數字后面加上「ONLY」字樣。

（9）保費（Premium）及費率（Rate）。一般已由保險公司在保險單印刷時填入「as arranged」字樣。出口公司在填寫保險單時無須填寫。

（10）裝載運輸工具（Per conveyance S. S）。填寫裝載船的船名，與發票或提單一致。

（11）開航日期（Date of commencement）。一般填寫提單簽發日期，或填寫「As Per B/L」。

（12）起訖地點（From ... To ...）。海運的起訖點是指海輪開航和到達港口的地點。如「From HongKong To Marseilles」。

（13）承保險別（Conditions）。與合同或信用證要求一致，包括保險險別和險別使用的文本和日期。

（14）賠付地點（Claim payable at）。一般的，將目的地作為賠付地點，將目的地名稱填寫入該欄。賠款貨幣一般為投保額相同的貨幣。

（15）日期（Date）。這是指保險單的簽發日期，不得晚於提單日期，應早於或與提單日期相同。

（16）保險公司簽章。無簽章的單據無效。

（二）保險憑證

保險憑證（Insurance Certificate）俗稱小保單，是一種簡化的保險憑證，其正面列有與保險單相同的重要項目，背面無賠償詳細條款。

（三）預約保險單

預約保險單（Open Policy）又稱預約保險合同，是被保險人（進口人）與保險人之間訂立的總合同。合同中規定承保貨物的範圍、險別、費率、責任、賠款處理等條款。凡屬於保險合同約定的運輸貨物，在合同有效期內自動承保。預約保險單適用於中國進口貨物的保險。凡屬預約保單規定範圍內的進口貨物，一經起運，中國保險公司即自動按預約保單所訂立的條件承保。

式樣 5-1　保險單樣本

中國人民保險公司
THE PEOPLE'S INSURANCE COMPANY OF CHINA
總公司設於北京　　一九四九年創立
Head Office：BEIJING　　Established in 1949

發票號碼　　　　　　　　保險單　　　　　　　　保險單號次
　　　　　　　　　　INSURANCE POLICY

中國人民保險公司（以下簡稱本公司）
This Police of Insurance witnesses that The People's Insurance Company of China (hereinafter called 「The Company」)
根據
at the request of：_____
（以下簡稱被保險人）的要求，由被保險人
(hereinafter called the 「Insured」) and in consideration of the agreed premium
向本公司繳付約定的保險費，按照本保險單
paying to the Company by the Insured, Undertakes to insure the undermentioned
承保險別和背面所載條款與下列特款承保
Goods in transportation subject to the conditions of this Policy as per Clauses
下述貨物運輸保險，特立本保險單。
printed overleaf and other special clauses attached hereon.

標　記 Marks & Nos	包裝及數量 Quantity	保險貨物項目 Description of Goods	保險金額 Amount Insured

總保險金額：
Total Amount Insured：_____
保費　　　　　　　費率　　　　　　　　　裝載運輸工具
Premium　as arranged　Rate as　arranged　Per conveyance S. S：_____
開航日期　　　　　　　　　自　　　　　　　　至
Date of commencement _____　From _____　To _____
承保險別　投保一切險，按照中國人民保險公司1981年1月1日生效的有關海洋貨物運輸條款為準。
Conditions _____
所保貨物，如遇出險，本公司憑本保險單及其他有關證件給付賠款。
Claims, if any, Payable On, surrender of this Policy together with other relevant documents.
所保貨物，如發生本保險單項下負責賠償的損失事或事故，應立即通知本公司下述代理人查勘。
In the event of accident whereby loss or damage may result in a claim under this policy immediate notice applying for survey must be given to the company's Agent as mentioned hereunder.

中國人民保險公司長春分公司
THE PEOPLE'S INSURANCE CO. OF CHINA CHANGCHUN BRANCH

賠款償付地點
Claim payable at _____
日期
DATE _____

四、保險索賠

當進出口貨物遭受承保險責任範圍內的損失時，具有保險利益的人應在分清責任的基礎上確定索賠對象，備好索賠單證，並在索賠時效內（一般為兩年）向相關保險公司提出賠償要求。

被保險人在索賠時必須履行如下手續及義務：

(1) 損失通知。
(2) 申請檢驗。
(3) 向有關責任方索賠，及時以書面形式向責任方提出索賠，並保留追償權利。
(4) 採取施救措施，防止或減少損失。
(5) 備妥索賠單證，包括檢驗報告、保險單或保險憑證正本、運輸單據、發票、裝箱單或重量單、貨損貨差證明等。

案例討論 5-5

中國某外貿公司向日、英兩國商人分別以 CIF 和 CFR 價格出售蘑菇罐頭，有關被保險人均辦理了保險，貨自起運地倉庫運往裝運港途中均遭受損失。

請問：在這兩筆交易中各自由誰辦理保險手續？貨損各由誰承擔？由誰向保險公司辦理索賠手續？

知識

代位追償

所謂代位追償（Subrogation），是指當保險標的發生了保險責任範圍內的由第三者造成的損失，為防止被保險人雙重獲益，保險人向被保險人履行了損失賠償的責任后，有權在其已賠付的金額限度內取得被保險人在該項損失中向第三者責任方要求索賠的權利，即可站在被保險人的地位上向責任方進行追償。具體做法是被保險人在獲得賠償的同時簽署一份權益轉讓書，作為保險人取得代位權的證明，保險人便可憑以向第三者責任方進行追償。

五、買賣合同中的保險條款

保險條款是國際貨物買賣合同的重要組成部分之一，必須訂得明確、合理。保險條款的內容依所選用的不同的貿易術語而有所區別。採用不同的貿易術語，辦理投保的人就不同。

以 FOB、FCA、CFR、CPT 條件成交的出口合同，保險條款可訂為「保險由買方負責」（Insurance: To be covered by the Buyers.）。

以 CIF 或 CIP 條件成交的出口合同，條款內容要明確規定由誰辦理保險，按何種保險條款及保險險別投保，保險金額是多少等。保險條款可訂為「保險由賣方按發票金額的 110%投保一切險和戰爭險，以 1981 年 1 月 1 日中國人民保險公司海洋運輸貨物保險條款為準」（Insurance is to be covered by the sellers for 110% of the invoice value against All Risks and War Risk as per Ocean Marine Cargo Clauses of the People's Insurance Company of China dated Jan. 1, 1981)。

如國外客戶要求按英國的《協會貨物條款》或其他保險條款進行投保，只要我方保險公司可以承保，出口企業可以接受即可，但應在合同中加以明確。

> 工作提示：
> 請根據貨物的性質、運輸方式、成交的國家地區和運輸的方式路線選擇合適的險別投保，投保險別的選擇和處理保險索賠事宜的能力也是做好外貿工作的一項重要技能。

項目小結

（1）海上貨物運輸的承保範圍包括風險、損失和費用三部分。海上運輸風險主要分為海上風險和外來風險；海上損失主要分為全部損失和部分損失；費用主要指施救費用和救助費用。

（2）中國海洋運輸所承保的險別分為基本險別和附加險別兩類。基本險別有平安險、水漬險和一切險三個險種。協會貨物條款主要包括 ICC（A）、ICC（B）、ICC（C）和協會戰爭險、協會罷工險和惡意損害險六種。

（3）中國國際貨物運輸保險的步驟分為選擇保險險別、確定保險金額、辦理投保和交付保險費、取得保險單據、保險索賠。

項目演練

一、判斷題

1. 海上保險業務的意外事故僅局限於發生在海上的意外事故。　　　　（　　）
2. 保險利益是投保人所投保的保險標的。　　　　　　　　　　　　　（　　）
3. 我方某公司按 CFR 貿易術語進口時，在國內投保了一切險，保險公司的責任起訖應為「倉至倉」。　　　　　　　　　　　　　　　　　　　　　　　　　（　　）
4. 托運出口玻璃製品時，被保險人在投保一切險后，還應加保破碎險。（　　）
5. 保險公司對陸運戰爭險的承保責任起訖與海運戰爭險的承保責任都是「倉至倉」。
　　　　　　　　　　　　　　　　　　　　　　　　　　　　　　　（　　）
6. 我方某公司進口貨物一批，投保一切險，貨物在海運途中部分被火焚。經查，一切險中 11 種附加險並無火險。對此損失保險公司不承擔責任。　（　　）
7. 如果被保險貨物運達保險單所載明的目的地，收貨人提貨後即將貨物轉運，則保險公司的保險責任到達保單規定的目的地倉庫時中止。　　　　　（　　）
8. 海運提單的簽發日期應早於保險單的簽發日期。　　　　　　　　　（　　）

二、單項選擇題

1. 在海洋運輸貨物保險業務中，共同海損（　　）。
   A. 是部分損失的一種　　　　　　B. 是全部損失的一種
   C. 有時為部分損失，有時為全部損失　D. 是推定全損

2. 根據中國「海洋貨物運輸保險條款」規定，「一切險」包括（　　）。
   A. 平安險加 11 種一般附加險　　B. 一切險加 11 種一般附加險
   C. 水漬險加 11 種一般附加險　　D. 11 種一般附加險加特殊附加險

3. 按國際保險市場慣例，投保金額通常在 CIF 總值的基礎上（　　）。
   A. 加一成　　B. 加二成　　C. 加三成　　D. 加四成

4. 「倉至倉」條款是（　　）。
   A. 承運人負責運輸起訖的條款　　B. 保險人負責保險責任起訖的條款
   C. 出口人負責繳獲責任起訖的條款　D. 進口人負責付款責任起訖的條款

5. 我方某公司出口稻穀一批，因保險事故被海水浸泡多時而喪失其原有用途，貨到目的港后只能低價出售，這種損失屬於（　　）。
   A. 單獨損失　　B. 共同損失　　C. 實際全損　　D. 推定全損

6. 某批出口貨物投保了水漬險，在運輸過程中由於雨淋致使貨物遭受部分損失，這樣的損失保險公司將（　　）。
   A. 負責賠償整批貨物
   B. 負責賠償被雨淋濕的部分
   C. 不給予賠償
   D. 在被保險人同意的情況下，保險公司負責賠償被雨淋濕的部分

7. 有一批出口服裝在海上運輸途中因船體觸礁導致服裝嚴重受浸，如果將這批服裝漂洗後再運至原定目的港所花費的費用已超過服裝的保險價值，這批服裝應屬於（　　）。
   A. 共同海損　　B. 實際全損　　C. 推定全損　　D. 單獨海損

8. 我方某公司按 CIF 條件成交一批罐頭食品，賣方投保時，按下列（　　）投保是正確的。
   A. 平安險+水漬險　　　　B. 一切險+偷竊提貨不著險
   C. 水漬險+偷竊提貨不著險　D. 平安險+一切險

9. CIF 合同的貨物在裝船后因火災被焚，應由（　　）。
   A. 賣方承擔損失　　　　B. 賣方負責請求保險公司賠償
   C. 買方負責請求保險公司賠償　D. 承擔運費的一方賠償

10. 某公司按 CIF 出口一批貨物，但因海輪在運輸途中遇難，貨物全部滅失，買方（　　）。
    A. 可借貨物未到岸之事實而不予付款　B. 應該憑賣方提供的全套單據付款
    C. 可以向承運人要求賠償　　　　　　D. 由銀行決定是否付款

三、多項選擇題

1. 海上貨物保險中，除合同另有約定外，以下（　　）原因造成貨物損失，保險人不予賠償。
   A. 交貨延遲　　　　　　　　B. 被保險人的過失
   C. 市場行情變化　　　　　　D. 貨物自然損耗

2. 出口茶葉，為防止運輸途中串味，辦理保險時，應投保（　　）。
   A. 串味險　　　　　　　　　B. 平安險加串味險
   C. 水漬險加串味險　　　　　D. 一切險

3. 根據中國海洋運輸保險條款規定，以下屬於一般附加險的是（　　）。
   A. 短量險　　　　　　　　　B. 偷竊提貨不著險
   C. 交貨不到險　　　　　　　D. 串味險

4. 中國海上貨物保險的基本險種包括（　　）。
   A. 平安險　　B. 戰爭險　　C. 水漬險　　D. 一切險

5. 在中國海洋運輸貨物保險業務中，下列（　　）險別均可適用「倉至倉」條款。
   A. ALL RISKS　　B. WA or WPA　　C. FPA　　D. WAR RISK

6. 在發生以下（　　）的情況下，可判定貨物發生了實際全損。
   A. 為避免實際全損所支出的費用與繼續將貨物運抵目的地的費用之和超過了保險價值
   B. 貨物發生了全部損失
   C. 貨物完全變質
   D. 貨物不可能歸還被保險人

7. 某載貨船只載著甲貨主的 3000 箱棉織品、乙貨主的 50 公噸小麥、丙貨主的 200 公噸大理石駛往美國紐約。貨輪起航的第二天不幸遭遇觸礁事故，導致船底出現裂縫，海水入侵嚴重，使甲貨主的 250 箱棉織品和乙貨主的 5 公噸小麥被海水浸濕。因裂口太大，船長為解除船、貨的共同危險，使船舶浮起並及時修理，下令將丙貨主的 50 公噸大理石拋入海中，船舶修復后繼續航行。貨輪繼續航行的第三天又遭遇惡劣氣候，使甲貨主另外 50 箱貨物被海水浸濕。下列說法中（　　）是正確的。
   A. 因觸礁而產生的船底裂縫及甲、乙貨主的貨物損失屬於單獨海損
   B. 使船舶浮起並及時修理而拋入海中的丙貨主損失屬於共同海損
   C. 因惡劣氣候導致的甲貨主 50 箱貨物的損失屬於單獨海損
   D. 本案例中各貨主都投保了平安險，保險公司將對以上 A、B、C 損失給予賠償

8. 共同海損與單獨海損的區別是（　　）。
   A. 共同海損屬於全部損失，單獨海損屬於部分損失
   B. 共同海損由保險公司負責賠償，單獨海損由受損方自行承擔
   C. 共同海損是為了解除或減輕風險而人為造成的損失，單獨海損是承保範圍

內的風險直接導致的損失
D. 共同海損由受益方按受益大小的比例分攤，單獨海損由受損方自行承擔
9. 以下屬於海上風險的有（　　）。
A. 雨淋　　　　B. 地震　　　　C. 失火　　　　D. 銹損
10. 共同海損的構成條件有（　　）。
A. 必須確有共同危險
B. 採取的措施是有意的、合理的
C. 犧牲和費用的支出是非常性質的
D. 構成共同海損的犧牲和費用的開支最終必須是有效的

四、案例分析題

1. 我方某公司向澳大利亞出口坯布100包，我方按合同規定投保水漬險。貨在運輸途中艙內食用水管漏水，致使該批坯布中的30包水漬。對此損失應該向保險公司索賠還是向船方索賠？

2. 某貿易商（賣方）與保險人簽訂了海上貨物運輸保險合同，保險金額為67英鎊，投保險別為ICC（A）險及戰爭險。航程為新加坡至美國芝加哥。承運人為貿易商簽發了新加坡至芝加哥的全程提單。該提單記載的托運人為該貿易商，收貨為美國的H公司。貨物到達舊金山港後，改由鐵路將貨物運往芝加哥。貨到達芝加哥後，H公司持鐵路運單要求提貨。由於鐵路運單上的收貨人為H公司，於是承運人在未收回全程提單的情況下，將貨物交給了H公司。賣方在買方遲遲不付款的情況下，委託他人在芝加哥提貨。提貨無果的情況下，向保險人以「提貨不著」為由提出索賠。保險人則堅持貨物已被收貨人提走，不存在「提貨不著」，對此拒賠。試分析保險人拒絕賠償是否有理。

3. 2012年4月，中國T公司向荷蘭M公司出售一批紙箱裝貨物，以FOB條件成交，目的港為鹿特丹港，由M公司租用H遠洋運輸公司的貨輪承運該批貨物。5月15日在青島港裝船。船方發現其中有28箱貨外表有不同程度的破碎，於是大副批註「該批貨物有28箱外表破碎」。當船方簽發提單，欲將該批註轉註提單時，賣方T公司反覆向船方解釋說買方是老客戶，不會因為一點包裝問題提出索賠，同時出具保函：「若收貨人因包裝破碎貨物受損為由向承運人索賠時，由我方承擔責任。」船方接受了上述保函，簽發了清潔提單。經過一個月航行，載貨船到達鹿特丹港，收貨人發現40多箱包裝嚴重破碎，於是以貨物與清潔提單記載不符為由，向承運人提出索賠。此後，承運人憑保函向賣方T公司要求償還已賠付20萬元的損失，但T公司以裝船時僅有28箱包裝破碎，拒絕償還余下的10余箱損失，於是承運人與賣方之間又發生了爭執。請問：憑清潔保函換取清潔提單，承運人與賣方面臨著什麼隱含風險？

五、實務操作題

1. 中國A公司與某國B公司於2012年5月20日簽訂購買50,000噸化肥的CFR合同。A公司開出信用證規定，裝船期限為10月1日至10日，由於B公司租來運貨的

「雄獅號」在開往某外國港口運貨途中遇到颱風，結果裝貨至10月20日才完成。承運人在取得B公司出具的保函的情況下，簽發了與信用證一致的提單。「雄獅號」於10月21日駛離裝運港。A公司為這批貨物投保了水漬險。但不幸的是，10月30日「雄獅號」途經達達尼爾海峽時起火，造成部分化肥被燒毀。船長在命令救火過程中又造成部分化肥被濕毀。由於船在裝貨港口延遲，使該船到達目的地時趕上了化肥價格下跌，A公司在出售余下的化肥時，價格不得不大幅度下降，給A公司造成很大損失。

請對以下問題進行分析：

(1) 途中燒毀的化肥損失屬於什麼損失，應由誰承擔？為什麼？
(2) 途中濕毀的化肥損失屬於什麼損失，應由誰承擔？為什麼？
(3) A公司是否向承運人追償由於化肥價格下跌造成的損失？為什麼？
(4) 承運人可否向托運人B公司追償責任？為什麼？

2. GUANGDONG TRADING COMPANY 向英國 ABC 貿易公司出口 PLASTIC TOYS（塑料玩具）共2400件，每件20美元 CIF 倫敦，紙箱包裝，每箱12件。合同規定投保中國人民保險公司海洋貨物運輸的一切險和戰爭險，嘜頭為：

    ABC
    LONDON
    NOS：1-200
    MADE IN CHINA

該貨物於2012年5月20日在廣州裝「東方紅」號輪船。目的港保險代理人為 LIBERTY MUTUAL INSURANCE COMPANY, LONDON TEL 333-6666。請根據以上條件，用英文繕制一份保險單。

項目六 國際貿易貨款結算條款

項目導讀

國際結算（International Settlement）是通過某種支付工具和支付方式辦理貨幣收付以結清國家之間的債權債務關係的經濟活動。國際貨款的結算在一筆具體的國際貿易交易中屬於買賣雙方的基本權利和義務之一，是非常重要的一個業務環節。國際結算將直接影響到雙方的資金週轉和融通以及各種金融風險和費用的負擔，關係到買賣雙方切身利益的問題。因此，在進行貿易磋商活動時，買賣雙方都將極力爭取有利於自身的結算條件。為了準確制定合適的國際貿易貨款結算條款，本項目將圍繞國際貿易結算工具、國際貿易常用結算方式、不同結算方式的選擇與組合等內容進行分析並輔以相應的訓練。

任務一　國際貨款支付工具

任務目標

- 掌握三種票據的含義、基本內容及種類
- 重點掌握匯票的當事人及使用規定

任務引入

2013 年 5 月 16 日，甲公司向乙公司銷售某商品 180 萬噸，價值 650 萬美元，5 月 18 日由乙開給甲一張以丙為付款人、甲為收款人的指示性抬頭遠期匯票，匯票金額為 650 萬美元，付款日期為 2013 年 8 月 10 日。6 月 5 日，甲將其背書轉讓給丁，丁於匯票到期日向丙提示請求付款，但遭拒付。丁於是將拒付事實通知甲和乙，並做拒付通知後向乙行使追索權，但乙以收到貨物與合同不符拒付。

討論題：

（1）請問乙的做法是否正確，為什麼？
（2）此事應由誰負責？正確的處理方法是什麼？

知識內容

傳統貿易所採用的主要支付工具是貨物（易貨貿易），隨著貿易的發展，產生了貨幣，黃金和白銀成為支付工具。但是當大規模的國際貿易展開后，數額巨大的貨幣跨國之間運送是一般商人無法實現的。於是，人們開始採用新的支付工具——票據，借助於銀行的仲介作用，實行非現金結算。

廣義的票據泛指商業上的權利憑證，即賦予持有人一定權利的憑證（如提單、股票、債券等）。狹義的票據是指以支付一定金額為目的，可以流通轉讓的有價證券。國際貿易中通常所說的票據即狹義的票據，主要包括匯票、本票和支票。其中，匯票的使用最為廣泛。

一、匯票

（一）匯票的含義

匯票（Bill of Exchange，Draft）是國際結算中常見的一種票據，是指一人向另一人出具的無條件書面命令，要求對方見票時或在某一規定的時間或可以確定的時間，向某一特定人或其指定人或持票人支付一定金額的無條件書面支付命令。

《中華人民共和國票據法》第十九條規定：「匯票是出票人簽發的，委託付款人在見票時或者在指定日期無條件支付確定的金額給收款人或者持票人的票據。」

（二）匯票的基本內容

根據各國票據法的相關規定，匯票的項目必須齊全，否則受票人有權拒付。《中華人民共和國票據法》第二十二條規定，匯票必須記載下列事項：

(1) 表明「匯票」的字樣；
(2) 無條件支付的委託；
(3) 確定的金額，如匯票上不允許出現「付人民幣拾萬元左右」等不確定的記載；
(4) 付款人名稱；
(5) 收款人名稱；
(6) 出票日期；
(7) 出票人簽章，匯票必須有出票人的簽名、蓋章或簽名加蓋章方能生效。

匯票上未記載以上規定事項之一的，匯票無效。

上述內容為匯票的必要事項，但並不是匯票的全部事項。例如，匯票還包括出票條款、匯票編號、出票地點、利息和利率、「付一不付二」或「付二不付一」等一些記載事項。在國際貿易中，匯票成立與否，一般是根據出票地點法律來裁決。

匯票式樣如圖 6-1 所示：

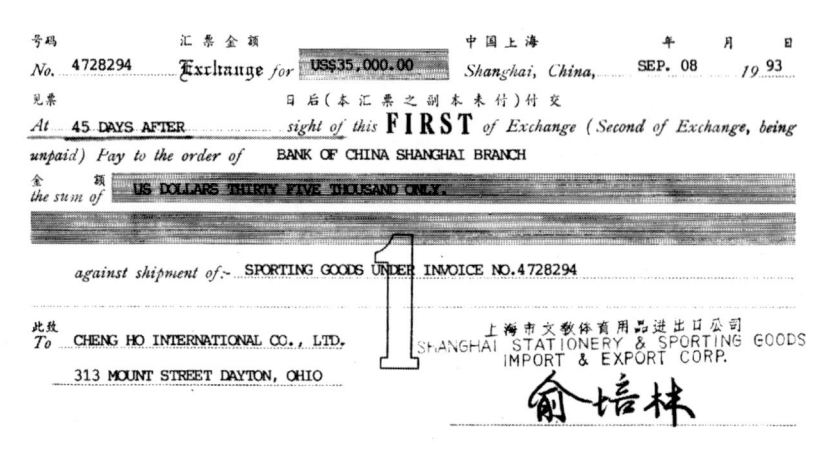

圖 6-1　匯票的樣本

小思考 6-1

請閱讀匯票，指出匯票的必要項目及其他項目。

知識

匯票的收款人

收款人也稱抬頭，是匯票出票時記載的債權人，可以表示為：

(1) 空白抬頭，也稱為來人抬頭。這類抬頭的匯票不需背書，持票人憑交付即可轉讓匯票的權利。例如，Pay to bearer / holder。有時儘管有具體的名稱，但只要有

「bearer」出現，即為空白抬頭。

(2) 限制性抬頭。這類抬頭的匯票不得轉讓他人，只有票面上的收款人才有權取得票款。例如，Pay to John Smith only。

(3) 指示性抬頭。這類抬頭的匯票可通過背書或交付的方式轉讓。這種抬頭在實務中較多見。例如，Pay to the order of A Co. 或 Pay to A Co. or order.。

(三) 匯票的種類

1. 按照出票人的不同，匯票可分為銀行匯票和商業匯票

銀行匯票（Banker's Bill）指出票人和付款人都是銀行的匯票。

商業匯票（Commercial Bill）指出票人是工商企業或個人，付款人可以是工商企業或個人，也可以是銀行的匯票。由於銀行的信用高於一般的公司或個人的信用，所以銀行匯票比商業匯票更易於流通轉讓。

2. 按照是否附有貨運單據，匯票可分為光票和跟單匯票

光票（Clean Bill）指不附帶貨運單據的匯票。在國際貿易結算中一般用於貿易從屬費用、貨款尾數、佣金等的收取或支付。

跟單匯票（Documentary Bill）指附帶貨運單據的匯票。與光票相比較，跟單匯票除了票面上當事人的信用以外，還有相應物資做保障，因此該類匯票流通轉讓性能較好。

3. 按照付款時間的不同，匯票可分為即期匯票和遠期匯票

即期匯票（Sight Bill or Demand Draft）指見票即付的匯票，包括票面上記載「At Sight / On Demand」字樣的匯票，提示匯票即是「見票」；票面上沒有記載到期日的匯票，各國一般認為其提示日即到期日，因此也就是見票即付。

遠期匯票（Time Bill / Usance Bill）指規定付款到期日在將來某一天或某一可以確定日期的匯票。對遠期匯票的付款時間有以下幾種規定：

(1) 見票后若干天付款（At XX days after sight）；

(2) 出票后若干天付款（At XX days after date of draft）；

(3) 提單簽發后若干天付款（At XX days after date of bill of lading）；

(4) 貨物到達后若干天付款（At XX days after date of arrival of goods）；

(5) 指定日期付款（Fixed date）。

4. 按照承兌人的不同，匯票可分為銀行承兌匯票和商業承兌匯票

銀行承兌匯票（Banker's Acceptance Bill）指由銀行承兌的遠期匯票，是建立在銀行信用基礎之上的。

商業承兌匯票（Trader's Acceptance Bill）指由個人商號承兌的遠期匯票，是建立在商業基礎之上的。由於銀行信用高於商業信用，因此銀行承兌匯票在市場上更易於貼現，流通性強。應注意，銀行承兌匯票不一定是銀行匯票，因為銀行承兌的匯票有可能是銀行匯票也有可能是商業匯票。

5. 按照流通領域的不同，匯票可分為國內匯票和國際匯票

國內匯票（Domestic Bill）指匯票的出票人、付款人和收款人三個基本當事人的居

住地同在一個國家或地區，匯票流通局限在同一個國家境內。

國際匯票（International Bill）指匯票出票人、付款人和收款人的居住地中至少涉及兩個不同的國家或地區，尤其是前兩者不在同一國，匯票流通涉及兩個國家或地區。國際結算中使用的匯票多為國際匯票。

小思考 6-2
由出口商簽發的要求銀行付款的匯票不可能是什麼匯票？

（四）匯票的使用

匯票的使用就是匯票的處理手續，主要包括出票、提示、承兌、付款、背書、拒付與追索等。

1. 出票

出票（Issue）是指出票人簽發匯票並將其交付給收款人的票據行為。出票是主票據行為，離開出票就不可能有匯票的其他行為。一個有效的出票行為包括如下兩個動作：

（1）制成匯票並簽字；

（2）將制成的匯票交付給收款人。

這兩個動作缺一不可。出票創設了匯票的債權，收款人持有匯票就擁有債權，包括付款請求權和追索權。

2. 提示

提示（Presentation）是指持票人將匯票提交給付款人，要求付款人按匯票指示履行承兌或付款義務的行為。有了提示行為才能實現收款人的收款權利。提示的形式有付款提示和承兌提示兩種類型。

（1）付款提示是指持票人在即期或遠期匯票到期日向付款人出示票據要求其付款的行為。匯票、本票和支票都需要有付款提示行為。

（2）承兌提示是指持票人在票據到期前向付款人出示票據，要求其承兌或承諾到期付款的行為。提示承兌只是針對遠期匯票而言，即期匯票、本票和支票沒有提示承兌行為。

3. 承兌

承兌（Acceptance）是指遠期匯票的受票人在票面上簽字以表示同意按出票人的指示到期付款的行為。承兌行為的完成包括如下兩個動作：

（1）受票人寫上「承兌」字樣，並註明日期和簽名；

（2）將承兌的匯票還給持票人或另制承兌通知書給持票人。

受票人通過在匯票正面簽字，確認了他到期付款的責任，受票人承兌匯票后成為承兌人。在匯票承兌后，承兌人是該票據的主債務人，他要對所承兌的票據的文義負責，到期履行付款責任。出票人則由匯票被承兌前的主債務人變為從債務人。對於持票人而言，匯票承兌后，其收款就有了肯定的保證，匯票的流通性增強了。

4. 付款

付款（Payment）是即期匯票的付款人和遠期匯票的承兌人接到付款提示時，履行

付款義務的行為。持票人獲得付款時，應在匯票上簽收，並將匯票交給付款人存查。匯票一經付款，匯票上的債權債務即告結束。

5. 背書

背書（Endorsement）是指持票人在票據背面簽字，以表明轉讓票據權利的意圖，並交付給被背書人的行為。背書是指示性抬頭的票據交付轉讓前必須完成的行為。背書包括如下兩個動作：

（1）在票據背面或粘單上記載有關事項並簽名，根據《中華人民共和國票據法》的規定，背書必須記載簽章、背書日期、被背書人名稱等事項；

（2）交付給被背書人或「后手」。

背書后，原持票人成為背書人，擔保受讓人所持匯票得到承兌和付款，否則受讓人有權向背書人追索清償債務。與此同時，受讓人成為被背書人，取得了匯票的所有權，可以再背書再轉讓，直到付款人付款把匯票收回。對於受讓人來說，在他前面的所有背書人和出票人都是他的「前手」；對於出讓人來說，在他後面的所有受讓人都是他的「后手」。「后手」有向「前手」追索的權利。匯票轉讓次數越多，為匯票權利進行擔保的人也越多。

背書的方式主要有三種：

（1）記名背書。記名背書指匯票背面既有背書人簽名，又有被背書人簽名。這種背書受讓人可繼續背書將匯票轉讓。例如，「Pay to the order of Henry Brown」。

（2）空白背書。空白背書也稱不記名背書，票據背面只有背書人名稱而無受讓人簽名。此類背書只憑交付即可轉讓。

（3）限制性背書。限制性背書即不可轉讓背書。背書人進行背書時，在被背書人名字后面加註「不得轉讓」字樣。例如，「Pay to the order of Henry Brown only」。

6. 拒付

持票人提示匯票要求承兌時，遭到拒絕承兌或持票人提示匯票要求付款時，遭到拒絕付款，均稱為拒付（Dishonor），也稱退票。某些有條件承兌、拒絕付款、拒絕承兌、付款人死亡、破產、失去支付能力、避而不見等都要退票。

持票人在遭遇退票時，可以把被付款人拒付的情況通知前手，做成退票通知（Notice of Dishonor），目的是讓匯票的債務人及早瞭解拒付事實，以便做好被追索的準備；還可以通過公證機構做成拒絕證書（Protest）。拒絕證書是由拒付地點的法定公證人做出的證明拒付事實的法律文件。英國《票據法》規定，外國匯票在拒付後，持票人須在退票後一個營業日內做成拒絕證書。

7. 追索

追索（Recourse）指匯票遭拒付時，持票人要求其前手背書人或出票人或其他票據債務人償還匯票金額及費用的行為。持票人所擁有的這種權利就是追索權（Right of Recourse）。追索的對象一般是持票人直接前手，但按各國法律，持票人也可以不按票據債務人的先後順序，對其中一人、數人或者全體行使追索權。被追索人清償債務后，即享有持票人的權利，可再向其他匯票債務人進行追索。

案例討論 6-1

出票人甲將票據交付給收款人乙，乙通過背書將票據轉讓給丙，丙又將票據轉讓給丁，丁又將票據轉讓給戊，戊為最後持票人。

請問：

(1) 在這一系列的當事人之間，誰是票據上的前手和後手？

(2) 這樣的區分有何意義？

二、本票

(一) 本票的含義

本票（Promissory Note）是指一人向另一人簽發的，保證即期或定期或在可以確定的將來的時間，對某人或其指定人或持票人支付一定金額的無條件書面承諾。中國《中華人民共和國票據法》第七十三條規定：「本票是出票人簽發的，承諾自己在見票時無條件支付確定的金額給收款人或者持票人的票據。」

(二) 本票的基本內容

各國票據法對其本票所含事項的規定各有不同。根據《中華人民共和國票據法》第七十六條的規定，本票必須記載下列事項，否則無效：

(1) 記載表明「本票」的字樣；

(2) 無條件支付的承諾；

(3) 確定的金額；

(4) 收款人姓名；

(5) 出票日期；

(6) 出票人簽章。

本票式樣如圖 6-2 所示：

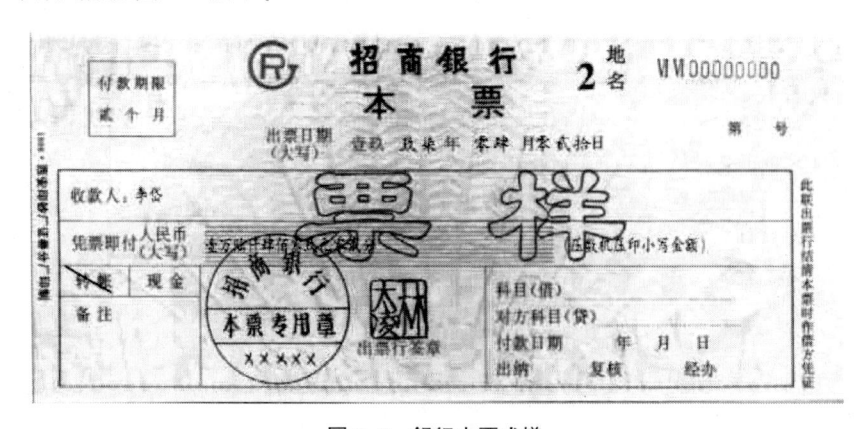

圖 6-2　銀行本票式樣

(三) 本票的種類

按簽發人身分的不同，本票分為商業本票和銀行本票。

商業本票（Trader's Note）是工商企業或個人簽發的本票。商業本票是建立在商業信用基礎上，由於本票的制票人對本票金額負有絕對的付款責任，而制票人的付款能力又缺乏有效的保證，所以其使用範圍漸漸縮小。現在中小企業幾乎沒有人接受且很少簽發本票。

商業本票按期限可分為遠期本票和即期本票。目前在國際貿易中，遠期商業本票一般用於出口買方信貸，當出口國銀行把資金貸放給進口國的商人以支付進口貨款時，往往要求進口商開立分期付款的本票，經進口國銀行背書保證后交貸款銀行收執，這種本票不具有流通性，僅作為貸款憑證。

銀行本票（Banker's Note）是由商業銀行簽發的本票。《中華人民共和國票據法》所稱本票僅限於銀行本票，且為了正常的經濟秩序，有利於國家實行有效的金融管理和宏觀調控，還特別規定，銀行本票的「出票人資格必須由中國人民銀行審定」。

本票自出票日起，付款期限最長不超過兩個月。

小思考 6-3

試比較本票與匯票的區別。

三、支票

（一）支票的含義

支票（Cheque，Check）是以銀行為付款人的即期匯票。支票是銀行存款人（出票人）對銀行（付款人）簽發的授權銀行對某人或其指定人或持票人即期支付一定金額的無條件書面命令。《中華人民共和國票據法》第八十二條規定：「支票是出票人簽發的，委託辦理支票存款業務的銀行或者其他金融機構在見票時無條件支付確定的金額給收款人或者持票人的票據。」

支票的出票人必須在付款銀行有存款，其簽發支票的票面金額不得超過其在銀行的存款。凡票面金額高於其在銀行存款的支票，稱為空頭支票。空頭支票的持有人向付款銀行提示支票要求兌付時會遭到拒絕，支票的出票人也要負法律責任。

（二）支票的基本內容

各國票據法對其支票所含事項的規定各有不同。根據《中華人民共和國票據法》第八十五條的規定，支票要求具備以下必要項目：

（1）表明「支票」的字樣；
（2）無條件支付的委託；
（3）確定的金額；
（4）付款人名稱；
（5）出票日期；
（6）出票人簽章。

支票式樣如圖 6-3 所示：

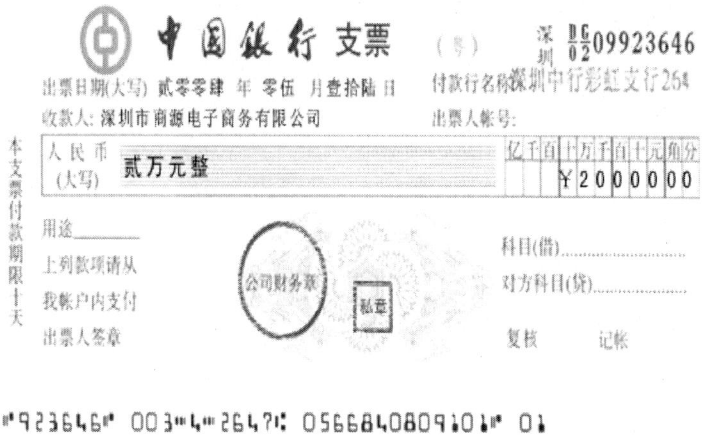
中国银行 支票 （粤） 深圳 DG 02 09923646

出票日期(大写) 贰零零肆 年 零伍 月壹拾陆 日 付款行名称:深圳中行彩虹支行264

收款人: 深圳市商源电子商务有限公司 出票人帐号:

本支票付款期限十天

人民币（大写） 贰万元整

亿千百十万千百十元角分 ¥2000000

用途

上列款项请从我帐户内支付

出票人签章

公司财务章 私章

科目(借)

对方科目(贷)

复核 记帐

圖 6-3　支票式樣

（三）支票的種類

1. 依收款人記載的不同，支票可分為記名支票和不記名支票

（1）記名支票（Cheque Payable to Order）是指在收款人一欄寫明具體的收款人姓名的支票。記名支票經有關當事人背書后便可進行流通與轉讓。

（2）不記名支票（Cheque Payable to Bearer）又稱來人支票，其收款人一欄不寫明具體的收款人姓名的支票。不記名支票憑交付即可轉讓。銀行對持票人獲得支票是否合法不負責任。

2. 依使用方式的不同，支票可分為一般支票和劃線支票

（1）一般支票（General Cheque）又稱公開支票，該類支票上不帶劃線，持票人可以憑其向銀行提取現金，也可以委託銀行收款入帳。

（2）劃線支票（Crossed Cheque）又稱平行線支票，即票面上有兩條平行劃線的支票。劃線支票只能通過銀行轉帳劃撥。

3. 依是否有他人保付，支票可分為保付支票和不保付支票

保付支票（Certified Cheque）即由付款行在支票上加蓋「保付（CERTIFIED）」戳記並簽字的支票。這時付款行就成為保付行，持票人可以不受付款提示期的限制，保付行承擔絕對的付款責任，其他債務人可以一概免責。保付支票相當於得到付款行的付款確認，具有更好的信譽，更便於流通。不保付支票即普通的未經銀行保付的支票。

小思考 6-4

下列三種支票都能轉讓嗎？轉讓時需要什麼手續？

（1）Pay to ABC Co. only

（2）Pay to the order of ABC Co.

（3）Pay to bearer

任務二　匯款和托收結算方式

任務目標

- 掌握匯款的定義、種類及國際貿易中的應用
- 掌握托收的定義、種類及風險分析
- 制定合同的匯款支付條款和托收支付條款

任務引入

廣州約克貿易有限公司與法國 H 公司達成一批紡織品出口交易，由於當地紡織品競爭激烈，雙方達成以貨到 T/T 方式付款。賣方在完成裝運后將海運提單傳真給法國 H 公司，很快收到 15,000 美元的貨款。鑒於第一單非常順利，一個月后買方返單並要求繼續以 T/T 方式付款，賣方同意在四個月內連續三次返單，總值 45,000 美元。但后來由於賣方疏忽，出貨后沒有及時追收貨款，同時在買方的要求下，將正本提單郵寄給法國 H 公司，待三票貨物全出運后，過了半年才發現法國 H 公司人去樓空，造成了嚴重的后果。

討論題：

(1) 案例中提到的 T/T 是什麼樣的結算方式？
(2) 導致廣州約克貿易有限公司損失的原因有哪些？

知識內容

國際貨款的支付方式主要有匯款、托收、信用證等，其中信用證方式使用最為普遍。國際貿易中的支付方式按信用的不同，可以劃分為商業信用和銀行信用。匯款和托收這兩種支付方式都是買賣雙方根據合同相互提供信用，故屬於商業信用；信用證則是由銀行向交易的一方提供信用，故屬於銀行信用。

根據資金的流動與結算工具的方向，國際貿易結算方式可分為順匯和逆匯。順匯是資金的流動與結算工具的方向相同，由債務人主動將款項交給本國銀行，委託銀行使用某種結算工具，匯付給國外債權人或收款人；逆匯是指資金的流動與結算工具的方向相反，由債權人以出具債券憑證的方式，委託本國銀行向國外債務人收取款項的結算方式。

一、匯款

(一) 匯款的含義

匯款（Remittance）又稱為匯付，是指付款人或債務人通過銀行或其他途徑，運用各種結算工具將貨款交國外收款人的一種結算方式。

匯款作為國際貿易結算的主要支付方式之一，既能單獨適用，又可與其他結算方式結合適用。既能適用貿易結算，又能適用於非貿易結算。在匯款業務中，債務人主動將資金和匯款申請書交給當地的一家銀行，由其根據債權人的要求，製作付款委託書作為結算工具寄送債權人所在地銀行，同時將資金轉移給該銀行，委託其轉交給債權人。在這一過程中，結算資金的方向與結算工具的傳遞方向相同，屬於順匯結算。

小思考 6-5

請列舉生活中使用匯款的實際例子。

(二) 匯款的當事人

完成一筆匯款業務通常涉及如下四個主要當事人：

1. 匯款人（Remitter）

匯款人指匯出款項的人，在國際貿易中，匯款人通常是進口商。

2. 匯出行（Remitting Bank）

匯出行指受匯款人的委託匯出款項的銀行，通常是進口方所在地銀行。

3. 匯入行（Paying Bank）

匯入行指受匯出行委託解付匯款的銀行，因此又稱解付行，通常是出口地銀行。

4. 收款人（Payee）

收款人指收取款項的人，在進出口交易中通常是出口方。

(二) 匯款的分類

根據匯出行通知匯入行付款的方式，國際間的匯款業務通常可分為電匯、信匯、票匯三種。

1. 電匯（Telegraphic Transfer，T/T）

電匯是匯出行接受匯款人的委託后，拍發加押電報、電傳、SWIFT 方式給在另一國家的分行或代理行（即匯入行）指示解付一定金額給收款人的一種匯款方式。電匯方式的優點是收款人可迅速收到匯款，但費用較高。

2. 信匯（Mail Transfer，M/T）

信匯是匯出行應匯款人的申請，將信匯委託書寄給匯入行，授權解付一定金額給收款人的一種匯款方式。信匯方式的優點是費用較為低廉，但收款人收到匯款的時間較晚。

電匯與信匯方式的流程圖如圖 6-4 所示：

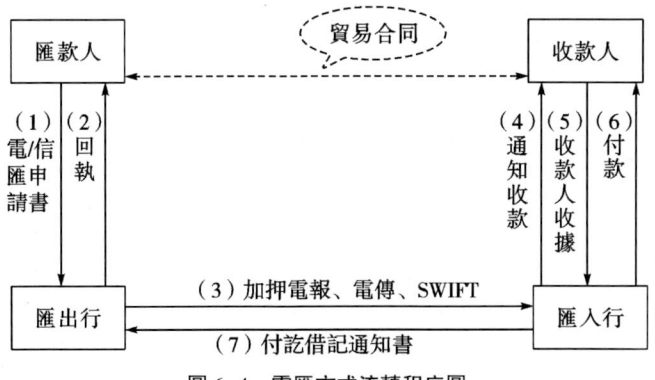

圖 6-4　電匯方式流轉程序圖

3. 票匯（Remittance by Banker's Demand Draft，D/D）

票匯是匯出行應匯款人的申請，代匯款人開立以其分行或代理行為解付行的銀行即期匯票，並交還匯款人，由匯款人設法交給收款人，並憑票取款的匯款方式。收款人拿到票據後可以取款，也可背書轉讓給其他人，具有較強的靈活性。

票匯方式的流程圖如圖 6-5 所示：

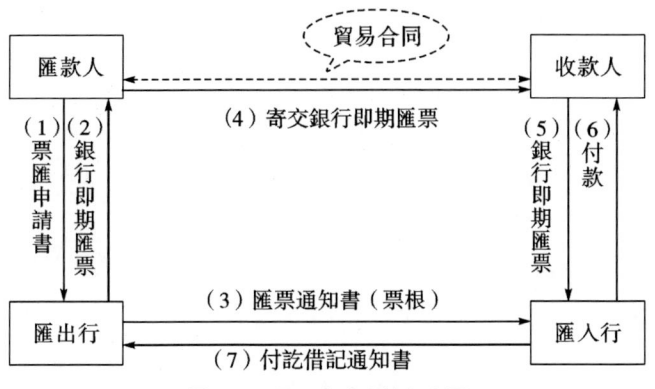

圖 6-5　票匯方式流轉程序圖

小思考 6-6

請比較電匯、信匯、票匯三種方式。

知識

電子郵件（Email）匯款：省時又省力

傳統的匯款業務中，都需要提供收款人的姓名、具體帳戶信息作為標示。這幾年國內外的金融服務中都推出了匯款帳號的替代服務，並不一定需要提供對方的具體帳戶信息，而是使用其他的標示，如電子郵件地址作為代替就可以將資金匯到與之相關聯的帳戶中。收款人收到電子郵件後，可以攜帶身分證件和打印好的電子郵件到銀行網點取款，也可以通過網上銀行系統將匯款轉到自己的帳戶裡。

有業內人士指出，電子郵件匯款產品的流行，正將網絡時代的「簡單生活」理念

注入人們的理財生活。對於匯款人而言,既不需要記憶冗長的收款帳號,也不需要瞭解收款人在哪裡開戶,只要知道收款人的電子郵件地址即可匯款。而對收款人而言,不僅可以保護自己的帳號信息,還能自由選擇收款方式。

(四) 匯款的使用

在國際貿易中,匯款通常是用於預付貨款(Payment in Advance)和貨到付款(Payment After Arrival of Goods)兩種類型。

1. 預付貨款

預付貨款是指進口商先將貨款通過銀行匯交賣方,賣方收到貨款後,根據買賣合同規定,在一定時間內或立即將貨發運至進口商的一種匯款結算方式。預付貨款是對進口方而言的,對出口方來說,就是預收貨款,又稱「先結后出」。

這種方式對賣方最為有利,賣方甚至可以無償占用進口商的資金,做一筆無本生意,根本沒有什麼風險,掌握了貨物出口的主動權。但這種方式對進口商不利,不僅進口商的資金被占用,會造成利息損失,影響自身資金週轉,而且進口商在付款後要承擔不能按時、按量、按質收到合同規定的貨物的風險。

2. 貨到付款

貨到付款是出口商先發貨,進口商收到貨物後,立即或在一定期限內將貨款匯交出口商的一種匯款結算方式。貨到付款實際上是屬於賒帳交易(Open Account Transaction),具有延期付款(Deferred Payment)性質。

貨到付款與預付貨款正好相符,是有利於進口商而不利於出口商的結算方式。在貨到付款下,出口商的資金被占用並承擔進口商不付款或不按時付款的風險,甚至承擔「銀貨兩空」的風險。

小思考 6-7

試分析預付貨款和貨到付款分別適用於什麼業務情形?

(五) 合同中匯款的條款示例

在使用匯款時應明確規定匯款的時間、具體的匯付方式和匯付金額等內容。

買方應不遲於 5 月 20 日將 100%貨款用票匯預付至賣方。

The buyers shall pay 100% of the sales proceeds in advance by Demand Draft to reach the sellers not than May 25.

支付條款:裝運前電匯 30%貨款,其余 70%貨款憑提單副本支付

Payment terms:30% of sales proceeds by T/T before shipment,70% balance against copy B/L.

案例討論 6-2

廣州某公司與德國 A 公司簽訂了一筆 USD40,000 FOB 廣州的出口合同,付款方式是訂單確認后先支付 1000 美元作為訂金,剩餘貨款於貨物裝船前通過電匯(T/T)付清,並且約定客戶將在貨物生產完畢之時來工廠檢驗。我方收到訂金后開始生產,在

貨物即將生產完畢之時通知對方來工廠檢驗。但對方要求貨物在裝運港——廣州港實施檢驗，檢驗合格后，對方卻直接給我方匯豐銀行廣州分行匯票。與此同時，我方瞭解到，船公司是客戶指定的，提單將由船公司直接寄給客戶。

試分析廣州某公司可能遇到的風險或損失。

> 工作提示：
> 匯款屬於商業信用，風險較大，買賣雙方資金負擔不平衡，但使用過程中手續簡單、費用較低，因此在交易雙方互相信任的情況下，採用匯款結算是十分理想的。

二、托收

（一）托收的含義

托收（Collection）是委託收款的簡稱，是指出口人在貨物裝運后，開具以進口人為付款人的匯票（隨附或不隨附貨運單據），委託出口地銀行通過其在進口地的分行或代理行向進口人收取貨款的一種結算方式。托收也屬於商業信用，採用的是逆匯法，即資金的流動方向與支付工具的傳遞方向相反。

（二）托收的當事人

在進出口貿易中，托收方式的基本當事人有委託人、托收行、代收行和付款人。

1. 委託人（Principal）

委託人是指委託銀行辦理托收業務的人。由於委託人通常開出匯票委託銀行向國外付款人代收貨款，因此也稱為出票人，在進出口貿易中，通常為出口商。

2. 托收行（Remitting Bank）

托收行是指接受委託人的委託，代為收取貨款的銀行，一般為出口地銀行。

3. 代收行（Collecting Bank）

代收行是指接受托收行的委託代向付款人收取票款的銀行，一般為進口地銀行，且通常是委託行在進口地的分行或代理行。

4. 付款人（Drawee）

付款人是指匯票中的付款人，也就是代收行向其提示匯票要求付款的債務人，通常為進口商。

除上述基本當事人外，托收業務有時還可能涉及提示行和需要時的代理兩個當事人。

5. 提示行（Presenting Bank）

提示行是指向付款人提示匯票和托收單據的銀行，屬代收行系列。提示行可以是由代收行委託的與付款人有往來帳戶關係的銀行，也可以由代收行自己兼任。

6. 需要時的代理

需要時的代理是指委託人為了防止因付款人拒付而發生無人照料貨物的情形而在付款地事先指定的代理人。這種代理人一般在拒付情況下負責照料貨物存倉、轉售、運回等事宜。

(三) 托收的分類

1. 根據是否隨附貨運單據，托收分為光票托收和跟單托收

(1) 光票托收（Clean Collection）是指出口商只憑金融票據不附有商業票據的托收。光票托收通常用於信用證的餘額結算，也用於代墊費用、佣金、樣品費等的結算。

(2) 跟單托收（Documentary Collection）是指出口商在收取貨款時，憑附有金融單據的商業票據或不附金融單據的商業票據的托收。

2. 根據交單條件不同，跟單托收分為付款交單和承兌交單

(1) 付款交單（Document against Payment，D/P）是指出口商發貨后取得貨運單據，委託銀行代收貨款時，指示銀行只有在進口商付清貨款后才能將商業單據交給進口商。

按付款交單時間不同，付款交單又分為即期付款交單和遠期付款交單。

① 即期付款交單（D/P at Sight）是指出口商發貨后，開具即期匯票，連同商業單據通過銀行向進口商做出提示，進口商審單無誤，見票即付，領取商業單據。即期付款交單的流程如圖 6-6 所示：

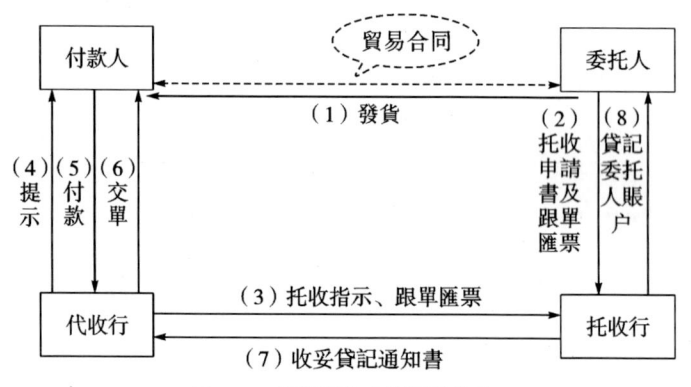

圖 6-6　即期付款交單業務程序

② 遠期付款交單（D/P after Sight）是指出口商發貨后，開具遠期匯票，連同商業單據通過銀行向進口商做出提示，進口商審單無誤后在遠期匯票上辦理承兌手續，於匯票到期日付清貨款后再領取商業單據。遠期付款交單的一般流程如圖 6-7 所示：

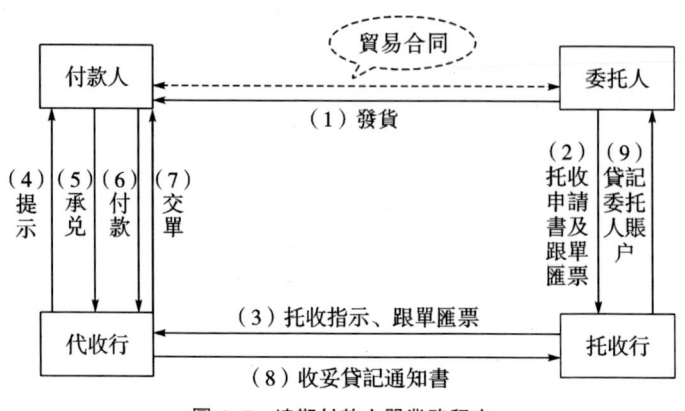

圖 6-7　遠期付款交單業務程序

遠期付款交單下，由於代收行扣壓運輸單據直到遠期匯票到期日，買方付款后才交單，而這時貨物有可能已達目的港（地），買方卻不能提取貨物及時銷售，因此為方便買方融資，有的代收行允許買方憑「信託收據」（Trust Receipt）借單提貨。但是，代收行將承擔買方到期不付款的責任，若賣方允許買方借單提貨，則賣方自己承擔買方到期不付款的責任。

案例討論 6-3

中國某公司向日商推銷某種商品，付款條件為 D/P at Sight，對方答復：「你方如接受 D/P 見票后 60 天付款，並通過 B 銀行代收則可接受」。

試分析日商提出此要求的出發點。

（2）承兌交單（Documents against Acceptance，D/A）是指出口商發貨后，開具遠期匯票，連同商業單據通過銀行向進口商做出提示，進口商審單無誤后立即辦理承兌手續，便可領取商業單據、提取貨物，待遠期匯票到期時再付清貨款。承兌交單只適用於遠期匯票的托收，在這種方式下，出口商已交出了物權憑證，其收款的保障依賴於進口商的信用，一旦進口商到期不付款，出口商便會遭到貨物與貨款全部落空的損失。因此，對這種方式，出口商一般採用很慎重的態度。

承兌交單流程如圖 6-8 所示：

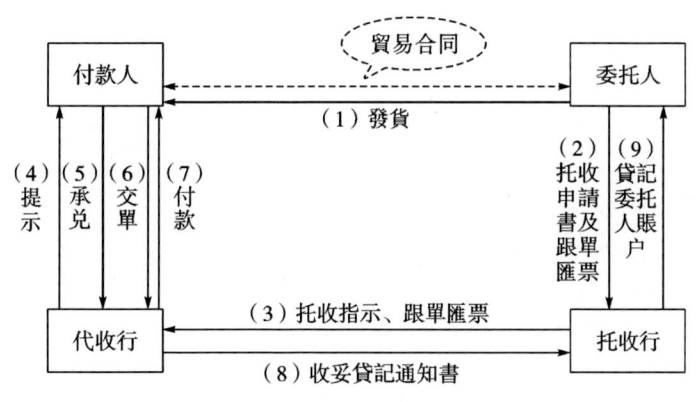

圖 6-8　承兌交單業務程序

（四）托收的風險

托收的風險主要指出口商面臨的風險，主要包括如下內容：

1. 進口商經營風險

進口商經營風險是指來自進口商破產或倒閉以致喪失支付能力的風險。

2. 市場風險

市場風險是指來自國際市場行市下跌，買方借故不履約，拒不付款的風險或進口商利用不贖單給賣方造成被動，借以壓低合同價格的風險。

3. 進口國國家風險

進口國國家風險是指進口國由於政治或經濟的原因，加強外匯管制，使進口商無

法領到進口許可證或申請不到進口所需的外匯，造成進口國無法進口，或不能付款帶來風險。

(五) 托收情況下出口商應採取的防範措施

鑒於托收方式對出口商風險大，為了保證收匯安全，應採取如下相應的防範措施：

1. 加強對進口商的資信調查

托收是出口商先出運商品後收款的結算方式，出口商能否順利地收回貨款完全依賴於進口商的資信狀況，所以出口商必須事先詳細地調查進口商的資信和經營狀況，成交的合同金額不宜超過其經營能力和信用程度。

2. 選擇合理的交單條件

出口商應盡量地選擇即期付款交單方式。如果一定要使用遠期付款交單方式，應把握好付款期限，一般應掌握在不超過從出口地到進口地的運輸時間不宜過長。應盡可能地避免使用承兌交單方式。

3. 選擇好價格條款

應爭取以 CIF 簽訂合同，因為 CIF 項下由賣方投保，萬一貨物出事，買方拒付，出口商仍然掌握貨運單據，控製貨物的所有權，出口商可憑保險單向保險公司索賠，直接獲得賠款，不至於造成重大損失。

4. 瞭解進口國的有關規定

出口商應隨時注意瞭解進口國的有關貿易法令、外管條例等方面的內容，避免貨到目的地不準進口或收不到外匯的損失。

(六) 合同中的托收條款

採用托收方式時，應在合同中明確規定托收種類、進口商的付款責任及付款期限等。

買方根據賣方開具的即期跟單匯票，於見票時立即付款，付款后交單。

Upon first presentation the buyers shall pay against documentary draft drawn by the sellers at sight. The shipping documents are to be delivered against payment only.

買方根據賣方開具的跟單匯票，於見票后 60 天付款，付款后交單。

The buyers shall pay against documentary draft drawn by the sellers at 60days'sight, the shipping documents are to be delivered against payment only.

工作提示：

托收屬於商業信用，是一種有利於進口商而不利於出口商的結算方式。為了確保按時收回貨款，出口商應做好風險防範措施。

任務三　信用證結算方式

任務目標

- 掌握信用證的定義、特點及種類
- 掌握信用證的基本內容及業務流程
- 制定合同中的信用證支付條款

任務引入

某筆進出口業務約定分兩批裝運，支付方式為即期不可撤銷的信用證。第一批貨物發送後，買方辦理了付款贖單手續，但收到貨物後，發現貨物品質與合同嚴重不符，便要求開證行通知議付行對第二批信用證項下的貨運單據不要議付，但開證銀行不予理睬。后來議付行對第二批信用證項下的貨運單據給予議付，議付行議付後，付款行通知買方付款贖單，遭到買方的拒絕。

討論題：
(1) 什麼是議付行？議付行有什麼職能？
(2) 銀行處理方法是否合適？買方應該如何處理？

知識內容

一、信用證概述

（一）信用證的含義

信用證（Letter of Credit, L/C）是銀行（開證行）根據進口商（開證申請人）的請求向出口商（受益人）開出的，保證在一定期限內憑出口商交付的符合信用證規定的單據，保證付款的書面文件。

國際商會在《跟單信用證統一慣例》第二條中規定：信用證指一項不可撤銷的安排，無論其名稱或描述如何，該項安排構成開證行對相符交單予以承付的確定承諾。

簡而言之，信用證是一種銀行向出口方開立的有條件承諾付款的書面文件。

（二）信用證業務的特點

1. 信用證是一種銀行信用，開證銀行負首要付款責任（Primary Liabilities for Payment）

信用證支付方式是由開證銀行以自己的信用做保證，因此作為一種銀行保證文件的信用證，開證銀行對之負的即第一性的付款責任。信用證開證銀行的付款責任不僅是首要的而且是獨立的、終局的。即使進口人在開證後失去償付能力，只要出口人提

交的單據符合信用證條款，開證行也要負責付款，付了款如發現有誤，也不能向收益人和索償行進行追索。

2. 信用證是一項自足文件（Self-sufficient Instrument）

信用證雖然是根據買賣合同開立，單信用證一經開立，就成為獨立於買賣合同以外的約定。《跟單信用證統一慣例》明確規定：「信用證按其性質與憑以開立信用證的銷售合同或者其他合同，均屬不同業務。即使信用證中援引這些合同，銀行也與之毫無關係並不受其約束。」在信用證業務中，當事人只受信用證條款的約束，不受貿易合同條款或開證申請書的約束。

案例討論 6-4

我方某出口公司與美國某公司成交出口女性上衣 600 件。合同規定綠色和紅色面料的上衣按 3：7 搭配，即綠色的 180 件、紅色的 420 件。后我方收到的信用證上又改為紅色的 30%、綠色的 70%。該出口公司仍按合同規定的花色比率裝船出口，遭銀行拒付。

請問：

（1）銀行為什麼拒付？

（2）收到信用證后我方應該如何處理才是正確的？

3. 信用證方式是純單據業務（Pure Documentary Transaction）

根據《跟單信用證統一慣例》第五條的規定，銀行處理的是單據，而不是單據可能涉及的貨物、服務或履約行為。因此，信用證業務是一種純粹的憑單據付款的單據業務。也就是說，只要受益人提交的單據表面上符合信用證的規定，開證行就應承擔付款或承兌的責任，而不管單據的真實性、完整性和準確性，不管貨物是否和合同條款相符。因此，單據成為銀行付款的唯一依據。

銀行處理信用證業務時，只憑單據，不問貨物，只審查收益人所提交的單據是否與信用證條款相符，以決定是否履行付款責任。

(三) 信用證的當事人

信用證涉及的當事人很多，且因具體情況的不同而有差異。一般來說，信用證的基本當事人有四個：開證申請人、受益人、開證行、通知行。在有些類型的信用證業務中，還涉及議付行、付款行、償付行、保兌行等。

1. 開證申請人（Applicant）

開證申請人又稱為開證人（Opener），是指向銀行申請開立信用證的人，一般是進口商或中間商。開證申請人的職責主要有填寫開證申請書，繳納開證手續費和開證保證金，及時付款贖單。

2. 受益人（Beneficiary）

受益人是指信用證上指明有權使用該證並享有權益的人，通常是進口商。受益人的責任是必須提交符合信用證條款規定的全套單據。

3. 開證行（Opening Bank，Issuing Bank）

開證行是指接受開證申請人的委託，代表申請人或根據自身需要開立信用證並承

擔付款責任的銀行，一般是進口地的銀行。開證行通過開證承擔了根據受益人提交的符合信用證規定的單據第一性付款的責任。

4. 通知行（Advising Bank, Notifying Bank）

通知行指受開證行的委託，將信用證轉交或通知受益人的銀行，一般是出口商所在地的銀行，且通常是開證行的代理銀行。通知行除應謹慎核查信用證的表面真實性，並及時、準確地將其通知受益人外，無須承擔其他義務。

5. 議付行（Negotiating Bank）

議付行是指根據開證行的授權買入或貼現受益人提交的符合信用證規定的匯票或單據的銀行。議付行可以是信用證上指定的銀行，也可以是非指定的銀行。若議付行遭開證行拒付，可以向受益人追索。

6. 付款行（Paying Bank）

付款行是指信用證上指定的付款銀行。如果信用證未指定付款銀行，開證行即為付款行。

7. 償付行（Reimbursement Bank）

償付行是指受開證行的委託或授權，對議付行或付款行進行墊款清償的銀行，一般是開證行指定的帳戶行。償付行僅憑索匯行的索匯證明付款，而不受單、不審單，單據仍是寄給開證行。

8. 保兌行（Confirming Bank）

保兌行是指受開證行的請求在信用證上加具保兌的銀行，具有與開證行相同的責任和地位。保兌行對信用證獨立負責，承擔必須付款或議付的責任。在付款或議付後，不論開證行倒閉或無理拒付，保兌行都不能向受益人追索。

二、信用證的主要內容及分類

(一) 信用證的內容

信用證上記載的事項必須明確、完整，否則會導致當事人之間的糾紛。現在各開證行的開證格式，基本參照「最新標準跟單信用證格式」（ICC516）。信用證的基本內容主要包括以下幾個方面：

（1）對信用證本身的說明，如信用證的編號、種類、金額、開證日期、有效日期、交單日期和到期地點等。

（2）信用證的當事人，如開證申請人、受益人、開證行及其指定的通知行、議付行、付款行、償付行、保兌行等的名稱、地址。

（3）有關貨物的描述，如商品的名稱、規格、數量、包裝、單價、總值等。

（4）對運輸的要求，如運輸方式、裝運期限、起運地、目的地、可否分批和中途轉運等。

（5）對單據的要求，對單據的要求包括對匯票的要求，信用證上如規定出口商提交匯票，則應列明匯票的必要項目，如出票人、受票人、期限、主要條款等；對貨運單據的要求，主要是商業發票、提單或運輸單據、保險單證及其他單據。

（6）特別條款，主要是根據進口國的政治、經濟、貿易情況的變化或不同業務需

要規定的一些條款，如要求加具保兌、限制議付、限裝某船或不許裝某船等、限制港口和航線等。

（7）開證行對受益人及匯票持有人保證付款的責任文句以及適用的國際慣例，如「該證受國際商會《跟單信用證統一慣例》第600號出版物的約束」字樣。

(二) 信用證的分類

根據信用證的開立方式與記載內容不同，一般將信用證分為信開本信用證和電開本信用證。

1. 信開本信用證

信開本信用證是指開證行採用印刷的信函格式開立信用證正本一份和副本若干份，航空郵寄給通知行。這種形式現在已經很少使用。

2. 電開本信用證

電開本信用證是指開證行將信用證內容加密押後，通過電報、電傳、傳真等電信工具將信用證傳達給通知行。電開本信用證又可分為簡電本和全電本。

（1）簡電本。簡電本是指開證行只是將信用證的一些主要內容預先通知，僅供受益人備貨、訂艙時參考，不能作為議付的憑證，詳細條款將另行寄送通知行。簡電一般會註明「詳情后告」等類似詞語，開證行必須毫不延誤地向通知行寄送有效的信用證文本。

（2）全電本。全電本是指開證行把信用證的全部條款傳達給通知行通知受益人，是有效的信用證文件，是受益人交單議付的憑證。一般來講，開證行不再寄送證實書，如果寄證實書，則該證實書無效。

（3）SWIFT信用證。採用SWIFT信用證，必須遵守SWIFT使用手冊的規定，而且信用證必須按照國際商會制定的《跟單信用證統一慣例》的規定。這種信用證具有標準化和格式化的特點，而且傳送速度快、成本低。現已被西北歐、美洲和亞洲等國家和地區的銀行廣泛使用。中國銀行在電開信用證或收到的信用證電開本中，SWIFT信用證也占了很大比例。

知識

SWIFT簡介

SWIFT是環球銀行金融電訊協會（Society for Worldwide Inter-bank Financial Telecommunication）的簡稱。該組織於1973年在比利時成立，設有自動化的國際金融通信網絡，其成員銀行可通過該電信網絡辦理信用證業務以及外匯買賣、證券交易、托收業務等。該組織總部設在布魯塞爾，並在荷蘭阿姆斯特丹、美國紐約以及中國香港分別設立交換中心，為各參加方開設集線中心，為國際金融業務提供低成本、高效率的通信服務。目前，已有超過1000家分設在包括中國在內的國家和地區的銀行參加該協會並採用該協會電信業務信息系統。

三、信用證的業務流程

信用證的業務流程隨不同類型的信用證而有所差異，但就其基本環節而言，大體

都要經過申請、開證、通知、議付、索償、付款、贖單等環節。

信用證的一般業務流程如圖6-9所示：

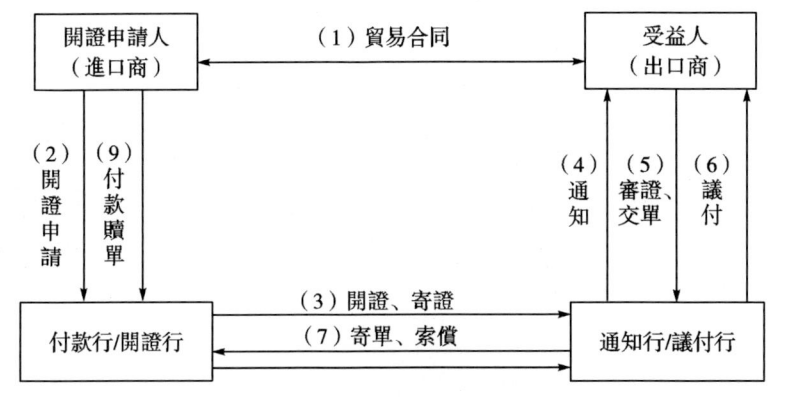

```
開證申請人                  (1) 貿易合同                 受益人
(進口商) ←──────────────────────────────────→ (出口商)
   │    │                                    ↑   ↑   ↑
 (2)  (9)                                  (4) (5) (6)
  開   付                                    通  審  議
  證   款                                    知  證  付
  申   贖                                        交
  請   單                                        單
   ↓    ↑                                    │   │   │
              (3) 開證、寄證
付款行/開證行 ─────────────────────────────→ 通知行/議付行
              (7) 寄單、索償
              ←─────────────────────────────
```

圖6-9　信用證業務流程

（1）進出口商在貿易合同中規定使用信用證方式支付。

（2）進口商向當地銀行提出申請，填寫開證申請書，依照合同填寫各項規定和要求，並繳納押金或其他保證，請開證行開證。

（3）開證行根據申請書內容，向出口商開出信用證，並寄交出口商所在地分行或代理行（統稱通知行）。

（4）通知行核對印鑒無誤后，將信用證交予出口商。

（5）出口商審核信用證與合同相符后，按信用證規定裝運貨物，並備齊單據，開出匯票，在信用證有效期內，送請議付行議付。

（6）議付行按信用證條款審核單據無誤后，按照匯票金額扣除利息，把貨款墊付給出口商。

（7）議付行將匯票和單據寄開證行（或指定的付款行）索償。

（8）開證行（或指定的付款行）核對單據無誤后，付款給議付行。

（9）開證行通知進口商付款贖單，進口商憑單提貨。

小思考 6-8

在信用證業務流程中，可以不需要經過通知行而由開證申請人直接將信用證傳遞給受益人嗎？

四、信用證的種類

在國際結算中使用的信用證種類繁多，一份信用證可以具有多種信用證的特徵。如一份信用證可以同時具備即期的、不可撤銷的、加具保兌的、可轉讓的、可循環的特徵。每一種信用證都是與進出口業務的實際需要緊密聯繫在一起的，在實際應用中注意選擇適用。

(一) 按信用證項下的匯票是否附有貨運單據，信用證可分為跟單信用證和光票信用證
　　1. 跟單信用證（Documentary L/C）
　　跟單信用證是指開證行憑跟單匯票或僅憑單據付款的信用證。跟單信用證主要用於貿易結算，是當前進出口貿易支付的主要方式。
　　2. 光票信用證（Clean L/C）
　　光票信用證是指開證行僅憑不附單據的匯票付款的信用證。有時信用證要求提供發票、墊款清單等非貨運性質的票據，就屬於光票信用證
(二) 按有無另一家銀行在信用證上加以保證兌付，信用證可分為保兌信用證和不保兌信用證
　　1. 保兌信用證（Confirmed L/C）
　　保兌信用證是指由另一家銀行接受開證行的請求，對其開立的信用證加具保證兌付責任的信用證。保兌信用證通常是由通知行擔任，有時也可以是出口地的其他銀行或第三國銀行。保兌行一經在信用證上加保兌，就和開證行一樣承擔第一性的付款責任，即付款后對其前手或受益人無追索權。這種信用證是由兩家銀行對受益人做出付款承諾，具有雙重保障，對出口人安全收匯最為有利。
　　2. 不保兌信用證（Unconfirmed L/C）
　　不保兌信用證是指開證行開出的、未經另一家銀行保兌的信用證。當開證行資信好時或成交金額不大時，一般都使用這種不保兌信用證。

案例討論 6-5

　　我方某公司收到國外開來的不可撤銷信用證，由設在中國的某外資銀行通知並加以保兌。我方在貨物裝運后，正擬將有關單據交銀行時，忽接外資銀行通知，由於開證銀行擬宣布破產，該行不再承擔對信用證的付款責任。
　　請問：我方應如何處理？

(三) 按付款時間的不同，信用證可分為即期信用證和遠期信用證
　　1. 即期信用證（Sight L/C）
　　即期信用證是指開證行或開證行指定的付款行收到符合信用證條款的跟單匯票或裝運單據后，立即履行付款義務的信用證。即期信用證的特點是出口人收匯安全迅速，有利於資金週轉，因而在進出口貿易結算中使用最廣。
　　2. 遠期信用證（Usance L/C）
　　遠期信用證是指開證行或議付行收到信用證項下的單據時，不立即付款，而是在規定的期限內履行付款義務的信用證。遠期信用證又可分為以下幾種：
　　(1) 銀行承兌遠期信用證（Banker's Acceptance L/C）。它是指以開證行或其指定的另一銀行作為遠期匯票付款人的信用證。這種信用證項下的匯票，在承兌后，銀行作為匯票的承兌人，應按票據法規定，對出票人、背書人、持票人承擔付款責任。
　　(2) 延期付款信用證（Deferred Payment L/C）。它是指開證行在信用證中規定貨物裝船后若干天付款，或開證行收到單據后若干天付款的信用證。延期付款信用證中，出口商不能簽發匯票，因此就不能利用貼現市場的資金，只能自行墊款或向銀行借款。

在出口業務中，若使用這種信用證，貨價應比銀行承兌遠期信用證高一些，以拉平利息率與貼現率之間的差額。

（3）假遠期信用證（Usance L/C Payable at Sight）。它是指信用證規定受益人開具遠期匯票，由付款行負責貼現，其一切費用和利息由開證申請人負擔的信用證。這種信用證從表面看是遠期信用證，受益人卻能即期收款，因而被稱為假遠期信用證。這種信用證對開證人來說則屬於遠期付款的信用證，因為開證人要到遠期匯票到期時才將貨款付給付款行，故也稱為買方遠期信用證。進口商之所以願意使用假遠期信用證，是因為它可以用貼現市場或銀行資金來解決資金週轉不足的困難，或擺脫進口國在外匯管制上的限制。

小思考 6-9

假遠期信用證與遠期信用證的區別是什麼？

（四）按受益人對信用證的權利是否可轉讓，信用證可分為可轉讓信用證和不可轉讓信用證

1. 可轉讓信用證（Transferable L/C）

可轉讓信用證是指信用證的受益人（第一受益人）可以要求授權付款、承擔延期付款責任、承兌或議付的銀行（統稱轉讓銀行）或在信用證是自由議付的情況下，可以要求信用證中特別授權的轉讓銀行將該信用證全部或部分轉讓給一個或數個受益人（第二受益人）使用的信用證。

可轉讓信用證的可轉讓條件十分嚴格，即唯有開證行在信用證中明確註明「可轉讓」，信用證方可轉讓。根據《跟單信用證統一慣例》的規定，只要信用證允許部分支款或部分發運，信用證可以分部分轉讓給數名第二受益人。已轉讓信用證不得應第二受益人的要求轉讓給任何其後受益人。第一受益人不視為其後受益人。

在實際業務中，可轉讓信用證的第一受益人通常是中間商。中間商將信用證轉讓給實際供貨人，由其辦理出運手續。但是信用證的轉讓不等同於買賣合同的轉讓，若第二受益人不能按時交貨或單據與信用證條款不符，則第一受益人仍要對買賣合同負賣方責任。

2. 不可轉讓信用證（Non-transferable L/C）

不可轉讓信用證是指受益人不能將信用證的權利轉讓給他人的信用證。凡信用證中未註明「可轉讓」字樣的，就是不可轉讓信用證。

（五）按信用證使用方式不同，信用證可分為付款信用證、承兌信用證和議付信用證

《跟單信用證統一慣例》規定：「所有信用證都必須清楚地表明該證適用於即期付款、延期付款、承兌或議付。」因此，根據付款方式的不同，信用證可分為以下三種：

1. 付款信用證（Payment L/C）

付款信用證是指在信用證上明確指定某一銀行付款的信用證，如上述的即期付款信用證和延期付款信用證。付款信用證一般不要求受益人開具匯票，僅憑受益人提交的單據付款。

2. 承兌信用證（Acceptance L/C）

承兌信用證是指在信用證上明確指定某一家銀行承兌的信用證，如上述的銀行承兌遠期信用證。當受益人向指定銀行開具遠期匯票並提示時，指定銀行即行承兌，並於匯票到期日履行付款義務。

3. 議付信用證（Negotiation L/C）

議付信用證是指在信用證中明確指示受益人可以在某一指定的銀行或任何銀行議付的信用證。議付行如因開證行無力償付等原因而未能收回款項時，可向受益人追索。議付信用證可分為自由議付信用證和限制議付信用證。前者是指任何一家銀行均可按照信用證條款辦理議付；后者是指在信用證中限定由某一銀行或開證行本身對該證進行議付。

（六）信用證的其他種類

1. 循環信用證（Revolving L/C）

循環信用證是指信用證在金額部分或全部使用后，其金額又恢復到原金額並被受益人再度使用，直至達到規定的次數或總金額為止的信用證。這種信用證一般適用於長期分批均衡供貨合同。對進口商來說，可以減少開證手續、免去逐筆開證的費用；對出口商來說，也免去了催證、審證的麻煩，有利於合同的履行。

2. 對開信用證（Reciprocal L/C）

對開信用證是指買賣雙方各自開立以對方為受益人的信用證。這兩個互開的信用證稱為對開信用證。

對開信用證的特點是第一張信用證的受益人（出口人）和開證申請人（進口人）就是第二張信用證的開證申請人和受益人，第一張信用證的通知行通常就是第二張信用證的開證行。兩張信用證的金額相等或大體相等，兩證可同時互開，也可先后開立。對開信用證多用於易貨交易或來料加工和補償貿易業務等。

3. 對背信用證（Back to Back L/C）

對背信用證又稱背對背信用證，是指信用證的受益人在收到進口商開來的信用證后，要求該證的通知行或其他銀行以該信用證為基礎，另開一張內容近似的新證給實際供貨人，這另開的信用證即為對背信用證。

對背信用證的開立通常是中間商轉售其貨物，從中圖利，或兩國不能直接辦理進出口貿易時，通過第三者以此種方法來溝通開展貿易。

4. 預支信用證（Anticipatory L/C）

預支信用證是指開證行授權代付行（通常是通知行）向受益人預付信用證金額的全部或部分，由開證行保證償還並負擔利息。預支信用證與遠期信用證相反，它是開證人付款在先，受益人交單在后。預支信用證可分全部預支或部分預支。

預支信用證憑出口人的光票付款，也有要求出口人附一份負責補交信用證規定單據的聲明書的。如出口人以后不交單，開證行和代付行並不承擔責任。當貨運單據交到后，代付行在付給剩餘貨款時，將扣除預支貨款的利息。因此，預支信用證又稱為紅條款信用證（Red Clause L/C）。

5. 備用信用證（Standby L/C）

備用信用證是適用於《跟單信用證統一慣例》的一種特殊形式的信用證，它是開證行對受益人承擔一項義務的憑證。在備用信用證中，開證行保證在開證申請人未能履行其應履行的義務時，受益人只要憑備用信用證的規定向開證行開具匯票，並隨附開證申請人未履行義務聲明或證明文件，即可得到開證行償付。

此類信用證對受益人來說是備用於開證申請人發生毀約情況時取得補償的一種方式。採用備用信用證時，開證行處理的僅僅是與信用證相關的文件，與合同無關，只要受益人出具的匯票和文件（證明開證申請人未能履約）是符合信用證規定的，開證行即對受益人進行無追索付款。這種信用證一般用在投標、履約、還款保證、預付、賒銷等商品和勞務業務中。

五、信用證的作用

與匯款和托收方式相比，信用證結算方式依託的是銀行信用。因此，信用證對進出口雙方具有以下兩方面的作用：

（一）對進出口雙方提供的銀行保證作用

對於進口商來說，信用證結算方式可以保證進口商在支付貨款時取得代表貨物所有權的單據，而且還可以通過信用證的條款控製出口商按質、按量、按時交貨。

對於出口商來說，信用證結算方式可以保證出口商在履約交貨後，只要提交符合信用證條款規定的單據，就能收到貨款。同時，出口商也可以避免進口國家限制進口或限制外匯轉移可能產生的風險。

（二）對進出口雙方的資金融通作用

對進口商來說，在向開證行申請開立信用證時，無需向銀行繳納全部開證金額，只需支付部分押金，等收到單據後才向開證行贖單付清差額。如果開立的是遠期信用證，進口方還可以用信託收據向開證行借出單據先行提貨出售，等信用證到期再向開證行付款。

對出口商來說，出口商在裝船前可憑信用證向出口地銀行申請打包放款，進行裝船前的融資，也可以在貨物裝運后，憑信用證所需單據向出口地銀行申請做出口押匯（即議付款項），取得全部貨款。

上述兩方面的作用，既解決了進出口雙方之間互不信任的矛盾又便利了雙方的資金週轉，極大地促進和推動了國際貿易的發展。但是，信用證結算也存在一定的缺點。首先，信用證結算手續複雜、費用較高。具有長期貿易關係的貿易商或跨國公司之間的結算更願意採用商業信用的結算方式。其次，儘管信用證體現了銀行資信擔保的優勢，為進出口商尤其是出口商提供了相當程度的風險保障，但在信用證業務領域依然存在著形形色色的風險隱患，圍繞信用證的詐欺犯罪行為屢見不鮮，此類行為嚴重損害了受害方的權益。

六、合同中的信用證條款

採用信用證方式時，應在合同中明確規定信用證種類、開證日期、信用證有效期

和議付地點等。

買方應通過賣方所接受的銀行於裝運月份前 30 天開出不可撤銷的即期信用證，於裝運日后 15 天在中國銀行議付。

The buyer shall open through a bank acceptable to the sellers an irrevocable Sight Letter of Credit in 30 days before the month of shipment and remain valid for negotiation in Bank of China until the 15 days after the date of shipment.

買方應通過賣方所能接受的銀行開立 100%保兌的、不可撤銷的即期信用證，有效至裝運月后第 15 天在中國議付，該證須於 5 月 20 日前開出。

The Buyers shall open through a bank acceptable to the Sellers an Confirmed Irrevocable L/C for 100% invoice value available by sight draft for negotiation in China until the 15th day after the month of shipment. The L/C is to reach sellers not later than May 20th.

> **工作提示：**
>
> 信用證結算方式是由銀行在一定條件下承擔確定的付款責任，從而增加了交易的安全性，但是它給進出口雙方的保障只是相對的、一定程度的。

任務四　不同結算方式的結合使用

任務目標

- 理解影響結算方式選擇的因素
- 掌握常用支付方式的綜合選用

任務引入

寧波市某進出口公司對外推銷某種貨物，該商品在新加坡市場的銷售情況日趨看好，逐漸成為搶手貨。新加坡某公司來電訂購大批該商品，但堅持用匯付方式支付。此時，在寧波市某進出口公司內部，就貨款支付方式產生了不同意見，一些業務員認為匯付風險大，不宜採用，主張使用信用證；但有些人認為匯款方式可行，還有一部分業務員認為托收也可行。

請問：應如何選擇恰當的支付方式？

知識內容

在外貿業務中，最終選擇的結算方式應該確保外匯資金安全、加速資金週轉和擴大貿易的前提下，結合風險、費用負擔等有影響的各種因素綜合考慮。在本項目學習

中，三種基本結算方式的綜合比較如表 6-1 所示：

表 6-1　　　　　　　　　三種基本結算方式綜合比較

結算方式		手續	銀行收費	買方風險	賣方風險	銀行風險
匯款	預付貨款	簡便	低廉	最大	最小	沒有
	貨到付款			最小	最大	沒有
跟單托收	付款交單	較繁	較高	較小	較大	沒有
	承兌交單			極小	極大	沒有
跟單信用證		最繁	最高	較大	較小	有風險

小思考 6-10

作為出口商應優先選哪些結算方式？作為進口商又應該優先選哪些結算方式？

一、影響支付方式選用的因素

在實際業務中，各種結算方式對不同當事人來說，有不同的利弊和優劣。因此，在簽訂貿易合同選擇結算方式的時候，一般要對以下因素加以考慮：

(一) 客戶信用

在進出口貿易中，買賣合同能否順利履行，關鍵在於客戶的信用，它是選擇支付方式時應當考慮的首要因素。因此，在外貿業務中做到安全收匯、安全用匯，就必須事先做好對外國客戶的信用調查。對於信用不好或者尚未對其做充分瞭解的客戶，應選擇風險較小的結算方式。

(二) 經營意圖

選用結算方式還應考慮到企業的經營意圖。在交易磋商中，貨款的結算條件僅次於價格條件，是買賣雙方需要反覆磋商且經常會影響到交易能否達成的重點問題。在貨物暢銷時，出口商不僅可以提高售價，而且可選擇對它最為有利的支付方式；在貨物滯銷時或產品競爭激烈時，不僅售價可能要降低，而且在結算方式上也要做必要的讓步，否則可能難以達成交易。

(三) 貿易術語

國際貨物買賣合同中採用不同的貿易術語，表明各合同交貨方式和運輸方式是不同的。不同的交貨方式和運輸方式並不都能適用於任何一種支付方式。例如，在使用 CIF、CFR 等象徵性交貨術語的交易中，可選擇跟單信用證方式結算貨款；在買方信用較好時，也可採用跟單托收，如付款交單方式收取貨款。但是，在使用 EXW 等屬於實際交貨方式的交易中，一般不使用托收。

(四) 運輸單據

若貨物通過海上運輸，出口商裝運貨物後得到海運提單，因為提單是物權憑證，是憑以在目的港向船公司提取貨物的憑證，所以在交付進口商之前，出口商尚能控制貨物，因此可適用於信用證和托收結算貨款。若貨物通過航空、鐵路或郵政運輸時，

出口商裝運貨物后得到的運輸單據為航空運單、鐵路運單或郵包收據，這些都不是貨物所有權憑證，收貨人提取貨物時也不需要這些單據，因此不適宜選擇托收方式。即使採用信用證方式，大多也規定必須以開證行作為運輸單據的收貨人，以便銀行控製貨物。

此外，在選擇結算方式時，還應考慮進口國國家或地區的商業習慣、商品競爭情況、交易數額大小、貨幣因素、出口方在銷售地點是否設有代表機構等因素，以減少風險。

二、不同結算方式的結合運用

在實務中，除採用某一種結算方式之外，有時還可以將不同的結算方式結合起來使用。

(一) 信用證與匯款相結合

這種方法是指部分貨款用信用證支付，余數用匯款方式結算。例如，雙方約定信用證規定憑裝運單據先付發票金額的若干成，余數待貨到目的地後，根據檢驗的結果，按實際品質或重量計算出確切的金額，再用匯付方式支付。

(二) 信用證與托收相結合

這種方法是指部分貨款用信用證支付，余數用托收方式結算。一般做法是信用證規定出口人開立兩張匯票，屬於信用證部分的貨款憑光票付款，而全套單據附在托收部分匯票項下，按即期或遠期付款交單方式托收。但信用證上必須訂明「在發票金額全部付清后才可交單」的條款，以策安全。

(三) 跟單托收與匯款相結合

這種方法是指在跟單托收方式下，出口商要求進口商以匯款方式支付一定金額的預付款或押金作為保證，在貨物裝運后，出口商可從貨款中扣除已預付的貨款，剩下的金額委託銀行找進口商給付資金。此種結算方式的組合能大大降低在托收交易下出口商交易的不確定性及風險性。因為買方已經支付的訂金，多數為20%~30%，一般不會拒付托收項下的貨款，否則訂金將無法收回。如果由於買方自身的經營狀況下降或進口國的法律政策風險導致被拒付時，出口商可以將貨物返運回國或另賣他國進口商，訂金將用於支付往返運費。

(四) 匯付、托收、信用證三者相結合

在成套設備、大型機械產品和交通工具的交易中，因為成交金額較大，產品生產週期較長，一般採取按工程進度和交貨進度分若干期付清貨款，即分期付款和延期付款的方法，一般採用匯付、托收和信用證相結合的方式。

案例討論 6-6

某國 A 公司與中國 B 公司洽談一筆交易，其他條件均已取得一致意見，唯有結算條款 B 公司堅持以不可撤銷的即期信用證為保證，對方堅持 D/P 即期。為達成交易，雙方各做讓步，最后以信用證即期與 D/P 即期各 50% 訂約。

請問：貨物出運單據和匯票該如何處理？

工作提示：
在具體運用結算方式時，外貿人員必須針對不同國家、客戶對象和交易的實際情況，全面衡量，做到趨利避害。

項目小結

（1）國際貿易結算中使用的票據有匯票、本票和支票三種，以匯票為主。匯票是出票人簽發，委託付款人在見票時或指定日期無條件支付確定的金額給收款人或持票人的票據。匯票的基本原理和法律規則同樣適用於本票和支票。

（2）匯款又稱為匯付，是指付款人或債務人通過銀行或其他途徑，運用各種結算工具將貨款交國外收款人的一種結算方式。匯款通常可以分為電匯、信匯、票匯三種，在國際貿易中應用主要有預付貨款和貨到付款。

（3）托收是指出口人在貨物裝運後，開具以進口人為付款人的匯票，委託出口地銀行通過其在進口地的分行或代理行向進口人收取貨款的一種結算方式。托收根據所使用的匯票不同，分為光票托收和跟單托收。在跟單托收下，根據交單的條件不同，又分為付款交單和承兌交單兩種，在國際貿易中只是有條件地使用，能調動進口商採購的積極性，但出口商面臨的風險較大。

（4）信用證是一種銀行向出口方開立的有條件承諾付款的書面文件。信用證業務的特點包括：第一，信用證是一種銀行信用，開證銀行負首要付款責任；第二，信用證是一項自足文件；第三，信用證方式是純單據業務。

（5）信用證的基本當事人有四個：開證申請人、開證行、通知行和受益人。在有些類型的信用證業務中，還涉及議付行、保兌行、付款行、償付行等。

（6）每一種結算方式都有利弊，如何採用有利的結算方式，需要考慮客戶信用、經營意圖、貿易術語、運輸單據等因素。不同結算方式的結合使用可以降低單一結算方式帶來的風險。

項目演練

一、判斷題

1. 根據《跟單信用證統一慣例》的規定，凡信用證上未註明「可否轉讓」字樣，即視為可轉讓信用證。（　　）
2. 在承兌交單情況下，是由代收行對匯票進行承兌后向進口商交單。（　　）
3. 在票匯情況下，買方購買銀行匯票寄往賣方，因採用的是銀行匯票，故這種付款方式屬於銀行信用。（　　）
4. 對於賣方而言，D/A 60 天要比 D/P 60 天風險要大。（　　）
5. 信用證是一種銀行開立的無條件的付款承諾的書面文件。（　　）

6. 某信用證規定適用《跟單信用證統一慣例》，信用證中對轉船及分批裝運都未進行明確規定，因此不能分批裝運。（　　）

7. 匯票經背書后，使匯票的收款權利轉讓給被背書人，被背書人若日后遭到拒付，可以向前手行使追索權。（　　）

8. 若錯過了信用證有效期到銀行議付，只要徵得開證人的同意，即可要求銀行付款。（　　）

9. 托收是商業信用，所使用匯票是商業匯票，信用證是銀行信用，所使用匯票是銀行匯票。（　　）

二、單項選擇題

1. 屬於順匯方法的支付方式是（　　）。
   A. 匯付　　　　B. 托收　　　　C. 信用證　　　　D. 銀行保函

2. 使用 D/P、D/A 和 L/C 三種結算方式，對於賣方而言，風險由大到小依次是（　　）。
   A. D/A、D/P 和 L/C　　　　B. L/C、D/P 和 D/A
   C. D/P、D/A 和 L/C　　　　D. D/A、L/C 和 D/P

3. 屬於銀行信用的國際貿易支付方式是（　　）。
   A. 匯付　　　　B. 托收　　　　C. 信用證　　　　D. 票匯

4. 一張有效的信用證，必須規定一個（　　）。
   A. 裝運期　　　B. 有效期　　　C. 交單期　　　D. 議付期

5. 按照《跟單信用證統一慣例》的規定，受益人最后向銀行交單議付的期限是不遲於提單簽發日的（　　）天。
   A. 11　　　　B. 15　　　　C. 21　　　　D. 25

6. D/P at sight 指的是（　　）。
   A. 遠期付款交單　B. 即期付款交單　C. 跟單托收　　D. 承兌交單

7. 下列幾種結算方式中，對賣方而言風險最大的是（　　）。
   A. 票匯　　　B. 承兌交單　　C. 即期付款交單　　D. 遠期付款交單

8. 在其他條件相同的前提下，（　　）的遠期匯票對受益人最為有利。
   A. 出票後若干天付款　　　　B. 提單簽發日後若干天付款
   C. 見票後若干天後付款　　　D. 貨到目的港後若干天

9. 根據《跟單信用證統一慣例》的規定，可轉讓信用證只能轉讓（　　）。
   A. 1 次　　　B. 2 次　　　C. 3 次　　　D. 4 次

10. 某支票簽發人在銀行的存款總額低於他所簽發的支票票面金額，他簽發的這種支票稱為（　　）。
    A. 現金支票　　B. 一般支票　　C. 旅行支票　　D. 空頭支票

11. 在信用證項下，出票人開具的匯票，如遭到付款人拒付，（　　）。
    A. 開證行有權行使追索權　　　B. 保兌行有權行使追索權
    C. 議付行有權行使追索權　　　D. 通知行有權行使追索權

三、多項選擇題

1. 按照有無隨附單據，匯票可分為（　　）。
   A. 即期匯票　　B. 遠期匯票　　C. 光票　　D. 跟單匯票
2. 匯付的方式可以分為（　　）。
   A. 匯款　　B. 信匯　　C. 電匯　　D. 票匯
3. 在國際貿易貨款的收付中，使用的票據主要有（　　）。
   A. 匯票　　B. 本票　　C. 支票　　D. 發票
4. 匯付業務中所涉及的當事人主要有（　　）。
   A. 匯款人　　B. 匯出行　　C. 匯入行　　D. 收款人
5. 在跟單托收業務中，根據交單條件的不同可以分為（　　）。
   A. 提示交單　　B. 見票交單　　C. 付款交單　　D. 承兌交單
6. 遠期信用證和假遠期信用證的區別在於（　　）。
   A. 信用證條款不同　　　　B. 利息的承擔者不同
   C. 開證基礎不同　　　　　D. 收匯的時間不同
7. 在保兌信用證業務中，負第一性付款責任的是（　　）。
   A. 通知行　　B. 償付行　　C. 開證行　　D. 保兌行
8. 信用證支付方式的特點是（　　）。
   A. 信用證是一種商業信用　　B. 信用證是一種銀行信用
   C. 信用證是一種單據的買賣　　D. 信用證是一種自足的文件
9. 下列敘述中屬於托收的特點是（　　）。
   A. 它屬於一種商業信用　　B. 它是一種單證的買賣
   C. 它有利於調動買方訂貨的積極性　　D. 存在著難以收回貨款的風險
10. 下列哪種說法是正確的（　　）。
    A. 商業本票有即期和遠期之分
    B. 遠期本票無需承兌
    C. 本票的付款人是出票人
    D. 遠期本票的當事人有三個：出票人、付款人和收款人

四、案例分析題

1. 中國某外貿公司與某國 A 公司達成一項出口合同，付款條件為 D/P 45 天付款。當匯票及所附單據通過托收行寄抵進口地代收行後，A 公司及時在匯票上履行了承兌手續。貨抵目的港時，由於用貨心切，A 公司出具信託收據向代收行借得單據，先行提貨轉售。匯票到期時，A 公司因經營不善，失去償付能力。代收行以匯票付款人拒付為由通知托收行，並建議由中國外貿公司直接向 A 公司索取貨款。對此，你認為中國外貿公司應如何處理？

2. 中國某公司接到客戶發來的訂單上規定交貨期為 2013 年 8 月，不久收到客戶開來的信用證，規定 Shipment must be effected on or before September, 2013。我方於 9 月 10

日裝船並順利結匯。約過了一個月，客戶卻來函要求因遲裝船的索賠，稱索賠費應按國際慣例每逾期一天，罰款千分之一，因遲裝船10天，所以應索賠百分之一。請問：我方為什麼能順利結匯？客戶的這種索賠有無道理？我方公司是否應賠償？

3. 某公司以 CIF 鹿特丹條件與外商成交出口一批貨物，按發票金額110%投保一切險及戰爭險。售貨合同的支付條款只簡單填寫「Payment by L/C」（信用證方式支付）。國外來證條款中有如下文句「payment under this credit will be made by us only after arrival of goods at Rotterdam」（該證項下的款項在貨到鹿特丹後由我行支付）。賣方審證時未發現此問題，沒有要求改證。我方外貿公司交單結匯時，銀行也未提出異議。不幸60%的貨物在運輸途中被大火燒毀，船到目的港後開證行拒付全部貨款。請問：你認為開證行拒付是否合理？請說明理由。

五、實務操作題

1. 根據下列條件填製結算條款。

30%貨款於裝運前30天採用電匯支付，其余貨款採用即期信用證支付，信用證最晚在2013年4月20日到我方。

2. 根據以下提示，開立一張匯票，並完成匯票的背書。

A draft for GBP21,787.00 is drawn by China National Animal By-Products I/E corp. Beijing branch.

Bank of Atlantic, London, payable at 90 days sight to the order of ourselves dated 22 May, 2013 marked「drawn under bank of Atlantic, London L/C No. 1162/2013 dated 21 Jan., 2013」。

持票人背書轉讓匯票：

（1）第一種轉讓方式：空白背書。

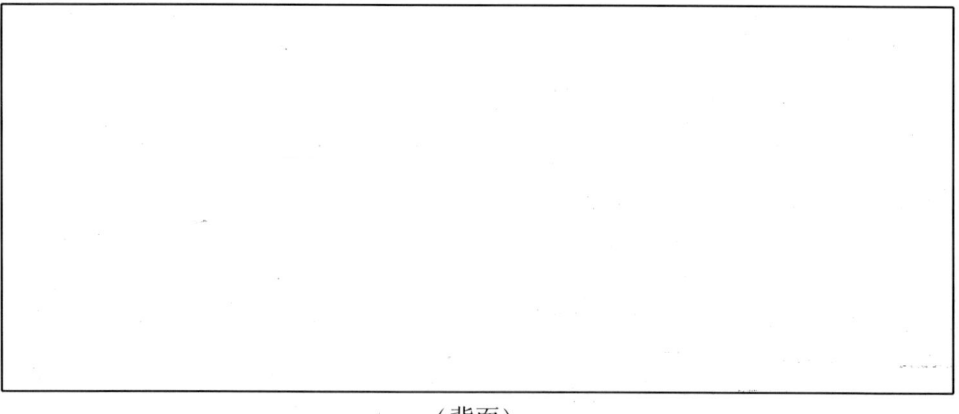

（背面）

(2) 第二種轉讓方式：記名背書（被背書人為 ABC CO., Tianjin, China）。

（背面）

項目七　爭議處理條款

項目導讀

　　在國際貿易中，出口的貨物能否順利交貨，進口的貨物能否順利通關，以及發生問題時能否對外索賠並挽回損失，都與商品檢驗有關。在國際貨物買賣中，交易雙方往往會因各自的權利、義務問題引起爭端，給合同履行帶來影響，甚至使合同得不到履行或被撕毀。發生爭議的原因有很多，為了盡量減少爭議，或者使在發生爭議后解決糾紛有章可循，在國際貨物買賣合同中通常都要訂立一些爭議處理條款，如索賠、不可抗力、仲裁等條款。

任務一　進出口商品檢驗

任務目標

- 瞭解商品檢驗的作用、熟悉檢驗機構和有關檢驗證書
- 掌握對商品檢驗時間和地點的規定
- 掌握合同中檢驗條款的制定方法

任務引入

中國某公司與新加坡一家公司以 CIF 新加坡的條件出口一批土特產品，訂約時中國公司已知道該批貨物要轉銷美國，但貨到新加坡後，立即轉運美國，其後新加坡的買主憑美國商檢機構簽發的在美國檢驗的證明書，向我方提出索賠。

討論題：

(1) 檢驗證書的作用是什麼？
(2) 中國公司應如何對待美國的檢驗證書？為什麼？

知識內容

一、商品檢驗的含義與意義

(一) 商品檢驗的含義

商品檢驗（Commodity Inspection）亦稱為「商檢」，是指由專門的進出口商品檢驗機構和其他指定的機構，依照法律、法規或合同的規定，對商品質量、數量、重量和包裝等方面進行檢驗和鑒定，並出具檢驗證書或檢驗報告的活動。

(二) 商品檢驗的意義

商品檢驗制度是隨著國際貿易的產生和發展逐步形成的，在國際貨物買賣中具有十分重要的地位。在國際貿易中，買賣雙方交接貨物一般要經過交付、察看或檢驗、接受或拒收三個環節。一般而言，當賣方履行交貨義務後，買方有權對貨物進行檢驗，如果發現貨物與合同不符，而又確實屬於賣方責任時，買方有權向賣方提出索賠。如果未經檢驗就接受了貨物，即使以後發現貨物有問題，也不能再行使拒收的權利。商品檢驗是結算貨款和提出索賠、進行理賠的依據，以維護對外貿易關係中有關各方的合法權益。因此，商品檢驗是買賣雙方交接貨物不可缺少的重要環節。

知識

中國對 1507 個海關商品編碼項下的工業製成品不再實行出口商品檢驗

中國質檢總局和海關總署於 2013 年 8 月 1 日發出公告宣布，將對 1507 個海關商品編碼項下的一般工業製成品不再實行出口商品檢驗。這一調整從 2013 年 8 月 15 日起施行。同時，中國將對危險化學品、菸花爆竹、打火機、玩具及童車產品、食品接觸產品、汽車和稀土等工業品繼續實行出口商品檢驗；對出口危險化學品包裝及其他危險貨物包裝繼續實行性能和使用檢驗。

按 2012 年數據統計，擬減少的法檢商品種類共涉及 1008.6 萬批次、4463.6 億美元，占全部 5412.3 億美元出口法檢貨值的 82.5%。

二、檢驗時間和地點

檢驗時間和地點是指在何時、何地對貨物實施檢驗權。所謂檢驗權，是指買方或賣方有權對所交易的貨物進行檢驗，其檢驗結果即作為交付與接受貨物的依據。檢驗時間和地點是關係到買賣雙方切身利益的重要問題，也是買賣合同中檢驗條款的核心內容。在國際貨物買賣合同中，關於檢驗時間和地點的規定方法可歸納為以下幾種：

(一) 在出口國檢驗

這種做法可分為在產地（工廠）檢驗和在裝運港（地）檢驗。

1. 產地（工廠）檢驗

由出口國的產地、工廠檢驗人員自行或按照合同規定會同買方驗收人員於貨物離開生產地點之前進行檢驗，賣方只承擔貨物離開產地前的責任。對於貨物在運輸途中發生的一切變化，賣方概不負責。

2. 裝運港（地）檢驗

裝運港（地）檢驗又稱離岸品質和離岸重量（Shipping Quality and Shipping Weight），是指出口貨物在裝運港或裝運地裝運前，以雙方約定的檢驗機構驗貨后出具的品質、重量（數量）或包裝等檢驗證明作為買方接受貨物的最后依據。即貨物抵達目的港或目的地時，買方若對貨物進行復檢，即使發現了問題，也無權再對賣方表示拒收或提出異議和索賠。

按照上述兩種檢驗規定，即使買方在貨物運抵目的港或目的地后，自行委託商檢機構對貨物進行復檢，也喪失了對商品與合同不符之處向賣方提出異議的權利，除非買方能夠證明，其所收到的與合同規定不符的貨物是系原裝不良，即賣方違約。可見，這兩種規定辦法從根本上否定了買方對貨物的檢驗權，對買方極為不利。

(二) 在進口國檢驗

1. 目的港（地）檢驗

目的港（地）檢驗又稱到岸品質和到岸重量（Landed Quality and Landed Weight），是指在貨物運抵目的港或目的地卸貨后的一段時間內，由雙方約定的檢驗機構驗貨並出具品質、重量（數量）檢驗證明作為買方接受貨物的最后依據。如果檢驗證書證明貨物的品質或重量（數量）與合同不符且可歸責於賣方，則買方可以向賣方索賠。

2. 買方營業處所（最終用戶所在地）檢驗

這種做法主要適用於需要安裝調試的成套設備、機電儀表產品，以及在口岸開件檢驗后難以恢復原包裝的商品。這種方法將檢驗延伸和推遲至貨物運抵買方營業處所或最終用戶所在地后的一定時間內進行，並以雙方約定的檢驗機構出具的檢驗證書作為買方接受貨物的最后依據。如果檢驗證書證明貨物的品質或重量（數量）與合同不符且可歸責於賣方，則買方可以向賣方索賠。

按照上述兩種檢驗規定，賣方必須承擔到貨品質、數量的責任。若買方在目的港、目的地或買方營業處所或最終用戶所在地經商檢機構檢驗，其出具的檢驗證書證明貨物與合同有不符點且屬於賣方責任所致，則買方有權憑檢驗證書向賣方提出索賠，賣方不得拒絕。可見，這兩種做法對賣方極為不利。

(三) 出口國檢驗，進口國復驗

在出口國裝運港（地）由雙方約定的檢驗機構驗貨，以其出具的檢驗證書作為賣方要求買方付款或向銀行議付的單據之一，貨到目的港（地）后，買方行使復驗權。如經約定的檢驗機構在規定時間內復驗發現貨物與合同規定不符，且可歸責於賣方，買方可在規定時間內憑復驗證明向賣方提出索賠。

該方法兼顧了買賣雙方的利益，公平合理，因此在國際貨物買賣中已被大多數當事人所接受，成為國際貿易中最常見的一種規定檢驗時間和地點的方法。中國的進出口貿易基本上也都採用這一做法。

(四) 裝運港（地）檢驗重量，目的港（地）檢驗品質

這種檢驗方法也稱離岸重量和到岸品質（Shipping Weight and Landed Quality）。它是指貨物的重量以裝運港或裝運地的檢驗機構驗貨后出具的重量檢驗證書，作為賣方交貨重量的最后依據；而目的港或目的地的檢驗機構驗貨后出具的品質檢驗證書，作為賣方交貨品質的最后依據。這種做法多用於國際大宗商品交易中，目的是為了調和買賣雙方在商品檢驗上的矛盾，才將商品的重量和品質檢驗分別進行。貨物到達目的港或目的地后，若經檢驗貨物在品質方面與合同規定不符，且此責任可歸屬於賣方，則買方可憑質量檢驗證書向賣方提出異議和索賠，此時買方無權對貨物的重量向賣方提出異議。

小思考 7-1

技術密集型產品較適用於哪種檢驗條款？

三、檢驗機構

在進出口貿易中，商品的檢驗工作一般由專業的檢驗機構負責辦理。由於檢驗檢疫機構做出的檢驗結果對買賣雙方的關係重大，因此在合同中必須明確規定由哪個機構承擔檢驗檢疫工作，該商檢機構出具的檢驗證書才能為買賣雙方所接受。

(一) 國際上的商品檢驗機構

世界上大多數主權國家一般都設有專門的檢驗機構。這些機構從其性質來分，有官方的，有同業公會、協會或民間私人經營的，也有半官方的；這些機構從其經營的

業務範圍來分，有綜合性的、專業性的。檢驗機構的名稱也多種多樣，如檢驗機構、公證行、鑒定機構、公證鑒定人、實驗室或宣誓衡量人等。其中，有些比較著名的檢驗機構，由於其檢驗比較公正、合理、科學，已被許多國家所認可，其鑒定結果也成為商品進入國際市場的通行證。較為著名的檢驗機構有美國官方機構——美國食品藥物管理局（Food and Drugs Administration，FDA），當今世界最大的檢驗鑒定公司——瑞士日內瓦通用公證公司（SGS）、日本最大的綜合性商品檢驗鑒定機構——日本海事鑒定協會（NKKK），世界上規模最大、歷史最悠久的船舶入級和海事鑒定權威公證機構——勞氏船級社（Lloyd's Register of Shipping）和法國國家實驗室檢測中心，美國最權威、全球最大的從事安全檢驗和鑒定的民間機構——美國保險人實驗室（UL）和英之杰檢驗集團（IITS）等。

知識

美國 FDA 機構簡介

美國 FDA，即美國食品藥物管理局，於 1972 年成立，是一個隸屬於美國聯邦公共衛生事務署的政府衛生管制和監控機構，主要致力於保護、促進和提高國民的健康，確保美國市場上銷售的食品、藥品、化妝品和醫療器具對人體的安全性、有效性。FDA 由近萬名醫師、藥學家、化學家、微生物學家、統計學家和律師組成，管理的產品規模高達 1 萬多億美元，約有 40 個實驗室，分佈在華盛頓特區和 157 個城市。FDA 每年批准百余種新藥上市，由其監控的企業有 9 萬多家，其中每年有 1.5 萬家被常規抽查，只要不符合法規的，都要被驅逐出市場。FDA 的總部負責監督和執行由國會通過的各項有關法律。總部六大中心，包括藥物評估和研究中心、生物製品評估和研究中心、食品安全和營養品中心、醫療用品和輻射健康中心、獸用藥品中心和全國毒理學研究中心，具體執行 FDA 的各項法令，負責審批新藥，觀察、監督和抽查藥品，以及從事科學研究，同時負責對要求進入美國市場的產品進行法律法規解釋。

（二）中國的商品檢驗機構

中國的商檢機構原為國家出入境檢驗檢疫局及其分支機構。2001 年 4 月，國家質量監督檢驗檢疫總局成立，主管全國質量、計量、出入境商品檢驗、出入境衛生檢疫、出入境動植物檢疫和認證認可、標準化等工作，是行使行政執法職能的國務院直屬機構。原國家質量技術監督局和原國家出入境檢驗檢疫局的職能合併入國家質量監督檢驗檢疫總局，但檢驗檢疫職能不變，主要職能如下：

1. 法定檢驗

法定檢驗是根據國家有關法令規定，由出入境檢驗檢疫局對大宗的、關係國計民生的重點進出口商品、容易發生質量問題的商品、涉及安全衛生的商品以及國家指定由商檢機構統一執行檢驗的商品等實施強制性檢驗或檢疫，以維護國家的信譽及利益。

國家檢驗檢疫機構及其各地的檢驗分支機構依法對指定的進出口商品實施法定檢驗，檢驗的內容包括商品的質量、規格、重量、數量、包裝及安全衛生等項目。經檢驗合格並簽發證書后方準出口或進口。

法定檢驗的商品範圍如下：

（1）有關法規中規定的商品。
（2）對進出口食品的衛生檢驗和進出境的動植物檢疫。
（3）對裝運出口易腐爛變質食品、冷凍品的船艙、集裝箱等運輸工具的適載檢驗。
（4）對出口危險貨物包裝容器的性能檢驗和使用測定。
（5）對有關國際條約規定或其他法律、行政法規規定須經商檢機構檢驗的進出口商品實施檢驗。
（6）國際貨物買賣合同中規定由檢驗檢疫機構實施檢驗時，當事人應及時提出申請，由檢驗檢疫部門按照合同規定對貨物實施檢驗並出具檢驗證書。

對進出口商品實施檢驗檢疫，可以嚴把質量關，確保進出口商品符合合同要求，防止次劣有害商品進入國內，保障中國生產建設安全和人民健康，維護國家的利益。

2. 鑒定業務

進出口貿易鑒定業務是憑進出口貿易關係人（貿易合同的買方或賣方、運輸、保險、倉儲、裝卸等各方）的申請或委託，由第三方公證檢驗鑒定機構對申請的有關內容進行檢驗鑒定，出具權威的鑒定證書，作為進出口貿易關係人辦理進出口商品交接、結算、計費、理算、報關、納稅和處理爭議索賠的有效憑證。

鑒定業務的範圍包括對進出口商品的質量、規格、重量、數量、包裝鑒定、海損鑒定、集裝箱鑒定、進出口商品的殘損鑒定、出口商品的裝運技術鑒定、價值證明及其他業務。鑒定業務與法定檢驗的一個主要區別是鑒定業務是憑申請或委託辦理，而非強制性的。因此各鑒定機構要想取得用戶的信任，發展自己的業務，必須要做到態度公正、結果科學準確、服務良好周到。

3. 監督管理

監督管理即檢驗檢疫機構依據國家法規對進出口商品通過行政和技術手段進行控製管理和監督。中國檢驗檢疫機構從以下六個方面對進出口商品實施監督管理：
（1）對法定檢驗範圍以外的進出口商品的抽查檢驗。
（2）對重點的進出口商品生產企業實行派駐質量監督員制度。
（3）對進出口商品的質量認證工作，准許認證合格的商品使用質量認證標誌。
（4）指定、認可符合條件的國外檢驗機構承擔特定的檢驗鑒定工作，並對其檢驗鑒定工作進行監督抽查。
（5）對重點的進出口商品及其生產企業實行質量許可制度。
（6）對經檢驗合格的進出口商品加施商標和封識管理。

檢驗檢疫機構的監督管理對於維護中國在進出口貿易活動中的國家聲譽、保障進出口貿易各有關方面的正當權益、促進中國進出口貿易的發展有著重要的意義。

小思考 7-2

按照《中華人民共和國進出口商品檢驗法》的規定，法定檢驗的商品僅指《商檢機構實施檢驗的進出口商品種類表》所列的商品。這種說法正確嗎？

此外，為了適應中國對外貿易發展的需要，20世紀80年代初，經國務院批准中國成立了中國進出口商品檢驗總公司（以下簡稱商檢公司）。商檢公司作為一家獨立的檢

驗機構，以非官方身分和公正科學的態度，接受進出口業務中的當事人和外國檢驗機構的委託，辦理進出口商品的檢驗鑒定業務，簽發檢驗、鑒定證書並提供諮詢服務。商檢公司的成立既為進出口商品的順利交接、結匯以及合理解決索賠爭議提供了諸多便利條件，同時又促進了中國同世界各國進出口商品檢驗機構的聯繫與合作。

四、檢驗證書

檢驗檢疫機構對進出口商品檢驗檢疫或鑒定后，根據不同的檢驗結果或鑒定項目簽發的各種書面證明稱為商品檢驗證書（Inspection Certification）。此外，在交易中若買賣雙方約定由生產單位或使用單位出具檢驗證明，該證明也可起到檢驗證書的作用。也就是說，檢驗證書是各種進出口商品檢驗證書、鑒定證書和其他證明書的統稱。在進出口貿易中，檢驗證書是有關各方履行契約義務、處理爭議及索賠、仲裁、訴訟舉證的有效證件，也是海關驗放、徵收關稅和優惠減免關稅的必要證明，具有重要的法律地位。

（一）檢驗證書的種類

在進出口貿易中，由於商品的種類、特性或各國貿易習慣、政府有關法令的不同，檢驗證書的種類也有差別。目前，中國檢驗檢疫機構簽發的檢驗證書的種類主要有以下8種：

1. 品質檢驗證書（Inspection Certificate of Quality）

品質檢驗證書是證明進出口商品品質、規格、等級的證明文件，具體證明進出口商品的質量、規格是否符合買賣合同或有關規定。該證書是出口商品交貨結匯和進口商品結算索賠的有效憑證。

2. 重量或數量檢驗證書（Inspection Certificate of Weight or Quantity）

重量或數量檢驗證書是證明進出口商品重量或數量的證書。其內容為貨物經何種計重方法或計量單位得出的實際重量或數量，以證明有關商品的重量或數量是否符合買賣合同的規定。該證書是出口商品交貨結匯、簽發提單和進口商品結算索賠的有效憑證。出口商品的重量證書也是國外報關徵稅和計算運費、裝卸費用的證書。

3. 包裝檢驗證書（Inspection Certificate of Packing）

包裝檢驗證書是用於證明進出口商品包裝及標誌情況的證書。

4. 獸醫檢驗證書（Veterinary Inspection Certificate）

獸醫檢驗證書是證明出口動物產品或食品經過檢疫合格的證書，適用於凍畜肉、凍禽、禽畜罐頭、凍兔、皮張、毛類、絨類、豬鬃、腸衣等出口商品。凡是加上衛生檢驗內容的稱獸醫衛生檢驗證書。該證書是對外交貨、銀行結匯和進口國通關輸入的重要證件。

5. 衛生/健康證書（Sanitary/Health Inspection Certificate）

衛生/健康證書是證明可供人類食用的出口動物產品、食品等經過衛生檢驗或檢疫合格的證書。該證書適用於腸衣、罐頭、凍魚、凍蝦、食品、蛋品、乳製品、蜂蜜等，是對外交貨、銀行結匯和通關驗放的有效證件。

6. 消毒檢驗證書（Inspection Certificate of Disinfection）

消毒檢驗證書是證明出口動物產品經過消毒處理、保證安全衛生的證書。該證書適用於豬鬃、馬尾、皮張、山羊毛、羽毛、人髮等商品，是對外交貨、銀行結匯和通關驗放的有效證件。

7. 熏蒸證書（Inspection Certificate of Fumigation）

熏蒸證書是用於證明出口糧谷、油籽、豆類、皮張等商品以及包裝用木材與植物性填充物等，已經過熏蒸滅蟲的證書。該證書主要證明使用的藥物、熏蒸的時間等情況。如國外不需要單獨出具證明，可將其內容列入品質檢驗證書。

8. 殘損檢驗證書（Inspection Certificate on Damaged Cargo）

殘損檢驗證書是證明進口商品殘損情況的證書，適用於進口商品發生殘、短、漬、毀等情況，可作為收貨人向發貨人或承運人或保險人等有關責任方索賠的有效證件。

(二) 檢驗證書的作用

檢驗證書的作用主要有以下幾點：

(1) 證明出口商品品質、數量、重量、包裝及衛生等是否符合合同規定的依據。

(2) 可作為進口商對貨物品質、數量、重量、包裝等條件提出異議、拒收貨物、要求理賠、解決爭議的憑證。

(3) 可作為向銀行議付貨款的一種單據。

(4) 可作為海關驗收放行的證件。

(5) 可作為證明貨物在裝卸、運輸途中的實際狀況，明確責任歸屬的依據。

(6) 作為某些以品質、規格增減價的商品進行結算計價的依據。

在中國，法定檢驗商品的檢驗證書由國家出入境檢驗檢疫局及其設在各地的分支機構簽發；法定檢驗以外的商品，如合同或信用證中無相反規定，也可由中國對外貿易促進委員會、中國進出口商品檢驗總公司或生產企業出具。在填製檢驗證書時，應注意證書的名稱和具體內容必須與合同和信用證的規定一致。另外，檢驗證書的簽發日期不得遲於提單簽發日期，但也不宜比提單日期提前過長。

案例討論 7-1

進口方委託銀行開出的信用證上規定：賣方須提交「商品淨重檢驗證書」。進口商在收到貨物後，發現除質量不符外，賣方僅提供重量單。買方立即委託開證行向議付行提出拒付，但貨款已經押出。事後，議付行向開證行催付貨款，並解釋賣方所附的重量單即為淨重檢驗證書。

請問：

(1) 重量單與淨重檢驗證書一樣嗎？

(2) 開證行能否拒付貨款給議付行？

五、合同中的檢驗條款

國際貨物買賣合同中的檢驗條款主要包括檢驗時間、地點、檢驗機構、檢驗證書、檢驗依據和檢驗方法、商品的復驗等。除此之外，還須明確買方對不符貨物向賣方索

賠的具體期限。

關於合同中檢驗條款的訂立，舉例如下：

(一) 檢驗範圍和商檢效力的規定

Before delivery the manufacturer should make a precise and overall inspection of the goods regarding quality, quantity, specification and performance and issue the certificate indicating the goods in conformity with the stipulation of the contract. The certificates are one part of the documents presented to the bank for negotiation of the payment and should not be considered as final regarding quality, quantity, specification and performance. The manufacturer should include the inspection written report in the Inspection Certificate of Quality, stating the inspection particulars.

在交貨前製造商應就訂貨的質量、規格、數量、性能進行準確全面的檢驗，並出具貨物與本合同相符的檢驗證書。該證書為議付貨款時向銀行提交單據的一部分，但不得作為貨物質量、規格、數量、性能的最後依據，製造商應將記載檢驗細節的書面報告附在品質檢驗書內。

(二) 檢驗時間的規定

Any discrepancy about quality should be presented within 30 days after the arrival of the goods at the port of destination; any discrepancy about quantity should be presented within 15 days after the arrival of the goods at the port of destination, both of which cases should be on the strength of the certificates issued by the related surveyor. If the Seller is liable he should send the reply together with the proposal for settlement within 20 days after receiving the said discrepancy.

品質異議須於貨物到達目的港30天內提出；數量異議須於貨物到達目的港15天提出，但均須提供相關檢驗機構的證明，如屬賣方責任，賣方應予以收到異議20天內答復，並提出處理意見。

(三) 檢驗地點的規定

It is mutually agreed that the goods are subject to the Inspection Certificate of Quality and Inspection Certificate of Quantity issued by China Import and Export at the port of shipment. The Certificate shall be binding on both parties.

雙方同意以裝運港中國進出口商品檢驗局簽發的品質及數量檢驗證書為最後依據對雙方具有約束力。

合同中的檢驗條款還可以根據業務需要規定檢驗的標準和檢驗方法。由於買賣合同時進出口商品檢驗的重要依據，因此合同中通常需要約定檢驗標準，同時合理並明確定理作為檢驗依據的質量、數量和包裝條款也是十分重要的。

工作提示：

如果進出口商品的報驗人對商品檢驗結果有異議，可以向原檢出入境驗機構或其上級出入境檢驗機構以至國家出入境檢驗檢疫局申請復驗，申請復驗應該在收到檢驗結果后15天內提出。

任務二 爭議與索賠

任務目標

- 瞭解交易雙方發生爭議進而引起索賠的原因
- 熟悉買賣合同中的索賠條款

任務引入

A 公司從香港 B 公司進口一批價值 50 萬美元的馬口鐵。A 公司按合同規定開出信用證。開證行在信用證有效期內收到合格單據便付了款。貨到後，A 公司發現集裝箱內全是鐵桶，而鐵桶內全是污水，根本沒有馬口鐵。

討論題：
(1) 這是否屬於違約？為什麼？
(2) A 公司在此事件中應吸取什麼教訓？

知識內容

由於國際貿易業務情況複雜多變、履約時間長，在履約過程中，往往可能由於各種單方面或雙方面的違約行為引發爭議和索賠。為了便於處理這類問題，買賣雙方在合同中一般都應訂立索賠條款。

一、爭議

爭議（Disputes）是指交易的一方認為對方未能部分或全部履行合同規定的責任與義務而引起的糾紛。

在國際貿易業務中，這種糾紛屢見不鮮，究其原因主要如下：

(1) 賣方不交貨，或未按合同規定的時間、品質、數量、包裝條款交貨，或單證不符等；

(2) 買方不開或緩開信用證，不付款或不按時付款贖單，無理拒收貨物，在 FOB 條件下不按時派船接貨等；

(3) 合同條款的規定欠明確，買賣雙方國家的法律或對國際貿易慣例的解釋不一致，甚至對合同是否成立有不同的看法；

(4) 在履行合同過程中遇到了買賣雙方不能預見或無法控制的情況，如某種不可抗力，雙方有不一致的解釋等。

由上述原因引起的爭議，集中起來講就是：是否構成違約，雙方對違約的事實有分歧，對違約的責任及其后果的認識相悖。

二、違約

國際貿易中爭議的產生，往往是由於買賣合同的當事人違約引起的。違約（Breach）是指買賣雙方中，任何一方違反合同條款的行為。買賣合同是對締約雙方具有約束力的法律文書，如任何一方當事人未按合同約定履行義務，即構成違約行為。

各國法律對違約都有不同的規定，有的法律對如何構成違約進行了規定，有的法律將違約在性質或形式上進行了劃分。

(一) 構成違約的條件

1. 大陸法的規定

大陸法在處理買賣合同這類民事責任時，以過失責任作為一項基本原則。也就是說，買賣合同當事人出現不能或不能完全履行合同義務時，只有可以歸咎為其過失時，才能構成違約，從而承擔違約的責任。

2. 英美法的規定

英美法認為，一切合同都是「擔保」，只要債務人不能達到擔保的結果，就構成違約，應負責賠償損失。在《英國貨物買賣法》和《美國統一商法典》中，關於構成違約的條件並未被詳細寫明，但從司法實踐來看，處理違約並不是以當事人有無過失作為構成違約的必要條件。通常只要當事人未履行合同規定的義務，均被視為違約。

3. 《聯合國國際貨物銷售合同公約》的規定

《聯合國國際貨物銷售合同公約》也未明確規定違約必須以當事人有無過失為條件。從《聯合國國際貨物銷售合同公約》第二十五條看，只要當事人違反合同的行為的結果使另一方蒙受損害，就構成違約，當事人要承擔違約的責任。

(二) 違約的種類

違約可以分為單方違約、雙方違約和買賣雙方均有違約責任三種情況。

1. 買方違約的主要表現

（1）買方故意不開或延遲開立信用證；

（2）買方開來的信用證故意不符合合同的規定；

（3）買方不按時付款贖單，無理拒收貨物；

（4）在買方負責運輸的情況下，不按時派船、指定承運人和指定交貨地點等。

2. 賣方違約的主要表現

（1）賣方未能按照合同規定按時交貨；

（2）賣方少交貨物或少裝貨物；

（3）發票數量與實際裝貨數量不一致；

（4）貨物品質規格與合同規定不符；

（5）貨物由於包裝不慎或包裝物不符合同規定而導致貨物破損；

（6）貨物因包裝不良或包裝物問題而導致貨物漏失；

（7）因水分蒸發或賣方行為不當而使貨物短少或超過溢短裝規定；

（8）金屬貨物由於包裝不當，貨物在運輸、倉儲過程中因受潮而引起銹損；

（9）不提供或未能按合同和信用證規定提供單據或單據內容不符等。

3. 買賣雙方均有違約責任

如合同條款規定不明確，導致雙方理解分歧，從而引起糾紛；或者在履約中雙方均有違約行為。

(三) 違約的法律責任

不同的違約行為應承擔不同的法律責任，各國法律對此都有規定。例如，《英國貨物買賣法》從違反合同條款的角度將違約分為違反要件和違反擔保兩種。違反要件是指違反合同的主要條款，受害方因而有權解除合同並要求損害賠償。違反擔保通常是指違反合同的次要條款，受害方有權要求損害賠償，但不能解除合同。

《聯合國國際貨物銷售合同公約》從違約的后果和嚴重程度將違約分為根本性違約和非根本性違約。《聯合國國際貨物銷售合同公約》規定，如果一方當事人從根本上違反合同，另一方當事人可以宣告合同無效並要求損害賠償；如果是非根本性違約則不能解除合同，只能要求損害賠償。

知識

根本性違約和非根本性違約

所謂根本性違約，按《聯合國國際貨物銷售合同公約》第二十五條的規定，一方當事人違反合同的結果，如使另一方當事人蒙受損害，以至於實際上剝奪了他根據合同有權期待得到的東西，即為根本性違反合同，除非違反合同的一方並不預知而且同樣一個通情達理的人處於相同情況中也沒有理由預知會發生這種結果。

非根本性違約（Nonfundamental Breach）是指違約的狀況尚未達到根本違反合同的程度，受損方只能要求損害賠償，而不能宣告合同無效。若受損方保持緘默，則合同仍然成立。

三、索賠和理賠

索賠（Claim）是指在進出口貨物買賣過程中，由於一方違反進出口買賣合同的規定，直接或間接地給另一方造成損失，而由受害方向違約方提出彌補其損失的要求。

理賠（Settle）是指違約方受理或接受受損方提出的賠償要求的表示。

在進出口貨物買賣中，任何一方違反合同的規定，不履行自己的義務，一般來說就構成違約行為。

違約的一方需要承擔損害賠償責任，對方有權利提出賠償要求，直至解除合同。只有當履約過程中發生了不可抗力事故，致使一方不能履約或不能如期履約時，才可根據合同規定或法律規定免責。因此，索賠與理賠實際上是一個問題的兩個方面，在受害一方是索賠，在違約一方就是理賠。一般來說，理賠多發生於出口方，而索賠則發生於進口方。當然出口發生索賠，進口發生理賠的情況也是存在的。

四、合同中的索賠條款

進出口買賣合同中的索賠條款主要有兩種規定方式：一種是異議索賠條款；另一種是罰金條款。在一般的進出口貨物買賣合同中，多數只訂立異議索賠條款，並與檢

驗條款相結合，但在大宗貨物買賣和機器設備之類的進出口買賣合同中，除訂立異議和索賠條款外，還要約定罰金條款。

(一) 異議索賠條款

異議索賠條款（Discrepancy and Claim Clause）是進出口買賣合同中對於處理違約責任以及索賠的規定。異議索賠條款主要適用於貨物品質、規格和數量方面的索賠。這類索賠由於事先對違約的環節、性質和程度難以確定，所以在合同中對索賠的金額不事先作具體的規定，而是根據實際損失的大小確定。就其條款內容而言，主要包括索賠依據與索賠期限。

1. 索賠依據

索賠依據主要規定提出索賠必須具備的證據以及出證的機構。索賠所需要的證據主要有以下內容：

(1) 檢驗報告或其他證明損失的文件；
(2) 保險單正本、商業發票、裝箱單、運輸提單和貨損貨差證明單等；
(3) 索賠單據以及其他必要的單證或文件。

如果證據不全、不清，出證機構不符合要求，都可能遭到對方的拒賠。

索賠依據包括法律依據和事實依據兩個方面。法律依據是指進出口買賣合同、信用證、雙方往來傳真或電子郵件，以及有關國家的法律規定和國際貿易慣例。事實依據是指違約的事實真相及其書面證明，以求證明違約的真實性。

2. 索賠時效

索賠時效是指損害方在損害發生時，向違約方提出索賠的有效期限。也就是說，貨物受損后並不是在任何時間遭受損害的一方都可以向另一方提出索賠，只有在合同規定的有效期內提出索賠要求，方才有效，才有可能獲得損害賠償。如果逾期提出索賠，除非對方同意，否則對方完全可以不予理賠。

索賠期限的長短依據不同商品的特點而有所不同。農副產品及易發生品質變化的商品，索賠期限都較短，一般情況下為貨物到達目的地后30天或45天；對於質量比較穩定的商品，如機電產品，其索賠期限相對較長，通常規定為貨物到達目的地后60天或90天，一般不超過180天。在保險索賠問題上，根據中國人民保險公司的規定，索賠期從保險標的物到達最后卸貨港卸離海船時算起，最長不得超過2年。

規定索賠期限時，應對索賠期限的起始時間做出具體規定。通常有以下幾種起算辦法：

(1) 貨物到達目的港后起算若干天；
(2) 貨物到達目的港卸離海船后起算若干天；
(3) 貨物到達買方營業地或用戶所在地后起算若干天；
(4) 貨物經過檢驗后起算若干天等。

(二) 罰金條款

罰金條款（Penalty Clause）又稱罰則，是指在進出口買賣合同中規定的一方當事人如果未履行或未完全履行合同規定的義務時，應向另一方當事人支付一定數量約定罰款金額的條款。罰金條款主要適用於賣方延期交貨、買方遲開信用證或延期接貨、

延遲付款、無理拒收貨物或拒付貨款等情況。此時，由違約方向對方支付預先約定的金額，以補償對方的損失。可見，罰金從其性質上來看就是違約金。

　　罰金條款一般應包括其適用範圍、計算方法以及最高限額等。例如，有的合同規定如果賣方不能如期交貨，每延誤 7 天，買方應收取 0.5%的罰金，不足 7 天按 7 天計算；延誤 10 周，買方有權撤銷合同，並要求賣方支付延期交貨罰金，罰金數額不得超過貨物總額的 5%。需要注意的是，賣方支付罰金後並不能解除繼續履行合同的義務。如果買方要求繼續履行合同，賣方則必須繼續履行合同。如果賣方拒不履行其交貨義務，仍要承擔因此而給買方造成的損失。

　　明確規定罰金的起算日期是十分必要的。罰金的起算日期主要有兩種規定方法：一種是以合同規定的交貨期或信用證有效期終止后立即起算；另一種是規定一個優惠期，即在合同規定的有關期限終止後再寬限一段時間，在優惠期內免予罰款，待優惠期屆滿後起算罰金。

　　根據《中華人民共和國合同法》的規定，當事人可以在合同中約定，一方違反合同時，向另一方支付一定數額的違約金；合同中約定的違約金，視為違反合同的損失賠償，但是約定的違約金分過高於或者低於違反合同所造成的損失的，當事人可以請求仲裁機構或者法院予以適當減少或者增加。

案例討論 7-2

　　中國某公司以 CFR 條件對德國出口一批小五金工具。合同規定貨到目的港后 30 天內檢驗，買方有權憑檢驗結果提出索賠。中國某公司按期發貨，德國客戶也按期憑單支付了貨款。可半年後，中國某公司收到德國客戶的索賠文件，上稱上述小五金工具有 70%已銹損，並附有德國某地一檢驗機構出具的檢驗證書。

　　請問：對德國客戶的索賠要求，中國某公司應如何處理？

> **工作提示：**
> 　　國際貨物買賣中的買方應該在合同規定的期限內行使其索賠權利，一旦超過合同規定期限或者超過合理時間，即使持有雙方認可的商檢機關出具的檢驗證書證明貨物與合同不符，買方也已經喪失了索賠權。

任務三　不可抗力

任務目標

- 掌握不可抗力的範圍及其引起的法律后果
- 學會訂立不可抗力條款

任務引入

一美國出口商向中國某出口公司訂購一批家具，合同中規定有不可抗力條款。但是在生產過程中，出口公司下屬的兩個家具廠之一的 A 廠發生意外火災。考慮到交貨期將至，於是出口公司致電美國商人要求援引不可抗力條款免除其交貨責任，但美商認為此事故不屬於不可抗力，要求出口公司按合同履行交貨義務。

討論題：
(1) 什麼是不可抗力？常見的不可抗力有哪些？
(2) 我方免除交貨責任的要求是否合理？為什麼？

知識內容

在國際貿易中，買賣雙方洽商成交後，有時會由於自然力量或社會原因引起無法預見、無法控制的不可抗力事件，致使合同無法履行，原則上當事人可以免責。

一、不可抗力的含義及產生不可抗力的原因

不可抗力（Force Majeure）又稱人力不可抗拒，是指在貨物買賣合同簽訂以後，不是由於交易雙方中任何一方當事人的過失或疏忽，而是由於發生了當事人不能預見和預防，又無法避免和克服的意外事故，以致不能履行或不能如期履行合同，遭受意外事故的一方，可以免除履行合同的責任或延期履行合同。

不可抗力是合同中的一項條款，也是一項法律原則。對此，在國際貿易中不同的法律、法規等各有自己的規定。根據《聯合國國際貨物銷售合同公約》第 79 條的規定，當事人對不履行義務，不負責任，如果他能證明此種不履行義務，是由於某種非他所能控制的障礙，而且對於障礙，沒有理由預期他在訂立合同時能考慮到或能避免或克服它或它的后果。《中華人民共和國合同法》規定不可抗力是指「不能預見、不能避免並不能克服的客觀情況」。

小思考 7-3

下列中哪些事件屬於不可抗力？①洪水；②封鎖；③暴動；④民變；⑤傳染病；⑥船期變更；⑦機器故障；⑧能源危機；⑨物價上漲；⑩貨幣貶值。

一般認為構成不可抗力事件應當具備以下條件：
(1) 意外事件必須發生在合同成立之後；
(2) 意外事件不是由於合同當事人的過失或疏忽造成的；
(3) 意外事件的發生及其造成的后果是當事人無法預見、無法避免和無法克服的。

引起不可抗力事件的原因有自然原因和社會原因兩種。自然原因是指洪水、暴風、干旱、暴風雪、地震等人類無法控制的自然界力量所引起的災害；社會原因是指戰爭、罷工、政府禁止有關商品進出口等。不能錯誤地認為所有自然原因和社會原因引起的事件都屬於不可抗力事件。對於不可抗力事件的認定必須慎重，並與諸如商品價格變

動、匯率變化等正常的貿易風險嚴格區別開來。同時要把不可抗力與某些社會現象，如怠工、關閉工廠、船期變更區別開來，防止當事人隨意擴大不可抗力事件範圍，推卸應承擔的責任。

二、不可抗力的法律后果和處理方法

發生不可抗力事故后，遭受事故的一方可以免陳述的賠償責任。發生不可抗力事件后，合同是否繼續履行，要根據不可抗力事故對履行合同影響的程度而定。如果不可抗力事故完全排除了繼續履行合同的可能性，則可以解除合同；如果不可抗力事故的發生只是暫時影響合同的履行，一旦事故消除必須繼續履行合同。

發生不可抗力事件后，應按約定的處理原則和辦法及時進行處理。究竟如何處理，應視事故的原因、性質、規模及其對履行合同所產生的實際影響程度而定。按照有關的法律原則和國際貿易慣例，如果發生不可抗力事件，致使合同無法得到全部、部分或如期履行，有關當事人可依據法律或合同的規定，免除其相應的責任，即可解除合同或變更合同，並對由此而給另一方當事人造成的損害免負賠償責任。《聯合國國際貨物銷售合同公約》規定，一方當事人享受的免責權利只對履約障礙存在期間有效。如果合同未經雙方同時宣告無效，則合同關係繼續存在；一旦履行障礙消除，雙方當事人仍須繼續履行合同義務。再者，一方當事人對於上述障礙不履行合同義務的免責，只以免除損害賠償的責任為限，而且不妨礙另一方行使《聯合國國際貨物銷售合同公約》規定的要求損害賠償以外的任何權利。

案例討論 7-3

中國某企業與美國客戶訂立 300 套家具出口合同，規定 2013 年 12 月交貨。2013 年 11 月底，我方企業出口商品倉庫發生雷擊火災，致使一半左右的出口家具燒毀。我方企業以發生不可抗力為由，要求免除交貨責任，客戶不同意，堅持按時交貨。我方無奈，於 2014 年 1 月初交貨，美方要求索賠。

試問：
(1) 我方要求免除交貨責任的要求是否合理？
(2) 美方的索賠要求是否合理，為什麼？

三、不可抗力的通知和證明

不可抗力發生後，當事人一方因不能按規定履約要取得免責權利，必須及時通知另一方，並在合理時間內提供必要的證明文件，以減輕可能給另一方造成的損失。按照《聯合國國際貨物銷售合同公約》的規定，如果當事人一方未及時通知而給對方造成損害的，仍應負賠償責任。在實踐中，為防止爭議發生，不可抗力條款中應明確規定具體的通知和提交證明文件的期限和方式。

關於不可抗力的出證機構，在中國，一般由中國國際貿易促進委員會（中國國際商會）出具；如由對方提供時，則大多數由當地的商會或登記註冊的公證機構出具。另一方當事人收到不可抗力的通知及證明文件后，無論同意與否，都應及時回復。

四、合同中的不可抗力條款

國際上對不可抗力事件並無統一的解釋，為避免引起不必要的糾紛，防止合同當事人對不可抗力的性質、範圍做任意的解釋，或提出不合理的要求，或無理拒絕對方的合理要求，因此有必要在買賣合同中訂立不可抗力條款，明確不可抗力事件的性質、範圍、處理原則和處理方法等，以利於合同的履行。最好在國際合同中盡量列舉不可抗力的具體範圍、證明條件、通知期限，這可以避免進口商找借口不付款。

（一）不可抗力條款的規定方法

在中國進出口貿易合同中，不可抗力條款規定方法有以下三種：

1. 概括式規定

概括式規定，即在合同中不具體訂明哪些現象是不可抗力事故。例如，由於人力不可抗拒事故影響而不能履行合同的一方，在與另一方協商同意后，可根據實際所受影響的時間，延長履行合同的期限，對方對由此而產生的損失不得提出賠償要求。

2. 列舉式規定

列舉式規定，即在不可抗力條款中明確規定出哪些是不可抗力事故。凡合同中沒有規定的均不能作為不可抗力事故緩引。例如，由於戰爭、洪水、火災、地震、雪災、暴風的原因致使賣方不能按時交貨，則可以推遲裝運時間，或者撤銷部分或全部合同，但賣方必須向買方提交發生事故的證明書，該證明書由××出具。

3. 綜合式規定

綜合式規定，即採用概括和列舉綜合併用的方式。例如，如因戰爭行為或其他人力不可抗拒的原因，買方或賣方不能在本合同第×條規定的有效期內履行合同，如此種行為或原因在合同第×條規定的有效期后繼續 3 個月，則本合同未交貨部分即視為取消。買賣雙方的任何一方不負任何責任。

（二）不可抗力條款示例

1. 不可抗力事件範圍的規定

If either of the Contracting parties be prevented from executing the contract by such events of Force Majeure as war, serious flood, fire, typhoon and earthquake, or other events agreed upon between both parties, the term for the execution of the contract shall be extend for a period equivalent to the effect of such events.

若締約雙方中之任何一方因戰爭、嚴重水災、火災、臺風和地震，以及經雙方認可的其他此等不可抗力事件阻礙而無法按期履行合同，應當延長合同的履行期限，延長的期限相當於事故所影響的時間。

2. 不可抗力的通知

The prevented party shall notify the other party of the occurrence of the Force Majeure events by telex or Email within the shortest possible time and shall send by registered Email, within 14 days thereafter, to the other party for confirmation by the other party.

受不可抗力事件影響的一方應盡快將不可抗力事件發生的情況以電傳或電子郵件的方式通知對方，並於 14 日內以航空掛號信將有關當局出具的證明文件提交另一方

確認。

3. 不可抗力的處理

Should the Force Majeure events last for more than one hundred and twenty consecutive days, both parties shall, through consultations, decide wether to terminate the contract to exempt the part of obligations for implementation of the contract according to the effects of events on the performance of the the contract.

如不可抗力事件持續 120 天以上，雙方應當通過協商方式，根據事件對履約的影響程度，確定是否終止合同或者是否部分地免除合同的履行義務。

案例討論 7-4

A 公司出口伊拉克 B 公司一批商品，3 月和 4 月各裝一批，即期 L/C 支付，合同中訂有不可抗力條款。買方如期開來信用證，賣方正欲發貨，獲悉伊拉克爆發戰爭。賣方認為合同中訂有不可抗力條款，可以免除交貨義務或延期履行，於是在 4 月一起交出兩批貨。

請問：銀行可否拒付？正確的處理方法應是怎樣？

> **工作提示：**
> 不可抗力的法律后果不能視為全部免除違約責任，應該視不可抗力對當事方履行合同義務的影響程度分別處理。

任務四　仲裁

任務目標

- 熟悉解決國際貿易爭議的方式
- 學會訂立仲裁條款

任務引入

中國某公司以 CIF 條件從美國進口一套設備，合同總價款為 800 萬美元。合同中規定，如果合同一方違約，另一方有權向違約方索賠，違約方需向對方支付 1200 萬美元的違約金。合同訂立后，中國某公司遲遲收不到貨，因而影響到自己的生產、經營。因此，中國某公司在索賠期內向美方提出索賠，而美方卻向當地法院提起訴訟。

討論題：
（1）本案應如何裁決？
（2）國際貿易中爭議的解決方法有哪些？

知識內容

　　國際貿易中爭議的解決方式主要有協商（Negotiation）、調解（Conciliation）、仲裁（Arbitration）和訴訟（Litigation）四種。以上四種方式各有利弊，可以單獨使用，也可以聯合使用。解決方式的選擇由國際貿易活動的當事人在相關合同或協議中協商確定。

　　實際業務中，當發生爭議時，一般首先採用雙方當事人和解的方式與友好協商的方式。如果協商不能解決爭議，則分別視情況採取通過第三方進行調解、提交仲裁機構進行仲裁以及進行司法訴訟的方式進行處理。仲裁是解決國際貿易爭議的一種重要方式。

一、仲裁的含義和特點

（一）仲裁的含義

　　仲裁（Arbitration）是指國際貿易的交易雙方在爭議發生之前或發生之後，簽訂書面協議，自願將爭議提交雙方所同意的仲裁機構進行裁決，以解決爭議的一種方式。由於仲裁是依照法律所允許的仲裁程序裁定爭端，因而促使裁決具有法律約束力，當事人雙方必須遵照執行。

（二）仲裁的特點

　　仲裁的裁決對雙方當事人都有約束力，雙方必須執行。仲裁既比協商解決具有約束力，又比司法訴訟具有靈活性，是國際貿易中常用的解決爭議的辦法。仲裁的優勢在於程序簡便、結案較快、費用開支較少，能獨立、公正和迅速地解決爭議，並給予當事人充分的自治權。

　　仲裁的特點具體表現如下：

（1）仲裁充分體現了意思自治原則。

（2）仲裁裁決與調解書具有與法院判決相同的法律效力。仲裁機構的裁決是終局性的，對雙方當事人均有約束力，敗訴方不得上訴，必須執行裁決，否則勝訴方有權要求法院強制執行。

（3）仲裁具有不公開審理性。

（4）仲裁具有公正性、權威性和高效性。

（5）仲裁比訴訟程序簡單，費用低廉。

小思考 7-4

試分析為什麼仲裁成為國際貿易當事人比較易於接受的爭議解決方式？

二、仲裁協議的形式和作用

　　仲裁協議（Arbitration Agreement）是指有關當事人自願將已經發生或即將發生的爭議提交雙方同意的仲裁機構進行裁決的一種意思一致的表示，同時也是仲裁機構和仲裁員受理爭議案件的依據。

(一) 仲裁協議的形式

包括中國在內的絕大多數國家的立法、仲裁規則及一些國際公約均規定仲裁協議必須以書面的方式訂立。

書面仲裁協議的形式主要有以下兩種：

一種是雙方當事人在爭議發生之前訂立的，表示一旦發生爭議應提交仲裁，通常為合同中的一個條款，稱為仲裁條款。

另一種是雙方當事人在爭議發生后訂立的，表示同意把已經發生的爭議提交仲裁的協議，往往通過雙方函電往來而訂立。

(二) 仲裁協議的作用

仲裁協議表明雙方當事人願意將他們的爭議提交仲裁機構裁決，任何一方都不得向法院起訴。仲裁協議也是仲裁機構受理案件的依據，任何仲裁機構都無權受理無書面仲裁協議的案件。仲裁協議還排除了法院對有關案件的管轄權，各國法律一般都規定法院不受理雙方訂有仲裁協議的爭議案件，包括不受理當事人對仲裁裁決的上訴。

三、仲裁協議的主要內容

國際貿易中的仲裁協議一般包括仲裁地點、仲裁機構、仲裁程序與規則、裁決的效力和仲裁費用等幾個方面的內容。

(一) 仲裁地點的規定

仲裁地點是指仲裁所選擇的地點，一般是指仲裁的所在國。在什麼地點進行仲裁是買賣雙方十分關心的問題，因而也是仲裁條款中一項重要的內容。在商定此項條款時，買賣雙方一般都願意在本國仲裁。這樣做，一方面是因為當事人對其本國的仲裁機構和有關程序規則比較瞭解，且沒有語言障礙，還可以節省費用；另一方面是因為仲裁地點與仲裁所使用的程序法，甚至與買賣合同所適用的實體法都有著密切的關係。按照許多國家法律的解釋，凡程序方面的問題，除非仲裁協議另有規定，基本上都適用審判地的法律，即在哪個國家仲裁就適用哪個國家的法律。至於確定雙方當事人權利、義務關係的實體法，若在仲裁協議中未做出規定，則仲裁庭將根據仲裁所在地國家的法律衝突規則確定應適用的實體法。因此，仲裁地點不同，所使用的法律可能不同，導致仲裁的結果也有可能不同。如何爭取到在本國仲裁，取決於許多因素，如法律有無強制性規定、貿易對象的具體情況以及自己在洽談交易中所處的地位等。中國進出口貿易合同的仲裁條款中關於仲裁地點的規定一般採用下述三種方法之一：

(1) 先力爭規定在中國仲裁；

(2) 如若爭取不到在中國仲裁，可以選擇在被訴方所在國仲裁；

(3) 規定在雙方同意的第三國仲裁。

(二) 仲裁機構的選擇

國際貿易中的仲裁可由雙方當事人在仲裁協定中規定在常設的仲裁機構進行，也可以由當事人以方共同指定仲裁員組成臨時仲裁庭進行仲裁。當事人雙方選用哪個國家（地區）的仲裁機構審理爭議，應在合同中做出具體說明。

世界上很多國家和一些國際性、區域性組織都設有從事國際商事仲裁的常設機構，

這些機構一般是民間組織。主要國際商事仲裁機構有設在法國巴黎國際商會總部的國際商會仲裁院、設在瑞典斯德哥爾摩的斯德哥爾摩商會仲裁院、設在瑞士蘇黎世的蘇黎世商會仲裁院、設在美國紐約的美國仲裁協會等。

知識

中國國際經濟貿易仲裁委員會簡介

中國國際經濟貿易仲裁委員會是中國常設的涉外經濟貿易仲裁機構，也是當今世界主要的國際商事仲裁機構之一。中國國際經濟貿易仲裁委員會設在北京，在深圳和上海分別設立了分會。中國國際經濟貿易仲裁委員會受理爭議的範圍是產生於契約性或非契約性的經濟貿易爭議，這些爭議包括國內的或涉外的爭議；涉及中國香港、澳門或臺灣地區的爭議；外商投資企業相互之間以及外商投資企業與中國法人、自然人或經濟組織之間的爭議；涉及在中國利用外國的、國際組織的或中國香港、澳門、臺灣地區的資金、技術或服務進行項目融資、招標投標、工程建築等活動的爭議。

(三) 仲裁程序與規則適用

仲裁程序與規則是指進行仲裁的程序和具體做法，包括如何提交仲裁申請，如何進行答辯，如何指定仲裁員，如何組成仲裁庭，如何進行仲裁審理，如何做出裁決及如何交納仲裁費等。這樣做的目的是為當事人和仲裁員提供一套仲裁時的行為準則，以便在仲裁時有所遵循。

仲裁規則與仲裁機構有著密切的關係。一般情況下，合同的仲裁條款中規定在哪個仲裁機構進行仲裁，就應該遵守哪個機構制定的仲裁規則。但也有不少國家允許當事人選用仲裁地點以外的其他國家仲裁機構的仲裁規則，但以不違反仲裁地國家仲裁法中的強制性規定為前提。至於臨時仲裁機構所適用的仲裁規則由雙方當事人自行約定。

(四) 仲裁裁決的效力

仲裁效力是指仲裁機構對爭議案件審理后所做出的裁決對雙方當事人是否有終局性的約束力，以及能否向法院上訴，要求變更裁決。

包括中國在內的絕大多數國家都規定，仲裁裁決具有終局效力，對雙方當事人均具約束力，任何一方都不得向法院起訴要求變更。也有少數國家允許不服裁決的當事人向法院上訴，但法院一般只審查程序，不審查實體，即只審查仲裁裁決在法律手續上是否完備，而不審查裁決是否正確。只有在發現仲裁員未按仲裁程序規則審理案件時，法院才可以撤銷裁決。

(五) 仲裁費用的負擔

通常需要在仲裁條款中明確規定出仲裁費用由誰負擔。仲裁費用原則上由敗訴方承擔，也有的規定為由仲裁庭酌情決定的。當事人部分勝訴或部分敗訴的，由仲裁庭根據當事人責任大小確定其各自承擔的比例。當事人自行和解或經仲裁庭調解結案的，當事人可以協商確定各自承擔的比例。

五、合同中的仲裁條款

國際貨物買賣合同中的仲裁條款，一般應包括仲裁事項、仲裁地點、仲裁機構、仲裁規則、裁決效力和仲裁費用的承擔問題等。仲裁地點是個很重要的問題，與仲裁時所使用的仲裁規則和法律有密切關係。常用的仲裁協議條款舉例如下：

凡因本合同引起的或與本合同有關的任何爭議，均應提交中國國際經濟貿易仲裁委員會，按照該會現行的仲裁規則，由申請人選定在該會總會或深圳分會或上海分會進行仲裁。仲裁裁決是終局的，對雙方均有約束力。

Any dispute arising from or in connection with this contract shall be submitted to China International Economic and Trade Arbitration Commission for arbitration which shall be conducted by the Commission or its Shenzhen sub – Commission or its Shanghai Sub – Commission at the Claimant's option in accordance with its existing rules of arbitration. The arbitral award is final and binding upon both parties.

凡因執行本合同所發生的或與本合同有關的一切爭議，雙方應通過友好協商辦法解決，如果協商不能解決，應提交仲裁。仲裁在被申請一方所在國進行。如在中國，則由北京中國國際經濟貿易仲裁委員會根據該會仲裁規則進行仲裁。仲裁裁決是終局的，對雙方都具有約束力，仲裁費用由敗訴方負擔。

All disputes arising out of performance of, or relating to this contract, shall be settled amicably through friendly negotiation. In case no settlement can be reached through negotiation, the case shall then be submitted for arbitration, the location of arbitration shall be in the country of the domicile of the defendant. If in China, the arbitration shall be conducted by the China International Economic and Trade Arbitration Commission, Beijing in accordance with its rules of arbitration. The arbitral award is final and binding upon both parties. The charges arising from the arbitration shall be undertaken by the losing party.

六、仲裁裁決的執行

仲裁裁決對雙方都有法律上的約束力，當事人必須執行。如雙方當事人都在本國，如一方不執行裁決，另一方可請求法院強制執行。如一方當事人在國外，涉及另一個國家的仲裁機構所做出的裁決要由另一個國家的當事人執行的問題。在此情況下，如國外當事人拒不執行裁決，則只有到國外的法院去申請執行，或通過外交途徑要求對方國家有關主管部門或社會團體（如商會、同業公會）協助執行。為了解決在執行外國仲裁裁決問題上的困難，國際上除通過雙邊協定就相互承認與執行仲裁裁決問題做出規定外，還訂立了多邊的國際公約。1958年6月10日聯合國在紐約召開了國際商事仲裁會議，簽訂了《承認與執行外國仲裁裁決公約》。該公約強調了兩點：一方面是承認雙方當事人所簽訂的仲裁協議有效；另一方面是根據仲裁協議所做出的仲裁裁決，締約國應承認其效力並有義務執行。只有在特定的條件下，才根據被訴人的請求拒絕承認與執行仲裁裁決。例如，裁決涉及仲裁協議未提到的，或不包括在仲裁協議之內的爭議；仲裁庭的組成或仲裁程序與當事人所簽仲裁協議不符等。

1986 年 12 月第 6 屆全國人民代表大會常務委員會第 18 次會議決定中華人民共和國加入上述 1958 年紐約公約，並同時聲明如下：

（1）中華人民共和國只在互惠的基礎上對在另一締約國領土內做出的仲裁裁決的承認和執行適用該公約；

（2）中華人民共和國只對根據中華人民共和國法律認定為屬於契約性和非契約性商事法律關係所引起的爭議適用該公約。

中國政府對上述公約的加入和所做的聲明，不僅為中國承認與執行外國仲裁裁決提供了法律依據，而且也有利於中國仲裁機構所做出的裁決在國外公約成員國內的執行。

工作提示：

仲裁表示合同雙方自願將爭議提交仲裁機構予以裁決，裁決是終局性的，具有法律效力。

項目小結

（1）進出口商品檢驗是國際貿易實務中非常重要的一個環節，也是國際貿易合同中不可缺少的一項內容，通過檢驗檢疫機構對成交貨物的品質、數量、重量和包裝以及運輸工具進行檢驗檢疫、鑒定和證明，並出具檢驗檢疫證書。在合同中應對商品檢驗的時間、地點和方法等做出明確的規定。

（2）國際貿易的複雜性決定了國際貿易中由各種原因引起的爭議和糾紛是不可避免的，為保障自己的合法權益不受損害，買賣雙方應在合同中明確規定索賠條款，包括索賠的時間、索賠的依據等。

（3）由不可抗力引起的違約，可以免除違約方當事人的違約責任。

（4）對於國際貿易中發生的爭端，當事人可以採取多種途徑解決糾紛，仲裁是其中最重要的方式之一，被國際上廣泛接受和採用。

項目演練

一、判斷題

1. 在買賣合同中，對非法定檢驗的商品可以不用訂立有關商檢的條款。　　（　　）
2. 若買方沒有利用合理的機會檢驗貨物，就是放棄檢驗權，從而就喪失了拒收貨物的權利。　　（　　）
3. 在進出口業務中，進口人收貨後發現貨物與合同規定不符時，在任何時候都可以向供貨方索賠。　　（　　）
4. 一國的仲裁機構做出的裁決，在其他國家同樣具有效力。　　（　　）

5. 在國際貨物買賣合同中，罰金和賠償損失是一回事。　　　　　　（　　）
6. 援引不可抗力條款的法律后果是撤銷合同或推遲合同的履行。　（　　）
7. 買賣雙方為解決爭議而提請仲裁時，必須向仲裁機構遞交仲裁協議，否則仲裁機構不予受理。　　　　　　　　　　　　　　　　　　　　　　　　（　　）
8. 凡是出口商品都必須經過商檢機構的檢驗才能出口。　　　　　（　　）
9. 只要支付了罰金，即可不履行合同。　　　　　　　　　　　　（　　）
10. 仲裁協議必須由合同當事人在爭議發生之前達成，否則不能提請仲裁。
　　　　　　　　　　　　　　　　　　　　　　　　　　　　　　（　　）
11. 有關當事人一旦接到不可抗力事故的通知后無論同意與否，應及時給對方答復。
　　　　　　　　　　　　　　　　　　　　　　　　　　　　　　（　　）
12. 所謂爭議，是指合同一方未能部分履行協議。　　　　　　　　（　　）
13. 仲裁裁決一經做出即具有法律效力，如敗訴不肯自願執行裁決，則仲裁員可以強制其執行。　　　　　　　　　　　　　　　　　　　　　　　　（　　）
14. 若合同中無規定索賠條款，買方便無權提出索賠。　　　　　　（　　）
15. 一旦發生不可抗力事故，遭遇事故方只有徵得對方同意才能不執行合同。
　　　　　　　　　　　　　　　　　　　　　　　　　　　　　　（　　）

二、單項選擇題

1. 以仲裁方式解決貿易爭議的必要條件是（　　）。
　　A. 雙方當事人訂有仲裁協議　　　B. 雙方當事人訂有合同
　　C. 雙方當事人無法以協商解決　　D. 一方因訴訟無果而提出
2. 異議與索賠條款適用於品質、數量、包裝等方面的違約行為，它的賠償金額（　　）。
　　A. 一般預先規定　　　　　　　　B. 一般不預先規定
　　C. 由第三方代為規定　　　　　　D. 由受損方確定
3. 仲裁裁決的效力是（　　）。
　　A. 終局的，對爭議雙方具有約束力
　　B. 非終局的，對爭議雙方不具有約束力
　　C. 有時是終局的，有時是非終局的
　　D. 一般還需要法院最后判定
4. 採用仲裁方式解決的爭議具有（　　）的特點。
　　A. 可以上訴
　　B. 屬友好協商解決爭議，其結果不具有法律的強制性
　　C. 可以多次交由不同的仲裁機構執行仲裁，直至達成雙方滿意的結果為止
　　D. 程序簡便，費用低廉，辦案迅速
5. 在出口國檢驗、進口國復驗這種檢驗條款的規定方法（　　）。
　　A. 對賣方有利
　　B. 對買方有利

C. 比較公平合理，它照顧了買賣雙方的利益

D. 對保險公司有利

6. （　　）的情況是構成不可抗力的必備條件之一。

A. 意外事故發生在合同簽訂之前

B. 事故由買方的過失造成

C. 事故由賣方的過失造成

D. 意外事故發生的當時雙方都無法控制和無能為力

7. 關於仲裁地點有以下各種不同的規定，其中對我方最有利的一種是（　　）。

A. 在雙方同意的第三國仲裁

B. 在被訴人所在國仲裁

C. 在中國仲裁

D. 在對方國仲裁

8. 國際貿易中，一方違約，使另一方遭受經濟損失，受損方依法解除合同後（　　）。

A. 無權再提出損害賠償

B. 有權再提出損害賠償

C. 是否有權再提出損害賠償，要視損失的金額大小而定

D. 一般無權再提出損害賠償要求，除非雙方事先有協議

9. 中國進出口貿易中的仲裁條款裡仲裁地點的規定一般採取（　　）的方法。

A. 規定在被告國仲裁　　　　B. 規定在原告國仲裁

C. 規定在雙方同意的第三國仲裁　　D. 力爭在中國仲裁

10. 仲裁費用一般規定由（　　）。

A. 勝訴方負擔　　　　　　B. 敗訴方負擔

C. 雙方各半負擔　　　　　D. 申請仲裁方負擔

11. 中國某公司與德商簽訂一筆進口機器零件的合同。合同簽訂以后，德商的兩間工廠都投入了生產。在生產過程中，兩間工廠之一由於意外事故遭遇火災，完全喪失了生產能力，德商（　　）。

A. 因遇不可抗力事故，可要求解除合同

B. 因遇不可抗力事故，可要求延期履行合同

C. 因遇不可抗力事故，可要求延期履行合同，但我方有索賠的權力

D. 不屬於不可抗力事故，我方應要求德商按期履行合同

12. 在眾多檢驗商品品質的方法中，最常用的是（　　）。

A. 裝運港檢驗　　　　　　B. 目的港檢驗

C. 出口國檢驗、進口國復驗　　D. 裝運港檢驗重量、目的港檢驗品質

13. 中國某公司與新加坡一家公司以 CIF 新加坡的條件出口一批土產品，訂約時，中國公司已知道該批貨物要轉銷美國。該貨物到新加坡后，立即轉運美國。其后新加坡的買主憑美國商檢機構簽發的在美國檢驗的證明書，向我提出索賠。美國的檢驗證書是否有效？（　　）

A. 有效

B. 無效，應要求新加坡商檢機構出具證明

C. 無效，應由合理第三國商檢機構出具證明

D. 其他

14. 以下（　　）不是檢驗證書的作用。

A. 作為證明賣方所交貨物的品質、重量（數量）、包裝以及衛生條件等是否符合合同規定及索賠、理賠的依據

B. 確定檢驗標準和檢驗方法的依據

C. 作為賣方向銀行議付貨款的單據之一

D. 作為海關驗關放行的憑證

15. 中國某糧油食品進出口公司與美國田納西州某公司簽訂進口美國小麥合同，數量為 100 萬公噸。麥收前田納西州暴雨成災，到 10 月份賣方應交貨時小麥價格上漲。美方未交貨。合同訂有不可抗力條款，天災屬於該條款的範圍，美方據此要求免責。此時，我方應（　　）。

A. 因不可抗力，予以免責，並解除合同

B. 因未構成不可抗力，堅持美方應按合同規定交貨

C. 因構成不可抗力，可以解除合同，但要求損害賠償

D. 因構成不可抗力，但不要求損害賠償，亦不解除合同，而要求推遲到下年度交貨

三、多項選擇題

1. 合同的商品檢驗一般規定買方在接受貨物之前享有對所購買的貨物進行檢驗的權利。但在一定條件下，買方對貨物的檢驗權喪失。這些條件是（　　）。

A. 買賣雙方另有約定　　　　B. 買方沒有利用合理的機會檢驗貨物

C. 合同規定以賣方的檢驗為準　D. 賣方已經檢驗了貨物

2. 中國 C 公司與日本 D 公司簽訂了一份銷售合同，其中仲裁條款規定在被訴人所在國仲裁。在履約過程中發生爭議，日方為申訴人，可以在（　　）進行仲裁。

A. 北京　　　B. 深圳　　　C. 東京　　　D. 大阪

3. 構成不可抗力事件的要件有（　　）。

A. 事件發生在合同簽訂後

B. 不是由於當事人的故意或過失所造成的

C. 事件的發生及其造成的后果是當事人無法預見、控制、避免或克服的

D. 不可抗力是免責條款

4. 在國際貿易中，解決爭議的方法主要有（　　）。

A. 友好協商　　B. 調解　　C. 仲裁　　D. 訴訟

5. 罰金條款一般適用於（　　）。

A. 賣方延期交貨　　　　　　B. 買方延遲開立信用證

C. 買方延期接運貨物　　　　D. 一般商品買賣

6. 商檢證書的作用有（　　）。
   A. 證明賣方所交貨物符合合同規定的依據
   B. 是海關放行的依據
   C. 賣方辦理貨款結算的依據
   D. 是辦理索賠和理賠的依據
7. 仲裁協議是仲裁機構受理爭議案件的必要依據（　　）。
   A. 仲裁協議可以在爭議發生之前達成
   B. 仲裁協議可以在爭議發生之后達成
   C. 若仲裁協議事前與事后達成協議內容不同，應以事前達成為準
   D. 按照中國法律，仲裁協議必須是書面的
8. 仲裁的特點主要有（　　）。
   A. 當事人意思自治
   B. 非公開審理
   C. 解決國際商事爭議的最主要的方法
   D. 程序簡便、結案較快、費用開支較少

四、案例分析題

1. A公司委託B公司進口機器一臺，合同規定索賠期限為貨到目的港后30天。貨到目的港卸船后，B公司立即將貨物轉給至A公司，因A公司廠房尚未建好，機器無法安裝試車。半年后廠房完工，機器安裝完畢進行試車，A公司發現機器不能正常運轉。經過商檢機構檢驗證明，該機器是舊貨，於是A公司要求B公司對外索賠，但外商拒絕賠償，A公司遭受了巨大經濟損失。請問：我們應從中吸取什麼教訓？

2. 中國某公司與外商訂立一項出口合同，在合同中明確規定了仲裁條款，約定在履約過程中如發生爭議，在中國仲裁。后來，雙方對商品的品質發生爭議，對方在其所在地法院起訴我方，法院發來傳票，傳中國該公司出庭應訴。對此，你認為該如何處理？

3. 某年10月，我公司與日本商人簽訂引進二手設備合同。合同規定，出口商設備在拆卸之前均在正常運轉，符合正常生產要求。同時規定，如果有卸件損壞，貨到我方工廠后14天內出具檢驗證明，辦理更換或退貨。設備運抵后，因我方工廠的土建工程尚未完工，3個月后才將設備運進廠房打開檢驗，結果發現幾乎全是報廢設備，只是對方重新刷了油漆，表面難以識別。請問：我方是否可以退貨或索賠？

五、實務操作題

2013年5月15日由「索納塔」號貨輪運送的小麥到達大連港，經過國家商檢機構檢驗，發現JESI059998號合同項下貨物短重（Short Weight）11公噸左右，約為4500美元。根據合同規定，應當在貨物到達目的港后3日內提出索賠，請根據以上情形撰寫一封索賠函。

項目八　交易磋商與合同訂立

項目導讀

　　國際貿易是以國際貨物買賣合同為中心進行的，要經歷交易前的準備、交易磋商、訂立合同和履行合同四個階段。買賣雙方在交易前的準備過程中瞭解自己所需信息后，經過交易磋商，達成協議后即簽訂書面合同，作為確定雙方權利和義務的依據。但是，由於受到雙方所處國家的不同或地區政治、法律、文化以及國際市場行情變化等因素的影響，絕大多數合同的形成都不是一蹴而就的，而是要經過反反覆復的談判。本項目主要介紹交易磋商前的準備工作、磋商的一般程序及合同的訂立階段的內容。

任務一　交易前的準備工作

📁 任務目標

- 瞭解交易前準備工作的重要性
- 掌握出口方與進口方交易前的準備工作的主要工作內容

🔍 任務引入

20 世紀 80 年代，「車到山前必有路，有路必有豐田車」這句廣告詞在中國風靡一時，豐田汽車的市場推廣力度可見一斑。

1957 年，豐田汽車開始出口美國。最初幾天的熱烈反應掩蓋了日本人對美國市場的不適應。但是，隨著時間的推移，這些豐田車越來越不適應美國市場。3 年後，豐田汽車被迫決定暫停向美國出口轎車。

時隔不久，一位日本人來到紐約，以學英語為名，住進了一個普通的美國家庭。在每天的生活中，他除了學習外，都在做筆記觀察美國人居家生活的種種細節。3 個月後，日本人走了。沒過多久，豐田公司就推出了針對當時美國家庭需求而設計的價廉物美的旅行車，該車在每一個細節上都考慮了美國人的需要。

5 年後，豐田公司終於製造出適應美國人需求的轎車——卡羅拉。由於動力強勁、堅固耐用、造型新穎，而且價格低廉，獲得了巨大的成功。

1975 年，豐田成為美國最大的汽車進口品牌。

討論題：試分析豐田公司做汽車國際市場調研時考慮了哪些方面的因素？

📖 知識內容

為了順利達成交易，進出口雙方交易磋商前應該掌握必要的相關情況，諸如自己出口經營所具備的優勢和劣勢、國際市場的規律、出口經營之道、競爭對象的經營情況、國外消費者的喜好等。為了系統地瞭解和掌握上述情況，可以從獲取產品信息、目標市場信息、客戶信息、銷售渠道信息和競爭對手信息入手，有目的、有針對性地進行市場調查研究，對有關的信息進行系統的收集、記錄和分析，並在此基礎上制訂相應的出口經營方案。這項工作不但要求獲取的信息是客觀的，而且要求對這些信息的分析也是客觀的，這樣才能使交易磋商有的放矢，保證日後決策準確。

一、出口方交易前的準備工作

作為出口方，在洽談出口交易前，為了達到減少交易的風險，擴大出口，提高交

易的成功率，應必須認真做好交易前的各項準備工作。
(一) 辦理相關手續
　　1. 獲得經營權
　　目前，中國企業要從事對外經貿活動，需要向外經貿主管部門提出申請，經許可後可取得進出口經營權。需要申報的材料如下：
　　(1) 企業申請報告；
　　(2) 申請進出口經營權企業概況表；
　　(3) 企業申請經營的進出口商品目錄；
　　(4) 企業法人營業執照；
　　(5) 商業物資企業申請進出口經營權的可行性報告等內容。
　　2. 辦理海關註冊登記
　　所有進出口貨物都要向海關辦理報關手續。需要向海關辦理相關手續的單位，應先向當地海關提出書面申請，經海關審核並辦理註冊登記手續。
　　3. 辦理出口許可證
　　目前，中國對少數商品的出口仍然需要辦理出口許可證。中國實行按商品、按地區由各級國家對外經濟貿易行政管理部門代表國家分級發證的辦法，其基本程序包括申請、審核、填表、發證等。
(二) 對國際市場的調查研究
　　企業開拓國際市場，必須要瞭解國際市場環境，進而選擇目標市場。對國際市場的調研包括以下主要內容：
　　1. 國別或地區的調研
　　國別和地區的調研是對某一國家或地區的總體情況進行廣泛地瞭解，特別是對與貿易有關的情況進行重點調查研究的一項出口準備工作，主要包括如下內容：
　　(1) 政治和法律環境。政治和法律環境是市場環境的重要因素。一國或地區的政治穩定性以及法律體系等都將對企業出口活動產生重要影響。
　　(2) 經濟環境。一國或地區的經濟體制、經濟發展水平、經濟發展潛力以及收入分配狀況等直接關係到該國或地區的商品市場規模和發展趨勢。
　　(3) 對外貿易環境。不同國家或地區的對外貿易狀況、對外貿易政策，特別是外貿方面的法律法規、限制或鼓勵的措施等都會有所不同。
　　(4) 其他環境。這主要包括氣候、地形和交通等方面的地理環境；使用的語言、教育水平、宗教、風俗習慣、價值觀念等方面的文化環境；廠商的競爭狀況等方面的競爭環境等。
　　2. 對國外商品市場行情的調研
　　企業要出口商品，必須在對國家或地區市場進行一般瞭解的基礎上，研究國外商品市場情況。這主要包括如下內容：
　　(1) 國外商品市場的供給情況。這包括出口商品的生產歷史和發展趨勢、生產商品供應的渠道和來源，以及國外生產廠家的生產能力和庫存情況等，同時還應包括生

產波動的規律，並分析本企業所占的份額和供給情況。

（2）國外市場商品需求情況。這包括國外市場對商品需求的品種、數量和質量要求等，特別是應分析商品的需求趨勢和特點。

（3）國際市場商品價格情況。這包括影響國際市場商品價格的具體因素；商品需求彈性的大小；商品的價格水平和價格變動趨勢等。

（4）國外商品市場的營銷情況。這包括在國外市場對客戶可能使用的營銷組合策略；能促進營銷的方法；營銷中的廣告宣傳等。

知識
為中國進出口企業提供相關服務的網站名稱

以下是中國一些較權威的、為中國進出口企業提供相關服務的網站。

1. 中國國際電子商務網（www.wto.moftec.gov.cn）

中國國際電子商務網是中國「金關工程」骨幹網，也是中國唯一的經濟貿易專用網，由中國對外經濟貿易合作部所屬的中國國際電子商務中心建設和管理。其服務對象主要是外經貿企業，服務內容分為電子政務、網上經貿、合作站點、商務服務、新聞導航等欄目。

2. 中國商品交易市場網（www.chinamarket.com.cn）

中國商品交易市場網是中國國際電子商務中心於1999年7月推出的，是目前國際互聯網上規模最大、最方便實用的中國商品採購基地。這一「虛擬市場」按商品分類設計構建，網上不僅有企業和產品信息，而且還有洽談室，貿易雙方可以在網上進行商業洽談，不受展館時間和空間的限制，24小時向世界各地展示，幫助企業尤其是中小企業擴大宣傳，尋找直接有效的客戶，最終實現網上交易，被稱為「永不落幕的交易會」。

3. 中國技術出口交易會網（www.techfai.com.cn）

中國技術出口交易會網充分利用現代化技術和網絡，向全球展示中國可供出口的技術和大型成套設備以及高科技產品，成為中外技術交流與合作的理想園地。

4. 在線中國出口商品交易會網（www.cecf-gz.com）

在線中國出口商品交易會網，簡稱在線廣交會。從第80屆廣交會開始，外經貿部建立了廣交會站點，以擴大廣交會宣傳和網上電子邀請工作，效果顯著。1999年春交會（第85屆廣交會）開始，外經貿部舉辦了在線廣交會，並與現場廣交會同期開幕，全部廣交會參展企業都同時參加在線廣交會。在線廣交會是中國出口商品交易會的網絡延伸，將現場廣交會與網上廣交會融為一體。在線廣交會有中文、英文兩種版本，涵蓋廣交會企業商品信息、綜合要聞、政策法規等多方面內容，提供網上洽談和多樣化信息檢索方式，全球互聯網用戶可免費查詢所有信息內容。

（三）建立和發展客戶關係

出口企業應在對國際市場進行調研的基礎上，選擇目標市場，建立和發展客戶關係。

1. 對客戶進行調查

交易前，出口企業應對潛在客戶的情況進行細緻的瞭解和分析。一方面，要瞭解國外客戶自身的情況，包括政治情況、資信情況、經營情況等；另一方面，要分析國外客戶企業與我方經貿往來的情況及與其他客戶經貿往來的情況等。

2. 對客戶進行分類和管理

對客戶調研的內容和信息需要進行分類管理，從而對客戶有更為透澈和深入的瞭解。首先，應對所獲取的客戶信息資料進行鑑別和篩選，以保證信息資料的準確性、可靠性和實效性。其次，應對鑑別後的信息資料進行加工整理，以便於使用和查找。最後，應對客戶資料進行分類保管。

3. 選定客戶和建立業務關係

在對客戶進行調研和分類管理的基礎上，應根據自己企業的具體情況，選擇最為合適的、成交可能性最大的客戶，並通過一定的方式主動與其建立業務關係。

小思考 8-1

在國際市場營銷中，我們可以通過哪些途徑來瞭解國際客戶？

（四）制訂出口商品經營方案

出口商品經營方案是指有關進出口公司根據國家規定的出口計劃，對其所經營的出口商品所做的一種業務計劃安排。出口商品經營方案是洽商交易的依據，使交易有計劃、有目的地順利進行。出口商品經營方案一般包括以下內容：

1. 商品和貨源情況

商品和貨源情況包括商品的特點、品質、規格、包裝等，國內生產數量和可供最大出口數量以及當前庫存情況。

2. 國外市場情況

國外市場情況包括國外商品生產、消費、貿易的基本情況和主要進出口國家的交易情況，以及今後可能發展變化的趨勢。特別是對商品品質、花色品種、規格、款式、性能和包裝的要求以及價格變化趨勢，都應寫明分析意見。此外還應對國外主要市場經營該商品的基本做法和銷售渠道加以說明。

3. 經營歷史情況

經營歷史情況包括所出口商品在國際市場上所占地位、主要銷售地區和銷售情況、國外的具體反應、經營該種商品的主要經驗和教訓。

4. 經營計劃安排

經營計劃安排主要包括銷售數量和金額，並結合國外市場的情況，列明擬對某國或地區的出口的具體數量和進度。

（五）做好出口商品的廣告宣傳與商標註冊

1. 廣告宣傳

出口商品的廣告宣傳是指利用各種廣告形式，向國外市場的廣大消費者和經營商宣傳所出口經營的商品。做好出口商品的對外廣告宣傳，是使商品順利進入國際市場，

擴大銷售的重要手段。進行國際廣告宣傳時，應注意以下幾個問題：
(1) 要慎重選擇進行廣告宣傳的商品；
(2) 要合理選擇廣告的媒介；
(3) 要合理選擇代理商和廣告商；
(4) 要充分瞭解各國政府對商業廣告的各種限制；
(5) 要注意語言文字方面的差異。

2. 商標註冊

商標是一種無形資產，應加強商標管理。在進入某個市場之前，要及時將自己出口貨物的商品進行註冊。商標一經註冊，註冊人即受國際法律保護。向國外辦理商標註冊，可以委託國外代理人代辦，也可以委託中國國際貿易促進委員會商標代理處代辦。出口商品的商標，在設計上必須符合各國有關規定，要符合各國的風俗習慣、心理特點、感情色彩等。

案例討論 8-1

中國某公司對某國出口「鸚鵡牌」手風琴。在投入了大量的人、財、物和時間后，取得了熱賣的局面。該國一投機商探知我方在當地沒有進行商標註冊后，趁機以「鸚鵡牌」為商標在當地辦理了註冊。之后，該投機商反而控告我方侵權，並提出解決方案：要麼花大量的錢購買商標的轉讓權，要麼賠償其「損失」后立即退出該國市場。我方公司最后不得不忍痛割愛退出該國市場。

請問：對此，你有何感想？

二、進口交易前的準備工作

與出口貿易一樣，進口交易前也必須進行諸多的準備工作。

(一) 對市場和客戶資信的調查與選擇

進口商品市場的調研主要通過多種渠道廣泛地收集信息，瞭解欲購買商品國外市場的供銷狀況、價格動態、各國相關的進出口政策，法規措施和貿易習慣做法。在此基礎上，根據己方的購買意圖，選擇恰當的市場進行購買。進口商品的市場調研主要包括以下內容：

1. 國際市場供求狀況調研

由於多種因素的影響，國際市場上己方購買商品的供給和需求狀況會不斷發生變化。為保障進口貨源充足以及有利的進口條件，有必要對世界各地進口市場的供求狀況做詳細研究，以便做出最有利的抉擇。

2. 進口商品的調研

應瞭解國外產品的技術先進程度、工藝程度和使用效能，以購買質量較好、技術水平相對較高的商品。

3. 國際市場價格調研

通過對影響價格的諸多因素進行研究，分析進口商品的國際價格水平及其變動趨

勢，進而在最有利的目標市場以最有利的價格購買商品。

在進口交易前，對客戶資信進行調研非常重要。客戶的資信調查主要應注意分析其生產與供貨能力、經營能力與經營作風、在世界市場的地位等。應在調研的基礎上，選擇交易對象。

(二) 落實進口許可證和外匯

在與國外洽商進口交易之前，對有些進口商品須領進口許可證的，應該事先辦理一系列申報審批手續，許多進口商品需要先向主管部門領得准許進口的批文之後，才能向外經貿部申領進口許可證。進口業務一般可分為自營進口和代理進口兩類。在自營進口業務中，申領進口許可證的手續由進口企業自辦，外匯也由自己負責解決；在代理進口業務中，申領進口許可證的手續和使用的外匯，原則上都由委託單位負責。

(三) 審核進口訂貨卡片

審核進口訂貨卡片是代理進口業務中的傳統做法。在辦妥許可證件和落實外匯來源之後，申請進口的單位應填寫進口訂貨卡片，交給負責辦理進口手續的外貿企業，作為外貿企業對外訂立合同和辦理進口業務的依據。進口訂貨卡片內容包括商品名稱、質量、規格、包裝、數量、生產國別、估計單價和總金額、要求到貨時間、目的港或目的地等項目。代理進口業務的外貿部門收到訂貨卡片後，應根據平時累積的資料和當時的市場情況，對訂貨卡片的各項內容進行認真審核，必要時可對商品的牌號、規格和進口國別、廠家等提出修改建議，但需經用貨部門同意才能變動。

(四) 研究制訂進口商品經營方案

對大宗進口商品（代理進口時包括一張卡片數量較大或若干張卡片加在一起數量較大的商品）應當擬訂一個書面經營方案，作為開展訂購業務工作的依據。方案的主要內容包括品名、數量、時間和國別的安排、交易對象的選定、價格和佣金幅度的掌握等。既要力爭比較優惠的價格，又不能影響國內的需求；既要做到「貨比三家」，又要不失時機地購進。對於進口數量較少的商品，可以不擬訂書面的經營方案，但經辦業務人員心中仍應有一個類似的設想安排。特別是對成套設備的進口應慎重行事。

案例討論 8-2

中國某進口企業按照 CFR 條件從國外某新客戶處進口一批貨物，合同簽訂後，國外出口商聲稱已經按照合同規定交貨，我方憑藉符合要求的單據付了貨款，但裝運船只卻一直未到達目的港，后經多方查詢得知，承運人原為一家小公司，在船舶起航後不久就宣布倒閉了，船只為一條舊船，船、貨最終也下落不明。

請問：從此案中我們應汲取什麼教訓？

工作提示：

交易前的準備工作不但要求獲取的信息是客觀的，而且要求對這些信息的分析也是客觀的，這樣才能使交易磋商有的放矢，保證日后決策準確。

任務二　交易磋商的一般程序

📁 任務目標

- 瞭解交易磋商的形式、內容
- 理解發盤與接受的構成條件
- 掌握交易磋商的程序在實際業務的靈活運用

🌐 任務引入

中國 C 公司於 2013 年 7 月 16 日收到巴黎 D 公司發盤：「馬口鐵 500 公噸，每噸 545 美元 CFR 中國口岸，8 月份裝運，即期信用證支付，限 20 日復到有效。」我方於 17 日復電：「若單價為 500 美元 CFR 中國口岸可接受 500 公噸馬口鐵，履約中如有爭議在中國仲裁。」D 公司復電：「市場堅挺，價格不能減，仲裁條件可接受，速復。」此時馬口鐵價格確實趨漲，我方於 19 日復電：「接受你 16 日發盤，信用證已由中國銀行開出，請確認。」但法商未確認並退回信用證。

討論題：
（1）合同是否成立？
（2）我方有無失誤？

📖 知識內容

交易磋商（Business Negotiation）通常又稱為貿易談判，是指買賣雙方通過函電或商談，就某項商品成交條件進行反覆協商，以求成交的過程。在國際貿易中，交易磋商佔有十分重要的地位，因為它是貿易合同訂立的基礎，可以說沒有交易磋商就沒有合同，交易磋商工作的好壞，直接影響到合同的簽訂及以後的履行，關係到雙方的經濟利益，必須認真對待。

一、交易磋商的形式及內容

1. 交易磋商的形式

從形式上來講，交易磋商有口頭磋商、書面磋商和行為磋商 3 種，其中以書面形式最為常用。

口頭磋商主要是指在談判桌上面對面的談判，如參加各種交易會、洽談、貿易小組出訪、邀請客戶來華洽談交易等，另外還包括雙方通過國際長途電話進行的交易磋商。口頭磋商可以根據進展情況及時調整策略，對談判內容複雜、涉及問題多的交易

尤其適合。

書面磋商是指通過信件（Letter）、電報（Cable）、電傳（Telex）及傳真（Fax）、電子郵件（E-mail）等通信方式來洽談交易。撰寫外貿書信，表述可依目的不同而有所不同，根據需要可採用說服、辯解、道歉、懇求等語氣，注意準確、自然、完整，達到預期目的。目前各國已廣泛應用傳真取代了以往的電報。傳真內容可以是照片、圖表、書信、文件等。隨著現代通信技術的發展，有的企業已開始使用電子郵件磋商交易。但應注意，傳真件容易退色，不能長期保存，而且容易作假；電子數據文件的法律效力在國際範圍還有待進一步明確。因此，通過傳真或電子郵件達成的交易，應補寄正本文件或另行簽訂合同書，使合同擁有可靠的證據。

行為磋商，即通過行為進行交易磋商，最典型的例子就是在市場上進行拍賣或購物。

小思考 8-2
大型成套設備的交易磋商應主要採用哪種磋商形式？

2. 交易磋商的內容

交易磋商的內容，即買賣合同的各項主要交易條款，包括品名、品質、數量、包裝、價格、裝運、保險、支付以及商檢、索賠、仲裁和不可抗力等。具體磋商時注意各條款之間保持內在的一致性，不可前后衝突自相矛盾，否則會給日後履約帶來隱患。在實際業務中，並非每次洽商都把這些條款一一列出，逐條商討，企業一般都使用固定格式的合同，上述條款中的商檢、索賠、仲裁、不可抗力等通常就印在合同當中，只要對方沒有異議，就不必逐條協商，可節省洽商時間和費用開支。

二、交易磋商的一般程序

在國際貨物買賣合同商訂的過程中，磋商程序主要有詢盤（Inquiry）、發盤（Offer）、還盤（Counter-offer）和接受（Acceptance）四個環節。其中，發盤和接受是達成交易必不可少的兩個環節或法律步驟。

（一）詢盤

詢盤又稱詢價，是交易的一方打算購買或出售某種商品，向對方詢問買賣該項商品的有關條件或者就該項交易提出帶有保留條件的建議。

舉例如下：

Can supply soybean oil, Please bid.

（可供豆油，請發盤）

Please quote lowest price CFR Shanghai for 500 pieces hero brand bicycles May shipment cable promptly.

（請報 500 輛「英雄」牌自行車，成本加運費至上海最低價，五月裝運，速電告。）

詢盤對於詢盤人和被詢盤人來說，都沒有法律上的約束力。進口方詢盤后，沒有

必須購買的義務，出口方也沒有必須出售的責任。但是，在商業習慣上，被詢盤的一方接到詢盤後，應當盡快予以答復。

詢盤雖然是交易的第一步，但不是每筆交易磋商中必不可少的步驟。有時，可以未經對方詢盤而直接向對方發盤。

詢盤主要是試探對方交易的誠意和瞭解其對交易條件的意見，內容涉及價格、規格、品質、數量、包裝、交貨期以及索取樣品、商品目錄等，而多數是詢問價格，因此也稱詢價。如果是新客戶，則必然有建立貿易關係的願望，因此在往來函電中，除了說明要詢問的內容外，一般還應告知信息來源（如何獲得貿易夥伴的名址）、去函目的、本公司概述、產品介紹及激勵性語言和期望，以達到使對方發盤的目的。詢盤既可由賣方也可由買方發出，它對詢盤人和被詢盤人均無法律約束力。

小思考 8-3

請思考是否每筆交易必經詢盤這一步驟？

（二）發盤

發盤又稱為發價，在法律上稱為要約，是指交易的一方——發盤人，向另一方——受盤人提出購買或出售某種商品的各項條件，並表示願意按照這些條件與對方達成交易、訂立合同的行為。

發盤可以是應對方的詢盤做出的答復，也可以在沒有邀請的情況下直接發出。發盤多由賣方發出，稱為售貨發盤，也可以由買方發出，稱為購貨發盤或遞盤。在發盤有效期內，發盤人不得任意撤銷或修改其內容，並且一經對方接受，發盤人將受其約束，並承擔按照發盤條件與對方訂立合同的法律責任，發盤的交易條件可以採用分條列項的形式寫出，使之醒目清楚。

舉例如下：

Offer 5000 dozen sport shoes sampled March 15th USD80. 50 per dozen CIF New York export standard packing Mar/June shipment irrevocable sight L/C subject reply here 20th.

茲發盤 5000 打運動鞋，規格按 3 月 15 日的樣品，每打 CIF 紐約價 80.50 美元，標準出口包裝 5 月至 6 月裝運，以不可撤銷信用證支付，限 20 日復到。

1. 發盤的構成條件

《聯合國國際貨物銷售合同公約》（以下簡稱《公約》）第十四條第一款規定：「向一個或一個以上特定的人提出的訂立合同的建議，如果其內容十分確定並且表明發盤人有在其發盤一旦得到接受就受其約束的意思，即構成發盤。」根據對這項規定的解釋，構成一項發盤應具備如下四個條件：

（1）發盤要有特定的受盤人。受盤人可以是一個，也可以是一個以上的人，可以是自然人，也可以是法人，但必須特定化。

（2）發盤的內容要十分確定。這主要是指在發盤中明確貨物，規定數量和價格。但是，在中國外貿業務中，發盤通常要包括六項主要交易條件，即商品品質、數量、

包裝、價格、交貨和支付條件。

（3）表明發盤人受其約束。發盤人表示，在得到有效接受時，雙方即可按發盤的內容訂立合同，發盤人不得更改和拒絕。

2. 發盤的有效期

在發盤中通常都規定有效期，作為發盤人受約束的期限和受盤人表示接受的有效期限。實務操作中，發盤的有效期規定方法主要有如下兩種：

（1）規定最遲接受的期限；

（2）規定一段接受的期限。

如果發盤中沒有明確規定有效期，受盤人應在合理時間內接受，否則無效。「合理時間」應視交易的具體情況而定，一般按慣例處理。發盤人在規定有效期時要注意如下問題：

（1）要根據商品的特點和採用的通信方式來合理確定。一般來說，對大宗交易和價格變化快的商品，有效期應短一點；反之，應長一點，一般不超過5天。

（2）有效期要具體明確，盡量避免「盡快答復」之類的詞句。

（3）最好明確有效期的期限。

案例討論 8-3

一個法國商人於某日上午走訪中國外貿企業洽購某商品。我方口頭發盤后，對方未置可否，當日下午法商再次來訪表示無條件接受我方上午的發盤，那時我方已獲知該項商品的國際市場價格有趨漲的跡象。

請問：對此，你認為我方如何處理為好，為什麼？

3. 發盤的生效和撤回

按照《公約》第十五條的解釋，「發盤於送達受盤人時生效」，就是說發盤在到達受盤人時立即生效。因此，發盤到達受盤人之前對發盤人沒有約束力。也就是說，發盤之後，在其到達受盤人之前，發盤人可以改變主意將其撤回。按照《公約》第十五條第二款的規定，一項發盤，如果撤回的通知在發盤到達受盤人之前或同時到達受盤人，即使此發盤是不可撤銷的，也可以撤回。要做到這一點，發盤人必須以更快的通信方式使撤回的通知趕在發盤到達受盤人之前或同時到達受盤人。

4. 發盤的撤銷

發盤的撤銷不同於撤回，它是指發盤生效后，發盤人再解除其效力的行為。根據《公約》第十六條的規定，在未訂立合同之前，發盤可以撤銷。如果撤銷的通知在受盤人發出接受通知之前送達受盤人。但在下列情況下，發盤不得撤銷：

（1）發盤中寫明了發盤的有效期或以其他方式表明發盤是不可撤銷的；

（2）受盤人有理由信賴該發盤是不可撤銷的，而且受盤人已本著對該發盤的信賴行事，如尋找用戶、組織貨源等。這種情況下，發盤人再撤銷發盤會造成較嚴重的后果。

5. 發盤的失效

發盤的失效是指發盤法律效力的消失，即發盤人不再受發盤的約束，以及受盤人失去了接受該發盤的權利。任何一項發盤，其效力均可在一定條件下終止。具體原因如下：

（1）受盤人做出還盤，發盤的效力即告終止；

（2）發盤人依法撤銷發盤，則發盤的效力即告終止；

（3）發盤中規定的有效期屆滿；

（4）發生人力不可抗拒的意外事故，如政府禁令或限制措施；

（5）在發盤被接受前，當事人喪失行為能力或死亡或法人破產等。

（三）還盤

還盤又稱為還價，是指受盤人對發盤內容不完全同意而提出修改或變更的表示。還盤可以是針對價格，也可以是針對其他條件。也就是說，一方在接到另一方報盤以後，可以就提高或降低價格、改變支付方式、改變交貨期等要求更改報盤內容。

舉例如下：

Your cable 10th caunter offer till 26th our time USD70.00 per dozen CIF New York.

你10日電收悉，還盤每打70美元，CIF紐約，26日復到。

Your cable 10th May shipment D/P 30 days.

你10日電收悉，裝運期5月，D/P遠期30天。

需要注意的是，還盤是對發盤的拒絕，還盤一經做出，原發盤即已失效，發盤人不再受其約束。一項還盤等於受盤人向原發盤人提出的一項新的發盤，即還盤就是一項新發盤。還盤做出後，還盤者處於發盤人的位置，他有權對還盤的內容進行考慮，決定接受、拒絕或再還盤。

如何草擬還盤，是檢驗外銷人員業務素質以及應對能力的重要方面，關係到交易能否繼續下去的問題。毫無說明的接受或拒絕都是不可取的。因此，外銷人員收到對方發盤後，要針對發盤內容，認真思考、分析，擬寫還盤函。首先確認對方來函，表示感謝；其次，不管最後是否接受對方的條件，一般都會先堅持原發盤的合理性，同時給出各種適當的理由，如強調品質優秀，或認為報價符合市價，或指出原材料價格上漲、人工成本提升，或言明利潤降低至最低點等；最後，提出我方條件，並催促對方行動。還盤的關鍵是要有說服力，而且常常帶有促銷的性質，如以數量折扣吸引對方大批定購，以庫存緊張激勵對方早下訂單等。即使拒絕還價、不作任何讓步，也應向對方推薦一些價格低廉的替代品，以尋求新的商機。

案例討論 8-4

A進口公司週一接到B外商的發盤：「限周五復到。」A進口公司周二回電還盤，邀B外商電復，B外商未處理。周四A進口公司又向B外商發電稱接受週一的發盤。

請問：這筆交易是否達成？為什麼？

（四）接受

接受在法律上稱為承諾，是指受盤人接到對方的發盤或還盤后，同意對方提出的條件，願意與對方達成交易、訂立合同的一種表示。也就是交易的一方完全同意對方發來的報盤或還盤的全部內容而為此作的肯定表示。

舉例如下：

Yours 23th accepted.

你 23 日電接受。

Yours 23th we accept Chinese rosin w/w grade iron drum 100 m/t USD195. 00 per m/t CIF Antwerp August shipment irrevocable L/C at sight.

你 24 日電我接受，中國松香 w/w 級鐵桶裝，每噸 195.00 美元，8 月份裝船，不可撤銷即期信用證付款。

1. 接受的條件

（1）接受必須由受盤人做出，即表示發盤人願意按發盤中提出的條件與受盤人訂立合同，但這並不表示發盤人願意按這些條件與其他人訂立合同。如果其他人瞭解發盤的內容並完全同意，不能構成有效的接受，只能作為一項新的發盤。

（2）接受的內容必須與發盤相符。接收的內容只有與發盤提出的條件完全一致，才表明交易雙方就有關交易條件達成了一致意見，這樣的接受才能使合同成立。根據《公約》的規定，對發盤表示接受但載有添加、限制或其他更改的答復，即為拒絕該項發盤，並構成還價。但是，如所載添加或不同條件在實質上並不改變發盤的條件，除發盤人在不過分遲延的期間內以口頭或書面通知反對其差異外，仍構成接受。也就是說，如果受盤人答復發盤時表示了「接受」的意思，但又對發盤做了實質性的修改，均不能構成接受，只能視為還盤；如果受盤人答復發盤時表示了「接受」的意思，但對發盤內容提出某些非實質性的添加、限制或更改（如要求增加裝箱單、原產地證或某些單據的份數等），只要發盤人同意，則合同得以成立。合同的條件既包括了發盤的內容又包括了接受中所做的變更。

根據《公約》的精神，有關貨物價格、付款、質量、數量、交貨地點和時間、一方當事人對另一方當事人賠償責任範圍或解決爭端的條款的添加或變更，均視為實質性變更。

（3）必須在有效期內接受。發盤中通常都規定有效期，如果發盤沒有規定有效期，則應在合理時間內接受方為有效。如果接受通知超過發盤規定的有效期限，或發盤沒有具體規定有效期限而超過合理時間才送達發盤人，這就是一項逾期接受，也稱遲到的接受，發盤人不受其約束，不具有法律效力。但是，也有例外：其一，發盤人在收到逾期接受后，毫不延遲地通知受盤人，確認接受有效；其二，如果接受的信件在傳遞正常的情況下是能夠及時送達發盤人的，這種逾期接受仍被視為有效接受，除非發盤人毫不延遲地用口頭或書面方式通知受盤人該發盤已經失效。總之，在接受遲到的情況下，不管受盤人有無責任，決定接受是否有效的主動權在發盤人。

2. 接受的方式

按照《公約》的規定，接受必須用聲明或行為表示出來。聲明包括口頭和書面兩種方式。一般說來，發盤人如果以口頭發盤，受盤人即以口頭表示接受；發盤人如果以書面形式發盤，受盤人也以書面形式來表示接受。除了以口頭或書面聲明的方式接受外，還可以以行為表示接受。《公約》中規定：「如果根據該項發盤或者依照當事人之間確立的習慣做法或慣例，受盤人可以做出某種行為，例如與發運貨物或支付貨款有關的行為，來表示同意。」

案例討論 8-5

甲公司向乙公司 11 月 10 日發盤：「神力牌拖拉機 100 臺，每臺 2000 美元 CIF 新加坡，即期信用證 12 月裝，限 20 日復到我方為有效。」乙公司沒有表示接受，卻在 11 月 15 日電開以甲為受益人的信用證，這時甲發現發盤有誤。11 月 21 日，甲借口未收到對方接受通知，合同無法成立，並退回信用證。

想一想，甲的做法對嗎？乙將如何處理？

3. 接受的生效和撤回

接受是一種法律行為，這種行為何時生效，各國法律有不同的規定。英美法系實行的是發出生效的原則，即採用信件、電報等通信方式表示接受時，接受的函電一經發出立即生效，不影響合同的成立。大陸法系採用的是到達生效的原則，即接受的函電須在規定時間內送達發盤人，接受方為生效，若函電在途中遺失，則合同不能成立。《公約》採納的是「到達生效」的原則，在《公約》第 18 條中明確規定：「接受發盤於表示同意的通知送達發盤人時生效。」如果雙方以口頭方式進行磋商，受盤人如果同意對方的口頭發盤，應馬上表示同意，接受也隨即生效。但如果發盤人有相反的規定，或雙方另有約定則不在此限。此外，對於以行為表示接受，《公約》規定，接受於該項行為做出時生效，但該項行為必須在規定的期限內做出。也有的國家堅持書面聲明生效，有的甚至堅持書面合同簽字時生效。

關於書面接受的撤回問題，由於《公約》採用的是到達生效原則，因而接受通知發出後，受盤人可以撤回其接受。但條件是他須保證使撤回的通知不晚於接受通知到達發盤人。如果按照英美法「投郵生效」的原則，接受一經投郵立即生效，合同就此成立，也就不存在接受的撤回問題。

小思考 8-4

請問接受可以撤銷嗎？

工作提示：

交易磋商四個環節中，發盤與接受是必需的環節。發盤在發盤有效期內，經對方接受，發盤人將受其約束，並承擔按照發盤條件與對方訂立合同的法律責任。

任務三　書面合同的訂立

任務目標

- 掌握有效合同構成的條件
- 理解書面合同的意義
- 掌握書面合同的形式、內容簽訂合同應注意的問題

任務引入

某年8月浙江一餐具廠與美國某公司簽訂了一項進口設備合同，外商未攜帶設備的詳細清單，只有簡單介紹。但外商條件比較優惠，符合我方要求。外商表示先簽訂合同，回國後立即寄來設備清單。設備清單是簽訂合同的重要基礎，它規定了設備的品種、數量、質量、規格和價格等內容，如果價格在合同中定明並生效，外商寄來的設備清單若與之不符，我方將毫無辦法。為此，我方建議在確認清單後再簽訂合同，但外商仍堅持先簽訂合同。最後我方考慮到此外商在國際上有較好的聲譽並有達成交易的誠意，該合同內容對我方也極為有利，故提出折中辦法，先擬合同後生效，在合同中加上一條生效條款，寫明合同於賣方寄交設備清單並經買方確認簽字之日起生效。對此建議，外商欣然接受，買賣成交。

討論題：請分析此合同的效力。

知識內容

一、構成有效合同的條件

在國際貿易中，買賣雙方通過反覆磋商，就各項交易條件達成一致協議後，交易即告成功，買賣合同成立，雙方即存在合同關係。但是合同是否具有法律效力，還要看其是否具備一定的條件，不具法律效力的合同是不受法律保護的。一份合法有效的合同必須具備下述特徵：

（一）當事人必須在自願和真實的基礎上達成協議

買賣合同必須是雙方自願的，任何一方都不得把自己的意志強加給對方，不得採取詐欺或脅迫的手段。《中華人民共和國合同法》第四條規定：「當事人依法享有自願訂立合同的權利，任何單位和個人不得非法干預。」第五十四條規定：「一方以詐欺、脅迫的手段或者乘人之危，使對方在違背真實意思的情況下訂立的合同，受損害方有權請求人民法院或者仲裁機構變更或者撤銷。」

(二) 當事人具有訂立合同的行為能力

雙方當事人應屬於法律規定的完全民事行為能力人。一般的要求是，作為自然人，應當是成年人，不是神智喪失者，且應有固定的住所。作為法人，應當是已經依法註冊成立的合法組織，有關業務應當在其法定經營範圍之內，負責交易洽商與簽約者應當是法人的法定代表人或其授權人。

(三) 合同的標的和內容都必須合法

合同的標的是交易雙方買賣行為的客體，也就是說，雙方買賣的商品必須符合雙方國家法律的規定，這個合同才是有效的。

(四) 必須是互為有償的

國際貨物買賣合同是雙務合同，是錢貨互換的交易，一方提供貨物，另一方支付錢款。如果一方不按規定交貨或另一方不按合同規定支付錢款，都要承擔賠償對方損失的責任。

(五) 合同的形式必須符合法律規定的要求

《公約》對國際貨物買賣合同的形式，原則上不加以限制。無論採用書面方式還是口頭方式，均不影響合同的效力。《中華人民共和國合同法》第十條規定：「當事人訂立合同，有書面形式、口頭形式和其他形式。法律、行政法規規定採用書面形式的，應該採用書面形式。當事人約定採用書面形式的，應當採用書面形式。」

二、書面合同的簽訂

買賣雙方經過磋商，一方的發盤被另一方有效接受，交易達成，合同即告成立。但在實際業務中，按照一般的習慣方法，買賣雙方達成協議后，還要簽署書面合同將雙方的權利義務加以明確。

(一) 書面合同的意義

1. 合同成立的證據

書面合同可以證明合同關係的存在，一旦發生爭議，可以此為憑證，據理力爭。

2. 履行合同的依據

合同上明確了買賣雙方的權利和義務，履行合同時可參照執行。

3. 有時是合同生效的條件

一般說來，接受生效，合同就成立，但在通過信件、傳真、電子郵件達成協議的特定環境下，一方當事人要求簽訂確認書，則簽訂確認書方為合同成立。此外，如果所簽訂的合同是必須經一方或雙方所在國政府審核批准的合同，那麼這一合同的生效就必須是具有一定格式的書面合同。

小思考 8-5

請思考合同成立與合同生效的判斷依據分別是什麼。

(二) 書面合同的形式

根據國際貿易習慣，如果交易雙方通過口頭或函電磋商，就主要交易條件達成協議之後，就要簽訂合同或成交確認書，也可以採用協議、備忘錄、訂單等，以書面形式把雙方的權利和義務固定下來，作為約束雙方的法律文件。書面合同的形式主要有如下幾種：

1. 合同（Contract）

合同或稱正式合同，一般適用於大宗商品或成交金額大的交易，其內容比較全面詳細，除了包括交易的主要條件如品名、規格、數量、包裝、價格、裝運、支付、保險外，還包括商檢、異議索賠、仲裁和不可抗力等條款。這種合同可分為銷售合同（Sales Contract）和購貨合同（Purchase Contract）兩種。

合同有正本和副本之分。在中國的對外貿易業務中，通常由我方填製合同正本一式兩份，經雙方簽字后，買賣雙方各自保存一份。合同副本與正本同時製作，無須簽字，亦無法律效力，僅供交易雙方留作參考資料，其份數視雙方需要而定。

2. 成交確認書（Confirmation）

這是合同的簡化形式，它所包括的條款比合同簡單，一般只就主要的交易條件做出規定，對買賣雙方的義務描述得不是很詳細。這種形式的合同一般適用於成交金額不大、批數較多的輕工產品或土特產品，或者已訂有代理、包銷等長期協議的交易。

中國在外貿業務中使用的確認書，分為售貨確認書（Sales Confirmation）和購貨確認書（Purchase Confirmation）兩種。這兩種確認書的格式基本一致。當達成交易時，通常也由我方填製一式兩份，經雙方簽字后，各自保存一份。確認書無正本與副本之分。

上述兩種形式的合同，即正式的合同和確認書，雖然在格式、條款項目和內容繁簡上有所不同，但在法律上具有同等約束力，對買賣雙方具有約束力。在中國對外貿易業務中，書面合同主要採用這兩種形式。

3. 協議（Agreement）

在法律上，協議與合同具有相同的含義。書面文件冠以「協議」或「協議書」的名稱，只要其內容對買賣雙方的權利和義務都進行了明確、具體和肯定的規定，它就與合同一樣對買賣雙方有法律約束力。但是如果交易洽商的內容比較複雜，雙方商定了一部分條件，還有一部分條件有待進一步洽商，於是先簽訂一個「初步協議」或「原則性協議」，在協議書中也進行了「本協議屬初步性質，正式合同有待進一步洽商后簽訂」之類的說明，這種協議就不具有合同的性質。

4. 備忘錄（Memorandum）

備忘錄是在進行交易洽商時用來記錄洽商的內容，以備今後核查的文件。如果當事人雙方把洽商的交易條件完整、明確、具體地記入備忘錄，並經雙方簽字，那麼這種備忘錄的性質和作用與合同無異。如果雙方洽商后，只是對某些事項達成一致或一定程度的理解或諒解，並記入備忘錄，作為雙方的初步協議，以及今后進一步合作的

參考依據，並常常冠以「理解備忘錄」或「諒解備忘錄」的名稱，則這種備忘錄不具有法律約束力，只是對雙方具有一定的道義上的約束力。

5. 訂單（Order）

訂單是指進口商或實際買家擬制的貨物訂購單。在中國出口貿易實踐中，交易達成後，有的客戶往往發出訂單，要求我方簽署後退回一份。這種經洽商成交後發出的訂單，實際上是國外客戶的購買合同或購買確認書。對此，我方應仔細審閱其內容，看其中的條款與雙方已商定的各項交易條件是否一致。如果內容一致或者雖有添加、更改之處，但情況並不嚴重且我方可以接受，則應按對方要求簽署訂單。如果發現添加、更改之處是我方所不能接受的，則必須及時向對方提出異議，以免對方誤認為我方已默認其訂單中所列條款，進而產生不必要的糾紛。此外，有些並未與我方進行過磋商的國外客戶有時會逕自寄來訂單，對於這類訂單，應根據其具體內容區分其為發盤還是發盤邀請，並及時予以答復。

(三) 書面合同的內容

書面合同的內容一般包括以下三個部分：

1. 約首

約首是合同的首部，包括合同的名稱、合同號碼（訂約日期、訂約地點）、買賣雙方的名稱和地址以及序言等內容。序言主要是寫明雙方訂立合同的意義和執行合同的保證，對雙方都有約束力等。雙方的名稱應用全稱，不能用簡稱，地址要詳細列明，因涉及法律管轄權問題，所以不能隨便填寫。在中國出口業務中，除在國外簽訂的合同外，一般都是以我出口公司所在地為簽約地址。

2. 本文

本文是合同的主體部分，規定了雙方的權利和義務，包括合同的各項交易條款，如商品名稱、品質規格、數量包裝、單價和總值、交貨期限、支付條款、保險、檢驗、索賠、不可抗力和仲裁條款等，以及根據不同商品和不同的交易情況加列的其他條款，如保值條款、溢短裝條款和合同適用的法律等。

3. 約尾

約尾是合同的尾部，包括合同文字的效力、份數、訂約的時間和地點及生效的時間、附件的效力以及雙方簽字等，這也是合同不可缺少的重要組成部分。合同的訂約地點往往要涉及合同依據法的問題，因此要慎重對待。中國的出口合同的訂約地點一般都是在中國。有時有的合同將訂約的時間和地點在約首訂明。

附：合同格式樣本

销售合同
Sales Contract

No.
Date：

簽約地點：
Signed At：

賣方：	買方：
Sellers：	Buyers：
地址：	地址：
Address：	Address：
傳真：	傳真：
Fax：Fax：	

茲有買賣雙方同意成交下列商品訂立條款如下：
The undersigned Sellers and Buyers have agreed to close the following transactions according to the terms and conditions stipulated below：

1. 貨物名稱及規格 Name of Commodity and Specification	2. 數量 Quantity	3. 單價 Unit Price	4. 金額 Amount	5. 總值 Total Value

數量及總值均得有　%的增減，由賣方決定。
With　% more or less both in amount and quantity allowed at the Seller's option.

6. 包裝：
Packing：

7. 裝運期限：收到可以轉船及分批裝運之信用證　天內裝出。
Time of Shipment：Within　days after receipt of L/C allowing transshipment and partial shipments.

8. 裝運口岸：
Port of Loading：

9. 目的港：
Port of Destination：

10. 付款條件：開給我方100%不可撤銷即期付款及可轉讓的信用證，並須註明可在上述裝運日期后15天內在中國議付有效。
Terms of Payment：By 100% confirmed, Irrevocable, Transferable Letter of Credit to be available by sight draft and to remain valid for negotiation in China until the 15th day after the aforesaid Time of Shipment.

11. 保險：按中國保險條款，投保一切險及戰爭險（不包括罷工險）。
Insurance：Covering all risks and war risk only (excluding S.R.C.C.) as per the China Insurance Clauses.

12. 雙方同意以裝運港中國進出口商品檢驗局簽發的品質及數量（重量）檢驗證書作為信用證項下議付所提出單據的一部分。買方有權對貨物的品質和數量（重量）進行復驗，復驗費由買方負擔。如發現品質或數量（重量）與合同不符，買方有權向賣方索賠。但須提供經賣方同意的公證機構出具之檢驗報告。
It is mutually agreed that the Inspection Certificate of Quantity (Weight) issued by the China Import and Export Commodity Inspection Bureau at the port of shipment shall be part of the documents to be presented for negotiation under the relevant L/C. The buyers shall have the right to reinspect the Quality and Quality (Weight) of

the cargo. The reinspection fee shall be borne by the Buyers. Should the Quality and/or Quantity (Weight) be found not in conformity with that of the contract, the Buyers are entitled to lodge with the Sellers a claim which should be supported by survey reports issued by a recognized Surveyor approved by the Sellers.

13. 備註 REMARKS：

(1) 買方須於　　年　　月　　日前開到本批交易的信用證（或通知售方進口許可證號碼），否則，售方有權不經通知取消本確認書，或接受買方對本約未執行的全部或一部，或對因此遭受的損失提出索賠。

The buyers shall have the covering Letter of Credit reach the Sellers (or notify the Import. License Number) before _____ otherwise the Sellers reserve the right to rescind without further notice or to accept whole or any part of this Sales Confirmation not fulfilled by the Buyers, or to lodge a claim for losses this sustained of any.

(2) 凡以 CIF 條件成交的業務，保額為發票的 110%，投保險別以本售貨確認書中所開列的為限，買方要求增加保額或保險範圍，應於裝船前經售方同意，因此而增加的保險費由買方負責。

For transactions concluded on C.I.F. basis it is understood that the insurance amount will be for 110% of the invoice value against the risks specified in the Sales Confirmation. If additional Insurance amount of coverage is required, the buyers must have the consent of the Sellers before Shipment and the additional premium is to be borne by the buyers.

(3) 品質數量異議：如買方提出索賠，凡屬品質異議須於貨到目的口岸之日起 3 個月內提出，凡屬數量異議須於貨到目的口岸之日起 15 在內提出，對所裝運物所提任何異議屬於保險公司、輪船公司及其他有關運輸機構或郵遞機構所負責者，售方不負任何責任。

QUATLITY/QUANTITY DISCREPANCY: In case of quality discrepancy, claim should be filed by the Buyers within 3 months after the arrival of the goods at port of destination, while of quantity discrepancy, claim should be filed by the Buyers within 15 days after the arrival of the goods at port of destination. It is understood that the Sellers shall not be liable for any discrepancy of the goods shipped due to causes for which the Insurance Company, Shipping company, other transportation, organization/or Post Office are liable.

(4) 本確認書所述全部或部分商品，如因人力不可抗拒的原因，以致不能履約或延遲交貨，售方概不負責。

The Sellers shall not be held liable for failure or delay in delivery of the entire lot or a portion of the goods under this Sales Confirmation on consequence of any Force Major incidents.

(5) 買方開給售方的信用證上請填註合同書號碼。

The buyers are requested always to quote THE NUMBER OF THIS SALES CONFIRMATION in the Letter of Credit to be opened in favour of the Sellers.

(6) 仲裁：凡因執行本合同或與本合同有關事項所發生的一切爭執，應由雙方通過友好的方式協商解決。如果不能取得協議時，則在被告國家根據被告仲裁機構的仲裁程序規則進行仲裁。仲裁決定是終局的，對雙方具有同等約束力。仲裁費用除非仲裁機構另有決定外，均由敗訴一方負擔。

Arbitration: All disputes in connection with this Contract or the execution thereof shall be settled by negotiation between two parties. If no settlement can be reached, the case in dispute shall then be submitted for arbitration in the country of defendant in accordance with the arbitration regulations of the arbitration organization of the defendant country. The decision made by the arbitration organization shall be taken as final and binding upon both parties. The arbitration expenses shall be borne by the losing party unless otherwise awarded by the arbitration organization.

(7) 買方收到本售貨確認書后立即簽回一份，如買方對本確認書有異議，應於收到后 5 天內提出，否則認為買方已同意本確認書所規定的各項條款。

The Buyers are requested to sign and return one copy of this Sales Confirmation immediately after receipt of the same. Objection, if any, should be raise by the Buyers within five days after the receipt of this Sales Confirmation, in the absence of which it is understood that the Buyers have accepted the terms and conditions of the Sales Confirmation.

賣 方	買 方
THE SELLERS	THE BUYERS

（四）簽訂合同應注意的問題

（1）合同的內容必須體現中國平等互利的對外貿易原則和有關方針政策，必須對雙方都有約束力。

（2）合同條款應相互配合，協調一致。如單價與總價的貨幣名稱要一致；價格條件的口岸與目的港要一致，價格條款與保險條款要一致；合同多次出現的貨名要一致等。

（3）合同的各項條款必須與雙方通過發盤和接受所達成的協議一致。

（4）合同條款要完整、肯定，防止錯列或漏列主要事項，合同詞句要準確、嚴謹，切忌模棱兩可或含糊不清。「大約」、「可能」等詞句不要使用。

> **工作提示：**
> 國際貨物買賣合同的訂立是進出口業務順利進行的重要環節，外貿人員應充分重視。

項目小結

（1）作為出口方，交易前的各項準備工作包括辦理相關手續、對國際市場的調查研究、建立和發展客戶關係、制訂出口商品經營方案以及做好出口商品的廣告宣傳與商標註冊等。

（2）進口交易前的準備工作包括對市場和客戶資信的調查與選擇、落實進口許可證和外匯、審核進口訂貨卡片和研究制訂進口商品經營方案等。

（3）交易磋商的形式有口頭和書面兩種。磋商內容包括品質、數量、包裝、價格、運輸、保險、支付等問題。磋商程序有詢盤、發盤、還盤、接受等幾個環節，其中發盤和接受是不可缺少的兩個步驟。

（4）合同條款是雙方的權利和義務的具體體現，在簽訂合同時，合同的形式、內容要符合法律和交易的要求，有效的合同才能受法律的保護且能夠最大限度地避免貿易糾紛。

項目演練

一、判斷題

1. 在國際貨物買賣合同商定的過程中，必須包括詢盤、發盤、還盤、接受四個環節。
（　　）
2. 在國際貿易中，達成交易的兩個必不可少的環節是發盤和接受。（　　）
3. 在交易磋商過程中，發盤是由賣方做出的行為，接受是由買方做出的行為。
（　　）

4. 還盤視為對發盤的拒絕，還盤一經做出，原發盤即失去效力，發盤人不再受其約束。（   ）

5. 如發盤未規定有效期，則受盤人可在任何時間內表示接受。（   ）

6. 根據《聯合國國際貨物銷售合同公約》的解釋，接受必須用聲明或行動表示出來，沉默或不行動本身不等於接受。（   ）

7. 根據《聯合國國際貨物銷售合同公約》的規定，如果撤回通知於接受應生效之前或同時送達發盤人，接受可予撤回。（   ）

8. 根據《聯合國國際貨物銷售合同公約》的規定，受盤人可以在發盤的有效期內，以開立信用證這一行為表示接受。（   ）

9. 一項發盤，即使是不可撤銷的，也是可以撤回的，只要撤回的通知在發盤送達受盤人之前或同時到達受盤人。（   ）

10. 根據《聯合國國際貨物銷售合同公約》的解釋，一項發盤，在受盤人發出接受通知之前可以撤銷，但有兩種例外情況。（   ）

11. 根據《聯合國國際貨物銷售合同公約》的解釋，一項發盤，即使是不可撤銷的，於拒絕通知到達發盤人時終止。（   ）

二、單項選擇題

1. 我某出口公司於5月5日以電報對德商發盤，限8日復到有效。對方於7日以電報發出接受通知，由於電信部門的延誤，出口公司於11日才收到德商的接受通知，事後該出口商公司亦未表態。此時，（   ）。
   A. 除非發盤人及時提出異議，否則該逾期接受仍具有接受效力，合同成立
   B. 不管我方是否及時提出異議，合同不成立
   C. 只有發盤人毫不延遲地表示接受，該通知才具有接受效力，否則合同不成立
   D. 由電信部門承擔責任

2. 某公司向歐洲某客戶出口一批食品，該公司於3月16日發盤，限3月30日復到有效，3月18日接到對方來電稱:「你方16日來電接受，希望5月裝船。」我方未提出異議。於是，（   ）。
   A. 這筆交易達成　　　　　　　B. 需經該公司確認后交易才達成
   C. 屬於還盤，交易未達成　　　D. 屬於有條件的接受，交易未達成

3. 國外某買主向中國出口公司來電:「接受你方12日發盤，請降價5%。」此來電屬交易磋商的哪一環節（   ）。
   A. 發盤　　　B. 詢盤　　　C. 還盤　　　D. 接受

4. 根據《聯合國國際貨物銷售合同公約》的規定，發盤和接受的生效採取（   ）。
   A. 投郵生效原則　　　　　　　B. 簽訂書面合同原則
   C. 口頭協商原則　　　　　　　D. 到達生效原則

5. 英國某商人 3 月 15 日向國外某客商用口頭發盤，若英商與國外客商無特別約定，國外客商（　　）。

　　A. 任何時間表示接受都可使合同成立

　　B. 應立即表示接受方可使合同成立

　　C. 當天表示接受即可使合同成立

　　D. 在兩三天內表示接受可使合同成立

6. A 公司 5 月 18 日向 B 公司發盤，限 5 月 25 日復到有效。A 公司向 B 公司發盤的第二天，A 公司收到 B 公司 5 月 17 日發出的、內容與 A 公司發盤內容完全相同的交叉發盤，此時，（　　）。

　　A. 合同即告成立

　　B. 合同無效

　　C. A 公司向 B 公司或 B 公司向 A 公司表示接受，當接受通知到達對方時，合同成立

　　D. 必須是 A 公司向 B 公司表示接受，當接受通知到達對方時，合同成立

7. 下列條件中，（　　）不是構成發盤的必備條件。

　　A. 發盤內容必須十分確定

　　B. 主要交易條件必須十分完整齊全

　　C. 向一個或一個以上特定的人發出

　　D. 表明發盤人承受約束的旨意

8. 我方 6 月 10 日向國外某客商發盤，限 6 月 15 日復到有效，6 月 13 日接到對方復電稱：「你 10 日電接受，以獲得進口許可證為準。」該接受（　　）。

　　A. 相當於還盤

　　B. 在我方緘默的情況下，則視為有效發盤

　　C. 屬有效的接受

　　D. 屬於一份非實質性改變發盤條件的接受

9. 按《聯合國國際貨物銷售合同公約》的規定，一項發盤在尚未送達受盤人之前，是可以阻止其生效的，這叫發盤的（　　）。

　　A. 撤回　　　　B. 撤銷　　　　C. 還盤　　　　D. 接受

10. 根據《聯合國國際貨物銷售合同公約》的規定，合同成立的時間是（　　）。

　　A. 接受生效的時間

　　B. 交易雙方簽訂書面合同的時間

　　C. 在合同獲得國家批准時

　　D. 當發盤送達受盤人時

11. 我方公司星期一對外發盤，限該發盤星期五復到有效，客戶於星期二回電還盤並邀我方電復。此時，國際市場價格上漲，故我方未予答復。客戶又於星期三來電表示接受我方星期一的發盤，在上述情況下，（　　）。

　　A. 接受有效　　　　　　　　B. 接受無效

　　C. 如我方未提出異議，則合同成立　　D. 屬有條件的接受

12. 根據中國法律，下列哪些合同不是一項具有法律約束力的合同（　　）。
    A. 通過欺騙對方簽訂的合同
    B. 採取脅迫手段訂立的合同
    C. 我方某公司與外商以口頭形式訂立的貨物買賣合同
    D. 走私物品的買賣合同

三、多項選擇題

1. 促使發盤終止的原因主要有（　　）。
    A. 發盤的有效期屆滿
    B. 發盤被發盤人依法撤回或撤銷
    C. 受盤人對發盤的拒絕或還盤
    D. 發盤人發盤后發生了不可抗力或當事人喪失行為能力

2. 在國際貿易中，合同生效的時間主要有（　　）。
    A. 接受送達發盤時
    B. 依約簽訂正式書面合同時
    C. 依國家法律或行政法規的規定，合同獲得批准時
    D. 口頭合同被當即接受時

3. 在國際貿易中，合同成立的有效條件是（　　）。
    A. 當事人必須具有簽訂合同的行為能力
    B. 合同必須有對價或約因
    C. 合同的形式和內容必須符合法律的要求
    D. 合同當事人的意思表示必須真實

4. 交易磋商程序中必不可少的兩個法律環節是（　　）。
    A. 詢盤　　　　B. 發盤　　　　C. 還盤　　　　D. 接受

5. 構成一項發盤應具備的條件是（　　）。
    A. 向一個或一個以上特定的人發出　　B. 發盤內容十分確定
    C. 表明發盤人承受約束的意旨　　　　D. 發盤必須規定有效期

6. 發盤撤銷的條件（　　）。
    A. 發盤已經生效
    B. 發盤到達受盤人，但受盤人還沒有做出接受的通知
    C. 發盤中沒有規定發盤的有效期
    D. 發盤已經生效，受盤人接受通知的時間與撤銷發盤通知的時間是同時

7. 構成一項接受應具備的條件是（　　）。
    A. 接受由特定的受盤人做出　　　　B. 接受的內定必須與發盤相符
    C. 必須在有效期內表示接受　　　　D. 接受方式必須符合發盤的要求

8. 在實際的進出口業務中，接受的形式有（　　）。
    A. 用口頭或書面的形式表示　　　　B. 用緘默表示
    C. 用廣告表示　　　　　　　　　　D. 用行動表示

9. 我某公司 15 日向日商發盤，限 20 日復到有效，日商於 19 日用電報表示接受我方 15 日電，我方於 21 日中午才收到對方的接受通知，此時（　　）。
  A. 合同已成立
  B. 若我方毫不遲延地表示接受，合同成立
  C. 若我方於 21 日才收到接受通知是由於電信部門的延誤，則我方緘默，合同成立
  D. 若我方於 21 日才收到接受通知是由於電信部門的延誤，則合同一定成立

四、案例分析題

1. 某年 2 月 1 日巴西大豆出口商向中國某外貿公司報出大豆價格，在發盤中除列出各項必要條件外，還表示「編織袋包裝運輸」。在發盤有效期內我方復電表示接受，並稱：「用最新編織袋包裝運輸。」巴西方收到上述復電后即著手備貨，並準備在雙方約定的 7 月份裝船。之后 3 月份大豆價格從每噸 420 美元暴跌至 350 美元左右。我方向對方去電稱：「我方對包裝條件做了變更，你方未確認，合同並未成立。」而巴西出口商則堅持認為合同已經成立，雙方為此發生了爭執。分析此案應如何處理，簡述你的理由。

2. 我出口企業對義大利某商人發盤限 10 日復到有效，9 日后義大利商人用電報通知我方接受該發盤，由於電報局傳遞延誤，我方於 11 日上午才收到對方的接受通知，而我方在收到接受通知前獲悉市場價格已上漲。對此，我方應如何處理？

3. 某進出口公司欲進口包裝機一批，對方發盤的內容為：「茲可供普通包裝機 200 臺，每臺 500 美元 CIF 青島，6 至 7 月份裝運，限本月 21 日復到我方有效。」我方收到對方發盤后，在發盤有效期內復電：「你方發盤接受，請內用泡沫外加木條包裝。」我方的接受是否可使合同成立？為什麼？

五、實務操作題

根據下述資料，繕制一份英文銷售合同。
2013 年 8 月 3 日於廣州簽訂的第 96/1234 號合同主要條款。
賣方：廣州服裝進出口公司。
買方：Messrs. J. Handerson & Co., New York City, USA。
商品名稱及數量：1000 打絲織女式襯衫。
規格：顏色粉、藍、黃均衡搭配。
單價：每打 52.50 美元成本加保險加運費到紐約市，含傭 3%。
總金額：52,500 美元。
包裝：紙板箱裝。
交貨期：2010 年 11 月份由中國港口裝運，可轉運但不可分批裝運。
支付條款：不可撤銷即期信用證付款，議付有效期為裝運期后 15 天內在中國到期。

項目九　進出口合同的履行

項目導讀

　　進出口合同履行是指買賣雙方履行合同約定的義務，享有合同賦予權利的過程。交易雙方經過磋商達成了合同后，雙方應本著「重合同、守信用」的原則按合同規定履行自己的義務。其中，賣方的基本義務是按合同規定交付貨物、移交與貨物有關的各項單據和轉移貨物的所有權，而買方的基本義務則是按合同規定支付貨款和收取貨物。因此，本項目主要介紹進出口合同履行的基本環節和運作程序，能夠協調好各個環節所涉及的相關部門的業務工作，使外貿人員對進出口貿易最終獲得一個完整的認識。

任務一　出口合同的履行

📁 任務目標

- 掌握出口合同履行的基本程序
- 掌握落實信用證環節應注意的問題

🔍 任務引入

某公司與外商就某商品按 CIF 和即期信用證付款條件達成一項數量較大的出口合同，合同規定 11 月裝運，但未規定具體開證日期，后因該商品市場價格趨降，外商便拖延開證。我方為防止延誤裝運期，從 10 月中旬起多次電催開證，終於使該外商在 11 月 16 日開來了信用證。但由於開證太晚，我方安排裝運發生困難，便要求對方對信用證的裝運期和議付有效期進行修改，分別推遲一個月。但外商拒不同意，並以我方未能按期裝運為由單方面宣布解除合同，我方也就此作罷。

討論題：請問我方如此處理是否適當，應從中吸取哪些教訓？

📖 知識內容

由於貿易條件的不同，出口合同的履行的程序和各個環節的內容也有所不同。目前，中國大多數出口合同以 CIF 價格條件成交，如果以信用證方式結算貨款的話，那麼履行出口合同的環節概括起來可分成貨（備貨、報檢）、證（催證、審證和改證）、船（租船訂艙、投保、報關和裝運）、款（製單結匯、出口退稅）四個基本環節。

一、備貨和報檢

（一）備貨

備貨也叫排產，是指合同訂立后，出口方為了保證按時、按質、按量履行合同的交貨義務，根據合同規定的品質、包裝、數量和交貨時間等的要求，進行貨物準備的工作。

1. 備貨工作的主要內容

備貨是履行出口合同的重要環節。《聯合國國際貨物銷售合同公約》明確規定：「賣方必須按照合同和本公約的規定，交付貨物，移交一切與貨物有關的單據並轉移貨物所有權。」由此可見，交付貨物是最基本的義務，因為交付貨物是移交單據並轉移貨物所有權的前提。做好備貨工作是履行交貨義務的物質基礎。備貨工作的主要內容包括落實相應的配套資金，按合同和信用證的要求進行生產、加工和倉儲，組織貨源或催交貨物，核實貨物的加工、整理、包裝和刷嘜情況，並對貨物進行驗收和清點。有

的貨物即使已經驗收進倉，還需要根據出口合同的規定進行再次整理、加工和包裝，並在外包裝上加刷運輸標誌和其他必要的標誌。

2. 備貨應注意的問題

在履行出口合同的過程中，不僅要求當事人應當完全做到符合合同的明文規定，而且還應該做到符合合同中未做明文規定但按照法律和慣例當事人應盡的義務。因此，在備貨貨過程中，對以下問題應該重視：

（1）貨物的品質、規格必須符合出口合同規定和法律的要求。合同中表示品質的方法，有「憑文字說明」和「憑樣品」兩種類型。凡憑規格、等級、標準等文字說明達成的合同，交付貨物的品質必須和合同規定的規格、等級、標準等文字說明相符；對於憑樣品成交的合同，該樣品應是買賣雙方交接貨物的依據，賣方交付貨物的內在質量與外觀形態都應和樣品一致。

（2）交貨數量必須符合出口合同的規定。交貨數量是合同的一個重要交易條件。如發現貨物數量不符合合同需要時，應及時採取必要措施，並在規定期限內補足。為便於補足儲存中的自然損耗和國內搬運過程中的貨損，以及合同溢短裝條款的溢裝之用，備貨數量一般以略多於出口合同規定的數量為宜。

（3）貨物的包裝、嘜頭必須符合合同規定和運輸要求。《聯合國國際貨物銷售合同公約》規定：「貨物按照同類貨物通用的方式裝箱或包裝，如果沒有此種通用方式，則按照足以保全和保護貨物的方式裝箱或包裝。」在備貨過程中，對貨物的內、外包裝和包裝標誌，均需認真核對和檢查，如發現包裝不良或破損等情況，應及時進行休整或更換，以免在裝運時取得不清潔的提單，造成收匯困難。

（4）備貨的時間應根據出口合同和信用證規定的裝運期限，並結合船期進行安排。出口方要保證貨物備妥時間與信用證規定的裝運時間和船舶到港時間相協調，以免船貨銜接不良。延遲裝運或提前裝運都可能導致買方拒收或索賠，影響合同的順利履行。

小思考 9-1

請問：下面這些企業在備貨工作中有無問題？

（1）某企業出口水果罐頭一批，合同規定為：紙箱裝，每箱 24 聽，共 100 箱。但在發貨時發現該規格的紙箱不夠，於是改為每箱 40 聽，共 60 箱。

（2）某企業出口摩托車 1000 輛，由於貨源緊張，備貨時就只準備了 1000 輛，但是裝運時突然發現有 50 輛摩托車的包裝破裂，並且商品已經有所損壞。

（3）某出口企業受到國外信用證，規定嘜頭為：ZZZ/tree. CV/65－123/LC NO. 6758/DAR-ESSALAAM. 由於嘜頭過長，貨物的運輸包裝和單據上的嘜頭欄又太窄，於是該公司在包裝和單據上將嘜頭刷製為：

ZZZ

tree. CV/65-123

LC NO. 6758

DAR-ESSALAAM.

（二）報檢

　　為保證所備貨物符合合同約定的質量和數量及相關法律規定，針對不同的出口貨物進行檢驗，也是備貨工作的重要內容。要做好申請報驗和領證工作。凡屬國家規定或合同約定由中國進出口商品檢驗檢疫局檢驗的商品，貨物備齊後，應申請檢驗，只有取得合格的檢驗證書，海關才準予放行。凡屬法定檢驗的出口貨物，必須根據國家有關進出口商品檢驗檢疫方面的法規，在規定的時間和地點，持出口合同、信用證副本、發票、裝箱單等有關單證向檢驗檢疫機構報驗，經檢驗檢疫合格後，由檢驗檢疫機構發給檢驗證書。

　　證書的有效期，一般貨物為 60 天，新鮮果蔬類為 2~3 個星期，出口方應在檢驗證書規定的有效期限內將貨物裝運出口。如果超過期限，應重現報驗。未經檢驗檢疫或報檢不合格的商品，不發給檢驗證書。

知識

與報檢相關的一些規定

　　凡不屬於法定檢驗範圍的出口貨物，如出口合同約定由檢驗檢疫機構檢驗的，需按合同規定，持買賣合同等有關單證向檢驗檢疫機構報驗；經檢驗合格並獲得能證明貨物符合約定的證書之後，方可憑以向買方收取貨款，並以此作為交接貨物的依據。不屬於法定檢驗範圍的出口貨物，出口合同也未約定由檢驗檢疫機構出證的，則應視不同情況，分別採取委託檢驗檢疫機構檢驗、由生產部門和供貨部門進行檢驗、由外貿企業自行檢驗的方式檢驗，檢驗合格後，方可裝運出口。

二、落實信用證

　　在採用信用證支付方式下，信用證是賣方結算貨款的重要文件，是開證行對受益人的付款承諾。買方必須按合同規定及時辦理開立信用證的手續，而且所開信用證的內容應與合同相符或者雖有不符，但其不符內容能為賣方接受。因此，對於規定以信用證方式付款的合同，催證、審證、改證就成為履行這類出口合同的重要環節。

（一）催證

　　催證是通過信件、電報、電傳或其他方式，催促對方及時辦理開證手續並將信用證送達賣方，以便賣方及時備貨或裝運貨物出口。但在實際業務中，有時國外進口商在市場發生變化或資金發生短缺時，往往拖延開證。對此，我們應催促對方迅速辦理開證手續，特別是大宗商品交易或應買方要求特製的商品交易，更應根據備貨情況及時催證。必要時，也可請我駐外機構或有關銀行協助催證，並告知對方不及時開證將被視為撕毀合同，並在對方仍不開證時可聲明保留索賠權，或拒絕交貨，維護合同的嚴肅性。

　　在正常情況下，買方信用證最少應在貨物裝運期前 15 天開到賣方手中。為使出口合同順利履行，在下列情況下，應及時催促買方開立信用證：

　　（1）合同規定裝運期限較長（如 3 個月），同時規定買方應在裝運期前一定期限（如 15 天）內開證，出口商應在通知進口商預期裝運期時，同時催促對方按約定時間

開證；

（2）結合船期情況或有可能提前裝運時，也可與進口商商議要求提前開證；

（3）買方未在銷售合同規定的期限內開立信用證，賣方有權利向買方要求損害賠償，並在此之前，仍可催促進口商開證；

（4）開證期限未到，但發現客戶資信不佳，或市場情況有變，也可催促對方開證。

小思考 9-2

請說明催證與備貨環節的關係。

（二）審證

信用證是依據合同開立的，信用證內容應該與合同條款一致。根據《跟單信用證統一慣例》中有關義務與責任條款的規定，銀行必須合理小心地審核一切單據，以確定單據表面上是否符合信用證條款。單據之間表面上的不一致，將被認為不是表面上符合信用證條款。因此，當賣方收到買方開來的信用證之後，務必及時對信用證內容進行逐項審核。

1. 銀行審證的主要內容

（1）政治性的審查。來證國家必須是與中國有經濟往來的國家和地區，應拒絕接受與中國無往來關係的國家和地區的來證。來證各項內容應符合中國方針政策，不得有歧視性內容，否則應根據不同情況向開證行交涉。

（2）資信情況審核。對開證銀行和保兌銀行的資信情況的審核，在經濟上應要求其本身資信情況必須與所承擔的信用證義務相適應，如果發現其資信不佳，應酌情採取適當的措施。

（3）信用證真偽的審核。銀行應合理謹慎地檢驗信用證表面的真實性。如果銀行不能確定信用證的表面真實性，必須不延誤地告知開證行，並且告知受益人其不能核對信用證的真實性。

（4）對開證行責任範圍的審核。國外的開證行一般應遵循《跟單信用證統一慣例》，如果開證行願意依照該慣例解釋信用證條款的話，就應該在信用證上註明本證受該慣例限制的條款。

2. 受益人以合同條款對照信用證進行審核

銀行雖然不管買賣雙方合同，但信用證的開立中，進口商申請開證時畢竟還是以合同條件為基礎的，信用證應該反應合同的內容。審核信用證時，主要判斷信用證條款是否與合同一致，審核項目一般包括如下內容：

（1）審核信用證的種類。信用證種類繁多，要審查來證是可以撤銷的或是不可撤銷的。根據《跟單信用證統一慣例》的規定，即使信用證沒有註明「不可撤銷」字樣，仍應按不可撤銷信用證處理。另外要注意對有些國家的來證，雖然註明有「不可撤銷」的字樣，但在證內對開證行付款責任方面加列「限制性」條款或「保留」條件的條款，受益人必須對相應的條款進行修改以減少風險。此外，還要審核信用證是保兌的還是不保兌的，如果是保兌的信用證，由哪一家銀行保兌以及保兌費由誰承擔也是審核信用證種類的內容之一。

（2）審核開證申請人和受益人。由於開證申請人的名稱或地址經常會與進口商在進出口合同上顯示的名稱或地址不一樣，因此要仔細審核開證申請人的名稱和地址，以防錯發錯運貨物。受益人的名稱或地址必須正確無誤，前後一致，否則會被視為不符，影響安全收匯。

（3）審核信用證的支付貨幣和金額。信用證的金額和支付的貨幣種類應與合同一致，總金額的大小寫數字必須一致。如果合同訂有溢短裝條款，那麼信用證金額還應包括溢短裝部分的金額。來證採用的支付貨幣種類如果與合同規定的貨幣不一致，應按中國銀行的外匯牌價折算成合同貨幣，在不低於或相當於原合同貨幣總金額時才可接受。

（4）審核信用證有關貨物的內容描述。來證中的有關品名、質量、規格、數量、包裝、單價、金額、裝運港、卸貨港、目的地、保險等是否與合同規定一致；有無附加特殊條款及保留條款；是否需要提供客戶檢驗證明；商業發票是否要求證實或有進口國的領事簽證等，這些條款必須仔細審核，視具體情況判斷是否接受或提請修改。

小思考 9-3

如果信用證規定的貨物名稱為「Canned Apples」，而提單上的品名為「Canned Fruit」。請問：這是否構成單證不符？

3. 信用證一般條款的審核

信用證中各種條款都應該逐條審核和落實，稍有一點不能滿足信用證要求的單據，就會造成單證不符，都有被開證行拒付的可能。

（1）審核信用證規定的交單期。根據《跟單信用證統一慣例》第14條的規定，交單出具的一份或者多份正本運輸單據，必須由受益人或其代表按照相關條款在不遲於裝運日後的21日內提交，但無論如何不得遲於信用證的到期日。如果來證中規定向銀行交單的日期不得遲於提單日期後若干天，則過了限期或單據不齊有錯漏，銀行有權不付款。

（2）審核裝運期和有效期。裝運期必須與合同規定一致，如國外來證晚，無法按期裝運，應及時電請國外買方延展裝運期。信用證中規定的最遲裝運日期，應與合同中的裝運條款相一致，運輸單據的出單日期或上面加註的裝船或啟運日期，不得遲於最遲裝運日期。若信用證未規定裝運期，則最遲裝運日期即為信用證的到期日。

（3）審核轉船和分批裝運條款。除信用證另有規定外，貨物是允許分批裝運的。《跟單信用證統一慣例》規定：「如信用證規定在指定的時間段內分期支款或分期發運，任何一期未按信用證規定期限支取或發運時，信用證對該期及以後各期均告失效。」如果在信用證中規定了每一批貨物出運的確切時間，則必須按此照辦，如不能辦到，必須修改。

（4）審核信用證的付款方式。銀行的付款方式有四種：即期付款、延期付款、承兌匯票、到期付款或議付。所有的信用證都必須清楚地表明付款屬於哪一類。

4. 有關單據條款審核

（1）保險單條款的審核。信用證在保險條款中要明確投保哪些主要險別。《跟單信

用證統一慣例》規定：「信用證應規定所需投保的險別及附加險（如有的話）。如果信用證使用諸如「通常風險」或「非常風險」等含義不確切的用語，則無論是否有漏保之風險，保險單據將被照樣接受。」

（2）海運提單條款的審核。一般信用證對提單份數條款最常見的規定為全套正本提單、三份正本提單。目前外貿公司多數習慣繕制提單份數以一式三份為一套出具。

（3）包裝單條款的審核。對包裝商品，信用證一般要求出具包裝單。包裝單表明貨物不同規格、不同包裝和每件具體情況。如果每件是不定量包裝，要逐一列出每件的毛重和淨重等情況。

案例討論 9-1

某市中國銀行某分行收到新加坡某銀行電開信用證一份，金額為 100 萬美元，購花崗岩石塊，目的港為巴基斯坦卡拉奇，證中有下述條款：

（1）檢驗證書於貨物裝運前開立並由開證申請人授權的簽字人簽字，該簽字必須由開證行檢驗；

（2）貨物只能待開證申請人指定船只並由開證行給通知行加押電通知後裝運，而該加押電必須隨同正本單據提交議付。

請問：該信用證可不可以接受？為什麼？

（三）改證

對信用證進行了全面細緻的審核以後，如果發現問題，應區分問題的性質，分別同銀行、運輸、保險、商檢等有關部門研究，做出恰當妥善的處理。凡是屬於不符合中國對外貿易方針政策，影響合同執行和安全收匯的情況，我們必須要求國外客戶通過開證行進行修改，並堅持在收到銀行修改信用證通知書後才能對外發貨，以免發生貨物裝出後而修改通知書來到的情況，造成我方工作上的被動和經濟上損失。

1. 信用證修改的一般程序

（1）開證申請人向開證銀行申請修改信用證，應提交信用證修改申請書；

（2）開證銀行審核同意後，向信用證原通知行發出信用證修改書，修改書一經發出就不可撤銷；

（3）通知行收到修改書後，審核修改書的表面真實性後，將修改書轉交給受益人；

（4）修改書的通知程序與信用證的通知程序大致相同。修改通知書上應有如下指示：「請書面回復我行可否接受本次修改以便答復開證行。」受益人如不接受信用證項下修改，應盡快告知通知銀行並將修改書正本退回，以便通知銀行將受益人意見及時轉告開證銀行。

（5）受益人同意接受信用證修改後，則信用證項下修改正式生效；如受益人拒絕接受信用證修改，將修改通知書退回通知銀行，並附上表示拒絕接受修改的文件，則此項修改不能成立，視為無效。受益人對修改拒絕或接受的表態，可延期至交單時。

2. 在改證中應注意的問題

（1）如發現同一份信用證中有多次需要修改的地方，應盡量做到一次性向國外客戶提出，避免由於疏忽或考慮不周而多次提出修改要求，以節約對方改證費用。

（2）對於收到的信用證修改，如其內容不能接受，應及時向客戶聲明表示拒絕，並再次提請修改。

（3）開證申請人改證應徵得受益人的同意。《跟單信用證統一慣例》規定，凡未經開證行、保兌行（如有）以及受益人同意，信用證既不能修改也不能撤銷。《跟單信用證統一慣例》還規定，在受益人向通知修改的銀行表示接受該修改內容之前，原信用證的條款和條件對受益人仍然有效。

（4）對於改證通知書的內容，如發現其中一部分不能接受，則應把改證通知書退回，待全部改妥后才能接受。《跟單信用證統一慣例》規定，不允許部分接受修改，部分接受修改將被視為拒絕接受修改的通知。

三、安排裝運

出口企業在備妥貨物、落實信用證后，即應按合同和信用證的規定，及時對外履行裝運貨物的義務。

（一）租船訂艙

在實際業務中，出口企業一般委託貨運代理人辦理租船訂艙，並辦理貨物的報關、檢驗、交接、倉儲和轉運等工作。貨運代理人以貨主的代理人身分對貨主負責，並通過服務收取一定的手續費。

以 CIF 為例，出口訂艙流程如下：

（1）對於出口數量大，需整船運輸的貨物辦理租船手續，對於出口量不大，可洽訂班輪或租訂部分艙位運輸。出口商繕制海運貨物訂艙委託書，並向貨運代理公司簽發，委託貨運代理公司代理租船訂艙。

（2）貨運代理公司接受貨主委託后，向船公司或船公司代理簽發海運出口托運單（Booking Note，B/N），辦理租船訂艙手續。

（3）船公司或其代理確認貨運代理公司的訂艙后，向貨運代理公司簽發配艙回單等運輸單據，作為對訂艙的確認通知。

（4）出口商將該貨物運至指定碼頭等待檢驗、報關、裝船。

（5）船方在確認訂艙后，以發送載貨清單的方式通知港口。

（6）出口方根據合同與信用證有關規定及時向保險公司辦理保險手續，繕制投保單，繳納保險費，取得信用證規定的保險單據。

（7）出口方根據合同約定向進出口商品檢驗檢疫機構申請報檢，填製報檢單，貨物檢查合格后，獲取檢驗檢疫證書。出口方應在檢驗檢疫證書規定的有效期限內將貨物裝運出口。

（8）出口商在裝貨前 24 小時向海關辦理出口貨物報關手續（或向貨運代理公司提供整套報關單據，委託其代理報關），填寫出口貨物報關單，接受海關審批。

（9）海關審核單據、查驗貨物無誤后，向出口商徵收關稅，並在出口貨物報關單上加蓋海關「放行章」。出口商憑該報關單辦理貨物裝運。

（10）貨物裝船后，由船長或大副簽發大副收據（Mate's Receipt），出口商憑大副收據向外輪代理公司結算運費，憑運費單換取船公司向貨代公司簽發海運提單，並立

即向進口商發出裝船通知。

(二) 出口投保

在 CIF 條件下，出口單位訂妥艙位，貨物裝船之前，應向保險公司辦理貨物運輸保險事宜。具體辦法是，填製一份「海運出口貨物投保單」，如果保險公司同意承保，則向投保人發回承保回執，列明保單號碼、保單日期、投保日期，並向其收取保險費。出口人憑保險公司的承保回執繕制保險單，並將其送交保險公司確認簽署。經保險公司簽署后的保險單即成為向銀行議付的重要單據之一。

按 FOB 或 CFR 術語成交的出口貨物，賣方無需辦理投保，但交貨之前，貨物自倉庫到裝船這一段時間內，仍有遭受意外損失的風險，需要自行安排這段時間內的保險事宜，以便萬一發生貨損，保險公司可給予賠償。

(三) 出口報關

出口報關是指貨物出運之前，出口企業如實向海關申報貨物情況，交驗規定的單據文件，辦理接受海關監管事宜。按照《中華人民共和國海關法》的規定，凡是進出國境的貨物，必須經由設有海關的港口、車站、國際航空站進出，並由貨物的發貨人或其代理人向海關如實申報，交驗規定的單據文件，請求辦理查驗放行手續。經過海關放行後，貨物才可提取或裝運出口，承運船舶憑經海關蓋章放行的裝貨單接貨裝船。報關的基本步驟包括以下幾個環節：

1. 申報

申報是指進出口貨物裝船出運前，由報關員在海關規定的時間內，持規定的單證向海關申請對出口貨物的查驗、放行。報關人員在裝貨前 24 小時向海關申報出口。申報時需按海關規定的格式填寫「出口貨物報關單」。報關隨附出口貨物許可證、發票、裝箱單等一些證明文件。對特殊商品如文物、醫藥或受其他管制的出口貨物，還應交驗有關主管部門簽發的證明文件。海關任務必要時，出口企業還需提供銷售合同、帳冊等。

2. 查驗

查驗是指海關在接受報關單位的申報后，依法為確定進出國境的貨物的性質、原產地、貨物狀況、數量和價值是否與貨物申報單上已填報的詳細內容相符，對貨物進行實際檢查的行政執法行為。出口貨物除海關總署特免查驗的以外，都應接受海關查驗。查驗的目的是核對報關單證所報內容與實際到貨是否相符，有無錯報、漏報、瞞報、偽報等情況，審查貨物的出口是否合法。海關查驗貨物應在海關規定的時間和場所內進行。海關在查驗過程中，要求進出口貨物的收發貨人或其代理人必須到場，並按海關的要求負責辦理貨物的搬運、拆裝箱和重封貨物的包裝等工作。海關認為必要時，也可以進行開驗、復驗或者提取貨樣，貨物保管人員應到場作為見證人。

3. 納稅

出口貨物的發貨人或其代理人應在規定的期限內向海關繳納稅款。按照中國規定，發貨人應在海關填發「稅款繳納證」次日起的 7 日內繳納稅款。逾期不繳納者，海關除依法追繳外，還加收滯納金。超過 3 個月未繳納的，海關可向責任擔保人繳納稅款，或者將貨物變價抵繳。

4. 放行

海關經審核單證和查驗貨物未發現問題，在應繳納貨物完成出口納稅或提供擔保后，由海關在有關報關單證和查驗貨物記錄上簽章，並在裝貨單上加蓋放行印章，準予貨物出境。海關放行后，出口企業或其代理人即可對貨物裝船裝運。

小思考 9-4

請分析是不是所有的出口貨物都需要納稅后海關才會放行？為什麼？

（四）裝運及發出裝船通知

取得了海關簽字蓋章的裝貨單后，貨物就允許裝船了。貨物裝船后，由船長或大副簽發收貨單。憑收貨單交付運費后，可換取正式的提單。提單上的簽發日一般視為裝運日，不能遲於信用證規定的最遲裝運期。裝運后，出口商應該立即向進口商發出裝船通知，以便進口商準備付款，辦理進口報關和接貨手續。

四、製單結匯

製單結匯是指出口企業在貨物裝船之后，按信用證的要求正確繕制各種單據，在信用證規定的交單有效期內，遞交銀行辦理議付結匯手續。銀行對這些單據審核無誤后，才向出口方支付貨款。因此，製單的好壞直接關係到出口方能否安全及時收匯。

（一）出口結匯的主要做法

結匯是將出口貨物銷售獲得的某種幣制的外匯按售匯之日中國銀行外匯牌價的買入價賣給銀行。目前，中國出口商在銀行可以辦理出口結匯的做法主要有三種：收妥結匯、出口押匯和定期結匯。

1. 收妥結匯

收妥結匯又稱先收后結，是指議付行在收到出口企業提交的全套單據后，經審核無誤，就將全套單據寄交於國外的付款行（開證行），要求索取貨款，待收到付款行將貨款轉入議付行帳戶的貸記通知書（Credit Note）時，即按當日外匯牌價折成人民幣付給出口企業。這種方法的特點是銀行不需預先墊付資金，不承擔資金風險，但對出口方而言，佔用資金時間長，收匯較慢。

2. 出口押匯

出口押匯又稱買單結匯，是指議付行在審單無誤的情況下，按信用證條款貼現受益人的匯票或者以一定的折扣買入信用證項下的貨運單據，從票面金額中扣除從議付日到估計收到票款之日的利息，將余款按議付日外匯牌價折成人民幣，付給出口企業。這種結匯方式是銀行對出口企業的資金融通，有利於出口企業資金週轉，從而擴大出口業務。出口押匯是真正意義上的議付。《跟單信用證統一慣例》規定，銀行如僅僅審核單據而不支付價款不構成議付。

3. 定期結匯

定期結匯是指議付行根據向國外付款行索償所需時間，預先確定一個固定的結匯期限，並與出口企業約定該期限到期后，無論是否已經收到國外付款行的貨款，都主動將票款金額折合成人民幣付給出口企業。

案例討論 9-2

中國 A 公司向國外出口某商品，L/C 中規定的裝運期為 5 月份，交單期為 6 月 10 日前，L/C 的有效期為 6 月 25 日。A 公司收到 L/C 后，及時準備貨物，但因產品製作時間較長，貨物於 5 月 27 日才全部趕制出來，裝運後取得 5 月 29 日簽發的提單。A 公司製作好單據於 6 月 8 日交單時，恰逢 6 月 8 日和 9 日是銀行非營業日。

請問：我方最終能否從銀行取得貨款？為什麼？

(二) 結匯的主要單據

出口商提供的結匯單據應嚴格符合信用證的要求。一般來說，信用證結匯的主要單據有下列幾種：

1. 商業發票

商業發票（Commercial Invoice）是賣方開立的載有貨物名稱、數量、價格等內容的清單，是買賣雙方交接貨物和結算貨款的主要單證，也是進出口報關完稅必不可少的單證之一。中國各進出口公司的商業發票沒有統一格式，但主要項目基本相同，主要包括發票編號、開制日期、數量、包裝、單價、總值和支付方式等內容。商業發票格式見表 9-1。

表 9-1　　　　　　　　　　商業發票格式

EXPORTER/SELLER/BENEFICIARY TO: MESSRS	COMMERCIAL INVOICE	
SHIPMENT FROM	INVOICE NO.	DATE:
TO	DOCUMENTARY CREDIT NO.	
BY	CONTRACT NO. /SALES CONFIRMATION NO.	
VESSEL/FLIGHT/VEHICLE NO.	B/L NO.	TERMS OF DELIVERY AND PAYMENT
SHIPPING MARKS DESCRIPTION (NOS. & KIND OF PKGS.)	QUANTITY	UNIT PRICE	AMOUNT
			STAMP OR SIGNATURE

商業發票填製方法如下：

（1）賣方。一般是信用證的受益人，如果是可轉讓信用證或其表明接受第三方單據，則出票人可為受讓人或第三者。托收、電匯項下，填寫買賣合同的賣方。發票右上角空白處填製賣方中文名址及英文「商業發票」字樣。

（2）買方。一般是信用證開證申請人。如信用證中無申請人名字則用匯票付款人。注意名稱不能換行，地址應合理分行。

（3）起運地。信用證規定的貨物的裝貨港、收貨地或接受監管地。

（4）目的地。信用證規定的貨物的卸貨港、交貨地或最終目的地。

（5）運輸方式。按照合同或信用證填寫。

（6）運輸工具名稱。如海洋運輸，則填寫船名和航次。

（7）提單號碼。按照提單填寫。

（8）發票號碼。由出口單位自行編製。

（9）發票日期。也就是發票簽發時的日期。該日期可以早於開證日期，但不可早於合同的簽訂日期。發票日期是所有議付單據中最早的日期。

（10）信用證號碼/合同號碼。按照信用證或銷售合同填寫。

（11）交貨條件和支付方式。根據合同或信用證的貿易術語和收匯方式填寫。

（12）裝運標誌。也就是嘜頭。嘜頭按信用證規定。如未規定嘜頭，可填入「N/M」；如為裸裝貨，則註明「naked」；如為散裝貨，則註明「in bulk」。

（13）貨物描述。要與信用證貨物描述完全一致。

（14）數量。按照實際出運情況填寫。如信用證規定的數量前面有「about」字樣，允許增減10%；散裝貨，即使無「約」字樣，也允許增減5%，但以包裝單位或個體計數的，則不適用。

（15）單價。按照合同或信用證填寫。

（16）總值。用單價乘以計價數量即得。有時信用證內沒有扣除佣金的規定，但金額正好是減佣后的淨額，發票應顯示減佣，否則發票金額超證。

（17）簽署。凡要求提供「signed commercial」或「manually signed」發票的，則發票必須簽署或手簽。

2. 裝箱單

裝箱單（Packing List）著重表示貨物包裝情況，是商品的不同包裝規格、不同花色和不同重量逐一分類列表說明的單據。出口企業不僅在出口報關時需要提供，而且信用證也常將此類單據作為結匯單據之一。它們是商業發票的一種補充，便於買方在貨物到達時，核對貨物的品種、花色、尺寸、規格和海關檢查驗收貨物。裝箱單格式見表9-2，繕製要求如下：

（1）裝箱單名稱。按照信用證規定繕製。如果來證要求用「中性包裝單」（Neutral Packing List），則包裝單名稱打「packing list」，但包裝單內不打賣方名稱，不能簽章。

（2）品名、規格、嘜頭、箱號、種類。與發票一致。其中，箱號又稱包裝件號碼。在單位包裝貨量或品種不固定的情況下，需註明每個包裝件的包裝情況，因此包裝件應編號。例如，Carton No. 1-5：……；Carton No. 6-10：……。

表 9-2　　　　　　　　　　裝箱單格式

PACKING LIST		
SELLER	INVOICE NO.	INVOICE DATE
	FROM	TO
	TOTAL PACKAGES (IN WORDS)	
BUYER	MARKS & NOS.	
C/NOS. NOS. & KINDS OF PKGS 1ITEM　QTY　G. W　N. W　MEAS（m³）		
		ISSUED BY SIGNATRUE

3. 提單

提單是各種單據中最重要的單據，是確定承運人和托運人雙方權利與義務、責任與豁免的依據。各船公司所印製的提單格式各不相同，但其內容大同小異，有關提單的填製方法詳見項目四。

4. 保險單

在國際貿易中是否使用保險單取決於信用證的規定，以 FOB、FCA、CFR、CPT 條件成交時，出口方無須提交保險單，而以 CIF、CIP 條件成交時，出口方必須提供保險單。保險單的內容應與有關單據的內容相一致。有關保險單的填製方法詳見項目五。

5. 匯票

匯票一般開具一式兩份，兩份具有同等效力，其中一份付訖，另一份則自動失效。匯票內容應按信用證規定填寫。如信用證內沒有規定具體文句，可在匯票上註明開證行名稱、地點、信用證號碼及開證日期。有關匯票的格式及填製方法詳見項目六。

6. 產地證明書

產地證明書是一種證明貨物原產地或製造地的證件。不用海關發票或領事發票的國家，要求提供產地證明，以便確定對貨物應徵收的稅率。有的國家限制從某個國家或地區進口貨物，因而要求以產地證明書來證明貨物的來源。

7. 檢驗證書

各種檢驗證書分別用以證明貨物的品質、數量、重量和衛生條件。在中國，這類證書一般由檢驗檢疫機構出具，如合同或信用證無特別規定，也可以依據不同情況，由進出口公司或生產企業出具。但應注意，證書的名稱及所列項目或檢驗結果，應與

合同及信用證規定相同。

(三) 對結匯單據的要求

在信用證方式下，能安全、及時收匯的關鍵是出口企業提交的各種單據，必須與信用證的規定一致，單據間也不得有矛盾之處，這就是銀行審單時所遵循的「嚴格相符原則」。因此，出口企業在繕製單據時，要做到以下幾點：

1. 正確

製作單據只有做到內容正確才能保證及時收匯。單據應做到兩個一致，即「單證一致」（單據與信用證一致）和「單單一致」（單據與單據一致）。此外，還應注意單據對貨物的描述與實際裝運貨物相一致，這樣才能真實地代表貨物。

2. 完整

單據的完整是指信用證規定的各項單據必須齊全，不能短缺。單據的份數和單據本身的項目等都必須完整。

3. 及時

製作單據必須及時，並應在信用證規定的交單期和《跟單信用證統一慣例》規定的交單有效期內將各項單據送交指定的銀行辦理議付、付款或承兌手續。如有可能，最好在貨物裝運前先將有關單據送交銀行預審，以便有較充裕的時間來檢查單據及早發現其中的差錯並進行改正。如有必要，也可及早聯繫國外買方辦理修改信用證以免在貨物出運後不能收匯。

4. 簡明

單據內容應按信用證規定和有關的國際慣例填寫，力求簡單明瞭，切勿加列不必要的內容，以免弄巧成拙。

5. 整潔

單據的佈局要美觀大方，繕寫或打印的字跡要清楚，單據表面要整潔，更改的地方要加蓋校對圖章。有些單據如提單、匯票以及其他一些重要單據的主要項目如金額、件數、數量、重量等不宜更改。

五、出口退稅

出口退稅是指一個國家為了扶持和鼓勵本國商品出口，將所徵稅款退還給出口商的一種制度。出口退稅是提高貨物的國際競爭能力，符合稅收立法及避免國際雙重徵稅的有力措施。中國也實行出口退稅政策。對出口的已納稅產品，在報關離境後，將其在生產環節已納的消費稅、增值稅退還給出口企業，使企業及時收回投入經營的流動資金，加速資金週轉，降低出口成本，提高企業經濟效益。

1. 出口退稅的企業範圍

以下凡發生出口業務的出口企業，均可申報辦理出口退稅。

(1) 具有進出口經營權的外貿企業（包括外商投資企業）；

(2) 自營生產企業和生產型集團公司；

(3) 工貿企業、集生產和貿易為一體的集團貿易公司；

(4) 委託外貿企業代理出口的企業；

（5）商業合資企業；

（6）特準退還或免徵增值稅和消費稅的企業；

（7）特定企業，如外輪公司、遠洋運輸公司等單位發生的一些特定業務。

2. 出口退稅的方法

（1）先徵後退。先徵後退的方法是指出口貨物時，先視同內銷貨物計算繳納增值稅（由生產企業先繳納，外貿企業按含稅價收購出口貨物），待貨物出口報關離境後，由稅務機關將在生產、流通環節中所繳納的稅款退還給外貿出口企業。此方法主要適用於外貿進出口企業。

（2）免、抵、退。免、抵、退的方法是指出口貨物根據其生產經營情況的不同，分別採用免稅、抵稅和退稅的方法，即免徵生產銷售環節增值稅，用生產企業出口貨物應予退還所耗原材料等已納稅款抵內銷貨物的納稅款，退一個季度內未抵完的稅額部分稅款。此方法主要適用於生產企業。

知識

出口核銷取消的規定

自2012年8月1日起，在全國實施貨物貿易外匯管理制度改革，並相應調整出口報關流程，優化升級出口收匯與出口退稅信息共享機制。這一改革的最大變化為從8月起中國將取消出口收匯核銷單（以下簡稱核銷單），企業不再辦理出口收匯核銷手續。國家外匯管理局對企業的貿易外匯管理方式由現場逐筆核銷改變為非現場總量核查。

國家外匯管理局有關負責人表示，此次改革向全國推廣，是因為20世紀90年代建立的貨物貿易進出口核銷制度已不能適應中國對外貿易的快速發展，這種以「逐筆核銷、事前備案、現場審核、行為監管」為主要特徵的核銷制度迫切需要進行改革和優化。「這是順應中國對外貿易規模、方式、主體發展變化和應對當前及未來一段時期內國際收支形勢的重要舉措。」外管局人士稱，這有利於進一步改進貨物貿易外匯服務和管理，有利於增強企業誠信意識，降低社會成本，促進對外貿易的可持續發展。

出口企業普遍認為，取消外匯核銷單制度是國內貨物貿易進出口業務流程的較大改動或優化，說明國家的外匯管理制度趨向寬鬆，一定程度上簡化了進出口流程及退稅手續，結合外管局其他政策的改變，相當於放寬了企業自主結匯的選擇權，有利於企業應對匯率波動風險。

工作提示：

在履行出口合同的過程中，工作環節多，涉及面較廣，手續繁雜，進出口企業一定要加強與各部門的協作與配合，保證合同的順利履行。

任務二　進口合同的履行

📁 任務目標

- 掌握國際貨物進口合同履行的程序和步驟
- 掌握進口合同履行的各個環節應注意的問題

🌐 任務引入

某年10月，A糧油進出口公司從國外進口了3000箱凍雞，委託某船公司「東方」輪運輸。「東方」輪在迪拜港裝上凍雞後，經過35天航行到達上海港。A公司在港口檢查貨物時，發現全部凍雞解凍變質。經鑒定，該批貨物已不適宜人類食用，A公司損失66,000美元。經查，貨損原因是由於冷卻器凍塞，冷氣打不進冷藏艙所致。

討論題：
(1) 買方應向誰提出索賠？為什麼？
(2) 賣方應負什麼責任？為什麼？

📖 知識內容

進口合同的履行主要是指進口方支付貨款和收取貨物的過程。當進口合同簽訂之後，進口企業就要根據合同的規定，履行支付價款、接收貨物等義務。目前中國進口合同大多以FOB價格條件成交，以信用證方式結算貨款，履行該類合同的一般程序是開立信用證、租船訂艙、裝運、辦理保險、審單付款、辦理清關、報驗和貨物在國內的運輸、轉交和撥交，保證進口貨物按時、按質、按量順利到達。發現國外賣方有違法行為，要及時提出異議和索賠。

一、信用證的開立和修改

以信用證方式支付的進口貿易實務中，開立信用證是履行進口合同的關鍵一步，是進口業務的重要環節。

（一）申請開證

進口合同簽訂后，進口商應填寫開證申請書（Application for Letter of Credit）向銀行辦理開證手續。開證申請書是銀行開立信用證的依據，也是申請人和銀行之間的契約關係的法律證據。

1. 開證申請書的內容

外貿或經營進口業務的單位，按合同規定填寫「開立不可撤銷跟單信用證申請書」（見表9-3），向從事國際結算的商業銀行辦理申請開立信用證手續。申請書的內容包

表 9-3　　　　　　　　　　開證申請書樣例

IRREVOCABLE DOCUMENTARY CREDIT APPLICATIION

TO: BANK OF CHINA　　　　　　　　　　　　　　　　　Date:

Beneficiary (full name and address)	L/C No.　　Ex-Card No. Contract No.
	Date and place of expiry of the credit
Partial shipments ☐allowed ☐not allowed	Transhipment ☐allowed ☐not allowed	☐Issue by airmail ☐With brief advice by teletransmission ☐Issue by express delivery
Loading on board/dispatch/taking in charge at/from not later than for transportation to	☐Issue by teletransmission (which shall be the operative instrument)
	Amount (both in figures and words)
Description of goods: Packing:	Credit available with ☐by sight payment　☐by acceptance ☐by negotiation　☐by deferred payment at against the documents detailed herein ☐and beneficiary's draft for　　% of the invoice value at　　on
	☐FOB ☐CFR ☐CIF ☐or other terms

Document required: (marked with×)
1. (　) Signed Commercial Invoice in ___ copies indication L/C No. and Contract No.
2. (　) Full set of clean on board ocean Bills of Lading made out _____ and (　) blank endorsed, marked「freight」(　) to collect/ (　) prepaid.
3. (　) Air Waybills showing「freight (　) to collect / (　) prepaid (　) indicating freight amount」and consigned to.
4. (　) Insurance Policy / Certificate in ___ copies for　% of the invoice value showing claims payable in China in currency of the draft, blank endorsed, covering (　) Ocean Marine Transportation / (　) Air Transportation / (　) Over Land. Transportation (　) All Risks, War Risks.
5. (　) Packing List / Weight Memo in ___ copies indicating quantity / gross and net weights of each package and packing conditions as called for by the L/C.
6. (　) Certificate of Quantity / Weight in ___ copies issued by an independent surveyor at the loading port, indicating the actual surveyed quantity / weight of shipped goods as well as the packing condition.
7. (　) Certificate of Quality in ___ copies issued by (　) manufacturer / (　) public recognized surveyor / (　).
8. (　) Beneficiary's Certified copy of cable / telex dispatched to the accountees within　hours after shipment advising (　) name of vessel / (　) flight No. / (　) wagon No., date, quantity, weight and value of shipment.
9. (　) Beneficiary's Certificate Certifying that extra copies of the documents have been dispatched according to the contract terms.
10. (　) Other documents, if any.

Additional Instructions:
1. (　) All banking charges outside the opening bank are for beneficiary's account.
2. (　) Documents must be presented within　days after the date of issuance of the transport documents but within the validity　of this credit.
3. (　) Third party as shipper is not acceptable. Short Form B/L is not acceptable.
4. (　) Both quantity and amount　% more or less are allowed.
5. (　) All documents to be forwarded in one cover。
6. (　) Other terms, if any.

Account No.　　　　　　　　　　with_____(name of bank)

Transacted by:　　　　　　　　　　　(Applicant: name signature of authorized person)

Telephone No.　　　　　　　　　　　　　　　　　　(with seal)

括兩部分：

（1）開證申請人的保證。開證申請人首先明確要求開證銀行開立信用證的種類和方式。請開證銀行按所列條款以信開或簡電或全電開立一份不可撤銷的信用證。申請人保證向開證銀行提供償付該證項下貨款、手續費、其他費用及利息等所需外匯。申請人保證在單證表面相符的條件下對外付款或承兌，並在接到信用證規定的全套單據日起 3 個工作日內通知開證銀行對外付款或承兌；如果因單證不符拒絕付款或承兌，應在 3 個工作日內將全套單據如數退回開證銀行並註明拒付理由，請開證銀行按開證適用的國際慣例如《跟單信用證統一慣例》確定能否對外拒付。如經開證銀行確定不屬於單證不符，不能對外拒付時，開證銀行有權利辦理對外付款或承兌，並從開證申請人帳戶項下扣款。

除上述內容外，開證申請人還必須向開證銀行申明：「該信用證如因郵電傳遞發生遺失、延誤、差錯，開證銀行概不負責。該信用證如需修改，由開證申請人書面通知開證銀行。」

開證申請人向開證銀行做出保證後，還應附「外匯金額申請書」，其內容包括開證金額、費用、進口商品名稱和數量、國內用戶名稱及地址、外匯用途、訂貨卡片號等。外匯金額申請書經外匯管理部門和開證銀行認可后才能辦理正式開立信用證。

（2）開立信用證的內容。
①信用證性質：不可撤銷的跟單信用證；
②信用證號碼、有效期及信用證失效地點；
③受益人：國外出口人；
④通知銀行：出口人當地銀行；
⑤開證申請人：外貿公司或直接進口單位；
⑥信用證總額；
⑦單據要求；
⑧裝運說明和依據：支付費用的分項說明、合同號和運輸標誌；
⑨裝運港、目的港和裝運期；
⑩分批裝運和轉運：是否允許分批裝運和轉船；
⑪實際生產廠商名稱；
⑫包裝條件；
⑬特殊要求與聲明：開證行以外的費用由誰承擔；不能接受第三者為發貨人；不接受發票日期早於開證日期的單證等。

2. 開證注意事項

（1）開證時間。如合同規定開證日期，進口商應在規定期限內開立信用證；如合同只規定了裝運期而未規定開證日期，進口人應在合理時間內開證，一般掌握在合同規定的裝運期前 30~45 天申請開證，以便出口方收到信用證後在裝運期內安排裝運貨物。

（2）信用證的內容。信用證內容應嚴格以合同為依據，對於應在信用證中明確的合同中的貿易條件，必須具體列明，不能使用「按××號合同規定」等類似的表達方

式。因為信用證是一個自足文件，有其自身的完整性和獨立性。《跟單信用證統一慣例》第4條b款規定，開證行應勸阻申請人將基礎合同、形式發票或其他類似文件的副本作為信用證整體組成部分的做法。

（3）信用證的條件要單據化。《跟單信用證統一慣例》第14條規定，如果信用證中包含某項條件而未規定需提交與之相符的單據，銀行將認為未列明此條件，並對此不予置理。因此，進口方在申請開證時，應將合同的有關規定轉化成單據，而不能照搬照抄。

（4）裝船前檢驗證明。由於信用證是單據業務，銀行不過問貨物質量，因而可在信用證中要求對方提供對方認可的檢驗機構出立的裝船前檢驗證明，並明確規定貨物的數量和規格。如果受益人所交檢驗證明的結果和證內規定不符，銀行即可拒付。

（二）信用證的修改

信用證開出后，如發現內容與開證申請書不符，或因情況發生變化或其他原因需對信用證進行修改，應立即向開證行遞交修改申請書，要求開證行辦理修改信用證手續。但應盡量避免修改信用證，因為信用證的修改不僅會有銀行費用的發生，也會占用時間，影響合同的正常履行。

信用證經修改后，受益人可決定是否接受修改。如受益人未發生接受或拒絕的通知而提交與原信用證條款相符的單據，則視為受益人拒絕了信用證的修改；若提交的單據與經修改的信用證條款相符，則視為受益人已接受該修改。

小思考 9-5

下列關於信用證的說法，哪些是正確的？哪些是錯誤的？
（1）信用證的修改可以由開證申請人提出，也可以由受益人提出。
（2）只接受同一修改通知書中的部分內容是無效的。
（3）如果受益人對修改通知書未做表示，則意味著他已經接受。
（4）受益人在向開證申請人發出修改函后，為避免延誤裝運，在尚未收到通知行的修改通知書時，僅憑進口商的「證已照改」通知，就辦理了貨物的裝運。

二、租船訂艙和催裝

進口貨物按 FOB 貿易術語成交時，由買方安排運輸，負責租船訂艙。一般手續是買方在接到賣方的備貨通知后，填寫進口訂艙聯繫單，連同合同副本送外運公司，委託其安排船只和艙位。目前，中國大部分進口貨物是委託中國對外貿易運輸公司、中國租船公司或其他運輸代理機構代辦運輸，也有直接向中國遠洋運輸公司或其他辦理國際貨物的實際承運人辦理托運手續。辦妥后要及時將船期、船名、航次通知國外出口方，以便對方及時備貨並準備裝船。同時，為了防止船、貨脫節的情況發生，買方應及時催促賣方做好備貨裝船工作，特別是對於數量大或重要的進口貨物，更要抓緊催促賣方按時裝船發貨，必要時，可請買方駐外機構就地協助瞭解和督促賣方履約，或派員前往出口地點檢驗督促，以利於接運工作的順利進行。

三、辦理貨運保險

在 FOB、FCA、CFR、CPT 條件下，貨運保險由進口方辦理，通常採用預約保險和逐筆投保兩種方式。

（一）預約保險

中國進口貨物保險主要採用預約方式，即進口商與保險公司按雙方簽訂的預約保險合同進行進口保險，合同中對進口貨物應投保的險別、保險費率、適用的保險條款、保險費以及賠款的支付方法等做了明確的規定。進口商收到國外裝船通知後，即將船名、提單號、開船日期、商品名稱、數量、裝運港、目的港、保險金額等裝運內容通知保險公司，就算辦妥保險手續。日常採用的投保通知有兩種方式，即預約保險起運通知書和賣方發出的裝船通知。

（二）逐筆投保

在沒有簽訂預約保險合同的情況下，可以對進口貨物進行逐筆投保。逐筆投保方式是進口商在接到出口商發來的裝船通知後，直接到保險公司辦理投保手續，在填寫投保單並繳付保險費後，保險單隨即生效。

四、審單和付款

貨物單據是核對出口商所供貨物是否與合同相符的憑證，是進口商的付款依據。在進口業務中，若採用托收和匯款結算方式，就要由進口方對貨物單據進行全面審核；若採用信用證結算方式，則要由開證行和進口方共同對貨物單據進行審核。在單據與信用證及合同相符的情況下，開證行及進口方就會履行付款義務。

（一）審單

1. 銀行的審單責任

《跟單信用證統一慣例》第 14 條 a 款明確規定了審核單據的標準，按照指定行事的被指定銀行、保兌行（如有）以及開證行必須對提交的單據進行審核，並僅以單據為基礎，以決定單據在表面上看來是否構成相符交單。《跟單信用證統一慣例》第 14 條還規定，交信用證中未要求提交的單據，銀行將不予置理。如果收到此類單據，可以退還交單人。

《跟單信用證統一慣例》還規定，單據經審核存在不符點且銀行決定拒付，則開證行所承擔的信用證項下的付款責任得以免除；但當受益人在規定的時間內補交了符合信用證規定的單據，開證行仍然必須承擔其付款責任。

2. 銀行的審單要點

以信用證方式結算，出口商必須提交與信用證相符合的單據，開證行必須對全套單據進行審核。主要單據有匯票、提單、商業發票、保險單、產地證和檢驗證書。

（二）付款

信用證受益人在發運貨物後，將全套單據經議付行寄交開證行。如開證行經審單後認為單證一致、單單一致，即應予以即期付款或承兌或於信用證規定的到期日付款，開證行付款後無追索權。但是《跟單信用證統一慣例》第 16 條 c 款規定，如果開證行

審單后發現單證不符或單單不符，應於收到單據次日起 5 個工作日內，以電信方式通知寄單銀行。這也就是要求通知必須以電信方式發出。或者如果不可能以電信方式通知時，則以其他快捷方式通知，但不得遲於提示單據日期翌日起第 5 個銀行工作日，並且在通知中說明單據的所有不符點，並說明是否保留單據以待交單人處理或退還交單人。

對於單證不符的處理，《跟單信用證統一慣例》規定，銀行有權拒付。在實際業務中，銀行需將不符點徵求開證申請人的意見，以確定拒絕或仍可接受。

四、報關接貨

買方付款贖單后，貨物運抵目的港，即應及時向海關辦理申請手續。經海關查驗有關單據、證件和貨物並在提單上簽章放行后，即可憑以提貨。關於這一環節的工作，主要包括下列事項：

(一) 進口商品的報關

1. 申報

進口貨物抵達目的港后，收貨人或其代理人應向海關交驗有關單證，辦理進口貨物申報手續。收貨人或其代理人向海關申報時，應填寫進口貨物報關單，並向海關提供各種有效的單據，如提貨單、裝貨單或運單、發票、裝箱單、進口貨物許可證以及海關認為必須交的其他有關證件。超過法定申報時限（指自運輸工具進境之日起 14 天內）未向海關申報的，由海關按日徵收進口貨物 CIF（或 CIP）價格的 0.05% 的滯報金。超過 3 個月未向海關申報的，由海關提取變賣，所得貨款在扣除運輸、裝卸、儲存等費用和稅款后，餘款自變賣之日起 1 年內，經收貨人申請可予以發還。

2. 查驗

海關以報關單、許可證等為依據，對進口貨物進行實際的核對和檢查，以確保貨物合法進口。海關通過對貨物的查驗，檢查核對實際進口貨物是否與報關單和進口許可證相符，確定貨物的性質、成分、規格、用途等，以便準確依法計徵關稅，進行歸類統計。

3. 徵稅

海關按照《中華人民共和國海關進口稅則》的規定對進口貨物計徵進口稅。由海關徵收的稅種有關稅、增值稅和進口調節稅等。

4. 放行

放行是指海關接受進出口貨物的申報，經過審核報關單據、查驗貨物、依法徵收稅款等環節后，對進出口貨物做出結束海關現場監管決定的工作程序。收貨人或其代理人必須憑海關簽印放行的貨運單據才能提取進口貨物。

(二) 進口商品的報檢與檢驗

進口貨物的收貨人在各檢驗檢疫機構申請檢驗時，要正確填寫進口貨物報驗單，並提供合同和有關單證與資料。買方為了在規定時效內對外提出索賠，凡屬下列情況的貨物，均應在卸貨口岸就地報驗：一是合同寫明須在卸貨港檢驗的貨物；二是貨到檢驗合格后付款的；三是合同規定的索賠期限很短的貨物；四是卸貨時已發現殘損、

短少或有異狀的貨物。

　　法定檢驗的進口貨物經登記后，收貨人即應在規定的時間和地點，持買賣合同、發票、裝箱單和貨運單等有關單證向檢驗檢疫機構報驗。檢驗檢疫機構對已報驗的貨物，應在索賠期限內檢驗完畢，並出具相應的檢驗檢疫證書。

　　非法定檢驗的進口貨物，如合同規定由檢驗檢疫機構檢驗的，應按法定檢驗貨物辦理報驗和檢驗；如合同未規定檢驗檢疫機構檢驗，但卸貨口岸已發現有殘損、短缺情況，應及時向口岸檢驗檢疫機構申請檢驗出證。其他情況下，由收貨人按合同規定驗收。

小思考 9-6

進口報關工作和報檢工作，孰先孰后？為什麼？

（三）進口商品的撥交

　　進口貨物的報關、納稅等手續辦完后，即可在報關口岸按規定提取貨物或撥交貨物。如用貨單位在卸貨口岸附近，則就近撥交貨物；如用貨單位不在卸貨地區，則委託貨運代理將貨物轉運內地，並撥交給用貨單位。在貨物撥交后，外貿公司再與用貨單位進行結算。如用貨單位在驗收貨物中發現問題，應及時請當地檢驗檢疫機構出具檢驗證明，以便在有效索賠期內對外索賠。

五、進口索賠

　　在進口業務中，有時會發生賣方不按時交貨，或所交貨物的品質、數量、包裝與合同規定不符的情況，也可能由於裝運保管不當或自然災害、意外事故等致使貨物損壞或短缺，進口方可因此向有關責任方提出索賠。

（一）進口索賠對象

　1. 向賣方索賠

　　賣方不交貨或不按期交貨或貨物品質規格不符合合同規定均構成賣方違約，賣方應承擔違約的法律責任。根據有關法律和國際公約的規定，買方可以根據賣方違約所造成的結果，區別情況，依法提出撤銷合同或損害賠償。

　2. 向承運人索賠

　　承運人是指在運輸合同中，通過鐵路、公路、海上、航空、內河運輸或這些方式的聯合運輸，承擔履行運輸或承擔辦理運輸業務的任何人。進口的貨物，如發生殘損或到貨貨物數量少於運單所載數量，而運輸單據是清潔的，則表明是由於承運人保管不當而造成貨物殘損、缺少。買方即可根據不同運輸方式有關規定，及時向有關承運人提出索賠。

　3. 向保險公司索賠

　　由於自然災害、意外事故或運輸中其他事故的發生致使貨物受損，並且屬於承保險別範圍內的；凡承運人不予賠償或賠償金額不足抵補損失的部分，並且屬於承保險別範圍內的，憑檢驗證書索賠。

案例討論 9-3

中國華東某公司以 CIF 術語於 2013 年 5 月從澳大利亞進口巧克力食品 2000 箱，以即期不可撤銷信用證為支付方式，目的港為上海。貨物從澳大利亞某港口裝運後，出口商憑已裝船清潔提單和投保一切險及戰爭險的保險單，向銀行議付貨款。貨到上海港后，經我方公司復驗後發現下列情況：

（1）該批貨物共有 8 個批號，抽查 16 箱，發現其中 2 個批號涉及 300 箱內含沙門氏細菌超過進口國的標準。

（2）收貨人實收 1992 箱，短少 8 箱。

（3）有 21 箱貨物外表情況良好，但箱內貨物共短少 85 公斤。

試分析：進口商就以上損失情況應分別向誰索賠？並說明理由。

（二）進口索賠注意事項

辦理對外索賠時，一般應注意以下幾個問題：

1. 索賠依據

索賠時應提交索賠清單和有關貨運單據，如發票、提單（副本）、裝箱單。在向賣方索賠時，應提交商檢機構出具的檢驗證書；在向承運人索賠時，應提交理貨報告和貨損貨差證明；在向保險公司索賠時，除上述各項證明外，還應附加由保險公司出具的檢驗報告。

2. 索賠金額

向賣方索賠時，應按買方所受實際損失計算，包括貨物損失和由此而支出的各項費用，如檢驗費、裝卸費、銀行手續費、倉儲費用、利息等；向承運人和保險公司索賠，均按有關章程辦理。

3. 索賠期限

向賣方索賠應在合同規定的索賠期限之內提出。如合同未規定索賠期限，按照《聯合國國際貨物銷售合同公約》的規定，買方行使索賠期限自其收到貨物之日起不超過兩年；向船公司索賠期限為貨物到達目的港交貨後一年之內；向保險公司提出海運貨損索賠的期限為被保險貨物在卸載港全部卸離海輪后兩年內。

4. 買方職責

買方在向有關責任方提出索賠時，應採取適當措施保持貨物原狀並妥為保管。按國際慣例，如買方不能按實際收到貨物的原狀歸還貨物，就喪失宣告合同無效或要求賣方交付替代貨物的權利；按保險公司規定，被保險人必須按保險公司的要求，採取措施避免損失進一步擴大，否則不予理賠。

工作提示：

進口合同的履行十分重要，在工作各環節不能有任何疏漏，要分別從進出口雙方的權利、責任與義務角度，把合同的要求落到實處。

項目小結

（1）在履行 CIF 或 CFR 出口合同時，必須切實做好備貨、催證、審證、租船訂艙、報驗、報關、投保、裝船和製單結匯等環節的工作。

（2）在履行 FOB 進口合同時，必須切實做好開立信用證、租船訂艙、裝運、辦理保險、審單付款、接貨報關、檢驗等環節的工作。

（3）進出口合同的履行是我們進行對外貿易時至關重要的環節之一，作為外貿業務人員要熟悉出口業務中的單證使用。

項目演練

一、判斷題

1. 信用證修改申請只能由受益人本人提出。（　　）
2. 匯票的抬頭人通常是付款人，發票的抬頭人是收貨人，保險單的抬頭是被保險人。（　　）
3. 不符點的出現只要徵得議付行的同意並議付完畢，受益人即可不受追索地限制取得貨款。（　　）
4. 《跟單信用證統一慣例》規定商業發票無須簽字。（　　）
5. 凡遲於信用證有效期提交的單據，銀行有權拒付。（　　）
6. 不清潔提單上的批註是從大副收據上轉來的。（　　）
7. 《跟單信用證統一慣例》規定正本單據必須註有「Original」字樣。（　　）
8. 海運提單要求空白抬頭和空白背書，就是指不填寫收貨人和不要背書。（　　）
9. 修改信用證時，可不必經開證行而直接由申請人修改后交給受益人。（　　）
10. 信用證修改通知書有多項內容時，只能全部接受或全部拒絕，不能只接受其中的一部分，而拒絕另一部分。（　　）

二、單項選擇題

1. 所謂單證「相符」的原則，是指受益人必須做到（　　）。
    A. 單據與合同相符　　　　　　B. 單據和信用證相符
    C. 信用證和合同相符　　　　　D. 修改后信用證與合同相符
2. 國外來證規定：「針織布 1000 克，每克 2 美元；總金額為『about 2000 美元』，禁止分批裝運。」則賣方向銀行支取金額最多應為（　　）美元。
    A. 2000　　　　B. 2200　　　　C. 2100　　　　D. 2150
3. 托運人憑（　　）向船公司換取正式提單。
    A. 托運單　　　B. 裝貨單　　　C. 收貨單　　　D. 大副收據
4. 海關發票及領事發票（　　）。
    A. 都是由買方國家有關部門提供的

B. 都是由賣方國家有關部門提供的

　　C. 前者由買方國家提供，后者由賣方國家提供

　　D. 前者由賣方國家提供，后者由買方國家提供

　5. 若 L/C 中只規定了議付有效期，而未規定裝運期，根據《跟單信用證統一慣例》的規定，（　　）。

　　A. 裝運的最后期限與 L/C 的到期日相同

　　B. 該證無效

　　C. 該證必須經修改才能使用

　　D. 裝運期可視為與有效期相差一個月

　6. 一份 CIF 合同下，合同及信用證均沒有規定投保何種險別，交單時保險單上反應出投保了平安險，該出口商品為易碎品，因此（　　）。

　　A. 銀行將拒收單據　　　　　　B. 買方將拒收單據

　　C. 應投保平安險加破碎險　　　D. 銀行應接受單據

　7. L/C 修改書的內容在兩項以上者，受益人（　　）。

　　A. 要麼全部接受，要麼全部拒絕　　B. 可選擇接受

　　C. 必須全部接受　　　　　　　　　D. 只能部分接受

　8. 商業發票的抬頭人一般是（　　）。

　　A. 受益人　　B. 開證申請人　　C. 開證銀行　　D. 賣方

　9. 海運提單中對貨物的描述（　　）。

　　A. 必須與 L/C 完全相同

　　B. 必須使用貨物的全稱

　　C. 只要與 L/C 對貨物的描述不相抵觸，可以用貨物的統稱

　　D. 必須與商業發票的填寫完全一致

二、多項選擇題

　1. 下列單據中，（　　）銀行是有權拒收的。

　　A. 遲於信用證規定的到期日提交的單據

　　B. 遲於裝運日期后 15 天，但在 21 天之前提交的單據

　　C. 內容與信用證內容不相符的單據

　　D. 單據之間內容有差異的單據

　2. 製單結匯工作中必須做到的一致包括（　　）。

　　A. 單單一致　　　　　　　　　B. 單證一致

　　C. 單貨一致　　　　　　　　　D. 單合（同）一致

　3. 已裝船提單的簽發期為 7 月 15 日，信用證規定的有效期為 8 月 15 日，交單期限為裝運日后的 15 天，如果信用證要求賣方提交保險單，則保險單的出單日期可以為（　　）。

　　A. 7 月 30 日　　B. 7 月 15 日　　C. 7 月 25 日　　D. 7 月 10 日

　4. 貨到目的港后，買方發現貨物短失，它可以向（　　）索賠。

  A. 賣方   B. 承運人
  C. 保險公司   D. 目的港政府管理部門
5. 因租船訂艙和裝運而產生的單據包括（ ）。
  A. 托運單   B. 裝貨單   C. 收貨單   D. 提單
6. 中國出口結匯的方法有（ ）。
  A. 不定期結匯   B. 押匯   C. 定期結匯   D. 收妥結匯
7. 審核信用證和審核單據的依據分別是（ ）和（ ）。
  A. 開證申請書   B. 合同   C. 整套單據   D. 信用證

四、案例分析題

1. 進口商已開信用證（可轉讓、可分批轉運），到期時應出口商的要求修改信用證，而進口商答應10天內修改，最後出口商也同意，但出口商由此提出先運出80%數量，其餘20%要求加價，從進口商的立場看應如何處理？
 （1）合同成立，價格可隨市場行情升降嗎？
 （2）如果80%仍有利可圖，20%的余量可以取消嗎？
 （3）為防止出口商變相漲價，在信用證上或契約中如何限制？

2. 中方某公司與義大利商人在2013年10月份按CIF條件簽訂了一份出口某商品的合同，支付方式為不可撤銷即期信用證。義大利商人於5月通過銀行開來信用證，經審核與合同相符，其中保險金額為發票金額的110%。我方正在備貨期間，義大利商人通過銀行傳遞給我方一份信用證修改書，內容為將保險金額改為發票金額的120%。我方沒有理睬，按原證規定投保、發貨，並於貨物裝運后在信用證有效期內，向議付行議付貨款。議付行議付貨款后將全套單據寄開證行，開證行以保險單與信用證修改書不符為由拒付。開證行拒付是否有道理？為什麼？

3. 中國某外貿公司與英國某進口企業簽訂合同，出口一批貨物數量為1500公噸，每公噸價格為GBP 120 CIF London。該英國公司通過開證行按時開來信用證。該信用證規定，貨物總金額不得超過GBP 180,000，最遲裝船期為當年8月10日，信用證有效期為當年8月31日，信用證根據國際商會《跟單信用證統一慣例》500號辦理。中國公司於8月3日完成裝船，並取得提單。
 請問：
 （1）中國公司向銀行交單的最后日期是哪一天？依據是什麼？
 （2）中國公司在這份信用證下，最多和最少可分別裝運多少噸？依據何在？

五、實務操作題

  根據合同條款審核並修改信用證，寫出審核結果。
  賣方：上海紡織品文具進出口公司（Shanghai Textile and Stationery Imp. & Exp. Corp.）。
  買方：MODANA B. V.。
  商品名稱：花牌印花細布（「FLOWER」Brand Printed Shirting）。

規格：30×36, 72×69, 35/6" ×42 碼。

數量：67,200 碼。

單價：CIF Amsterdam 每碼 3.00 美元，含傭 3%。

總值：201,600.00 美元。

裝運期：2013 年 1 月 31 日前自中國港口至 Amsterdam，允許分批裝運和轉船。

付款條件：憑不可撤銷即期信用證付款，於裝運期前一個月開到賣方，並於上述裝運期後 15 天內在中國議付有效。

保險：由賣方根據中國人民保險公司 1981 年 1 月 1 日中國保險條款按發票金額的 110% 投保一切險和戰爭險。

簽訂日期、地點：2012 年 10 月 11 日於上海。

合同號碼：SS-1953。

收到國外開來的信用證如下：

ABN AMRO Bank NV, Amsterdam

Irrevocable Documentary Credit No. 6413；Dated November 30, 2012.

Advising Bank：Bank of China, Shanghai Branch.

Applicant：MODANA B.V.

Beneficiary：Shanghai Textile and Stationary Imp. & Exp. Corp.

Amount：USD206,600.00.

Expiry Date：February 15, 2013 for negotiation in China.

Shipment：Not later than 31 Feb, 2013 from China Port to Amsterdam.

Partial shipments prohibited, Transshipment allowed.

We hereby issue in your favor this documentary credit which is available by presentation of your draft drawn at 60 days after sight on us bearing the clause：「Drawn under documentary credit No. 6413 of ABN AMRO Bank NV, Amsterdam」accompanied by the following documents：

1. Signed Commercial Invoice in triplicate, indicating S/C No. SS－953 dated 11 October, 2012.

2. Full set of clean on board Ocean Bills of Lading issued to order and blank endorsed showing「Freight Prepaid」covering：672,000 yards Printed Shirting 34×36, 72×69, 35/6" × 42 yards at US $ 3.00 per yard CIF Amsterdam.

3. One original insurance Policy/Certificate Covering All Risks and War Risk for 110% of invoice value as per CIC of Jan 1st, 1981.

項目十　國際貿易方式

項目導讀

　　國際貿易方式是指國際商品流通所採取的形式和進行交易的具體做法，它是隨著生產力的發展和國際經濟交往的增多而不斷發展的。由於國際交易的商品種類繁多、千差萬別，加之各國和各地區交易的習慣做法各不相同，故貿易方式也多種多樣。本項目所介紹的貿易方式包括兩大類。第一類是傳統國際貿易方式，主要有經銷、代理、寄售、招投標、拍賣和展會等；第二類是現代國際貿易方式，主要有加工貿易、對等貿易和電子商務等。在實際貿易活動中，需要熟悉主要貿易方式的業務範圍、操作流程和合同要點，以保證貿易活動中為我方爭取應得的利益。

任務一　傳統國際貿易方式

📁 任務目標

- 掌握經銷、代理、寄售的定義、種類及其特點
- 掌握招投標、拍賣的基本內容
- 掌握展賣的含義及做法

🌐 任務引入

某外貿公司接受國內一物資公司的委託，與其指定的中國香港某公司簽訂了進口鋼材的合同，價格、交貨期、開證時間、開證保證金、代理費等主要內容均在代理協議中一一明確。在收到物資公司的開證保證金（信用證金額的15%）後，外貿公司通過當地中國銀行對外開出了遠期信用證。外商通過銀行很快寄來了信用證項下的全套單據。根據代理協議的規定，外貿公司將全套單據複印件交物資公司審核並由其確認。之後，外貿公司向銀行承兌並取得了提單。當外貿公司要求支付餘款時，物資公司稱資金一時週轉困難，要求外貿公司予以寬限，並保證在外貿公司對外正式付款前付清餘款，外貿公司於是將提單交給了物資公司。可承兌期滿後，物資公司分文未付，而外貿公司卻不得不對外支付信用證的全額。等外貿公司回頭找物資公司時，卻見物資公司已是樓去人空。經瞭解，該公司欠下巨額外債，「合作」使得外貿公司遭到了巨額損失。

討論題：分析如何避免上述代理受騙現象的發生。

📖 知識內容

一、經銷、代理和寄售

（一）經銷

1. 經銷的含義和種類

經銷（Distribution）是指進口商（即經銷商）與國外出口商（即供貨商）達成協議，經銷商在規定的期限和區域內購銷指定商品。

按經銷商權限的不同，經銷方式可分為兩種：一種是獨家經銷（Sole Distribution）亦稱包銷（Exclusive Sales），是指經銷商在規定的期限和地域內，對指定的商品享有獨家專營權；另一種是一般經銷，亦稱定銷，在這種方式下，經銷商不享有獨家專營權，供貨商可在同一時間、同一地區內委派幾家商號來經銷同類商品。

2. 經銷的特點

在經銷業務中，出口商是賣方，進口商是買方，二者之間是買賣關係，因此也進

行著貨物使用權的轉移。經銷商要墊付資金向供貨商購進貨物，自行銷售，購進價與銷售價之間的差額就是經銷商的利潤。因此，經銷商應自負盈虧，自擔風險。

3. 經銷協議

經銷協議是供貨人和經銷人訂立的確立雙方法律關係的契約。一般來說在經銷合同中應該包括以下幾個方面的內容：

（1）授權與認可，包括經銷方式的規定，即獨家經銷還是一般經銷。

（2）銷售任務，包括銷售期間內的年度和月度銷售任務、外貿企業評價和獎勵。

（3）訂貨和付款，包括訂貨和送貨的方式及費用承擔、付款方式和日期及貼息、換貨和退貨等規定。

（4）價格和市場保護，包括價格制定權和調價認庫補差、竄貨和管理辦法、市場價格保證金等。

（5）廣告宣傳，包括門頭和展臺（專櫃、陳列）設計以及製造費用、廣告費用、促銷宣傳品的發放和費用。

（6）知識產權，包括註冊商標所有權和商標協議管理辦法。

（7）技術服務，包括保修日期和保修責任人。

（8）協議期限，包括生效日期和協議延續條件、協議失效的違規操作。

（9）協議爭議和解決，包括爭議解決期限、仲裁、法律申訴地點等內容。

（10）其他事宜，包括協議份數和持有方、補充協議的認可等未盡事宜。

4. 採用經銷方式出口應注意的問題

經銷作為出口業務中常見的方式之一，如果運用得當，對於出口商擴大國外市場和擴大出口銷售，會產生良好的推動通。然而運用不當，也會帶來相反的后果。許多經驗證明，採用經銷方式出口時應注意以下問題：

（1）慎重選擇經銷商。供應商與經銷商之間存在著一種相對長期的合作關係。如果選擇的經銷商信譽好且經營能力強，經銷商能充分利用自己的經驗和手段，努力完成承購額。經銷商還可利用自己熟悉所在國家和地區的消費習慣、政府條令和法規等方面的額便利，及時為供貨商提供必要的信息，以幫助改進產品，做到適銷對路，並且減少不必要的法律糾紛。

（2）要注意簽訂經銷協議。經銷協議的好壞直接關係到經銷業務的成敗，因此一定要認真對待。慎重選擇經銷商品的種類，合理確定經銷的地理範圍，適當規定經銷商在一定期限內的承購數額以及無法完成的后果或超額完成的獎勵等。這些都是至關重要的內容。在簽訂經銷協議時，還應該瞭解當地的有關法規，並注意使用的文句，盡可能避免與當地法律發生抵觸。

小思考 10-1

如果是獨家經銷，其協議規定：「A 公司指定 B 公司為該公司自行車在日本獨家經銷商。」該規定有無不妥之處？

(二) 代理

1. 代理的含義和種類

代理（Agency）是指代理人（Agent）按照委託人（Principal）的授權，代表委託人在規定的地區和期限內與第三人訂立合同或從事其他法律行為，由委託人直接負責由此產生的權利、義務的一種貿易方式。代理在國際貿易中應用廣泛，如銀行代理、運輸代理、保險代理、銷售代理等。

按委託人授權的大小，代理的種類可分為以下幾類：

（1）總代理（General Agent）。總代理是委託人在指定地區的全權代表，他有權代表委託人從事一般商務活動和某些非商務性的事務。

（2）獨家代理（Solo Agent or Exclusive Agent）。獨家代理是在指定地區和期限內單獨代表委託人行事，從事代理協議中規定的有關業務的代理人。委託人在該地區內，不得委託其他代理人。

（3）一般代理（Agent）。一般代理又稱佣金代理，是指在同一地區和期限內委託人可同時委派幾個代理人代表委託人從事商業活動，代理人不享有獨家專營權。代理人一般只收取佣金，並不承擔履行合同的責任，在代理業務中，只是代表委託人。代理人與委託人提前簽訂代理協議。

小思考 10-2

獨家代理與包銷有何異同？

2. 代理的特點

代理人在委託人的授權下的行為及產生的權利與義務，直接對委託人發生效力。代理雙方屬於一種委託代理關係而不是買賣關係。代理商在代理業務中旨在不必動用資金購買商品，不負盈虧，不承擔經營風險。與經銷相比，代理有以下特點：

（1）代理人只能接受委託人的指導，在委託人的授權範圍內代表委託人從事業務活動；

（2）代理人不得用自己的名義與第三者簽訂合同；

（3）代理人有積極推銷指定商品的義務但並不承擔履行合同的責任；

（4）代理人不負交易盈虧，只獲得佣金。

3. 銷售代理協議

銷售代理協議（Selling Agent Agreement）是明確規定委託人和代理人之間權利與義務的法律文件。銷售代理協議主要包括以下內容：

（1）訂約雙方名稱、地址及訂約的時間、地點。

（2）定義條款，即對代理人經營的商品種類、地區範圍以及商標等內容予以明確限定。

（3）代理的委任、受任及法律關係。

（4）委託人的權利與義務主要有關於接受和拒絕訂貨的權利；關於維護代理人權益的義務；關於向代理人提供廣告資料，包括樣品、樣本、目錄等推銷產品所需資料的義務；關於向委託人對當地客戶的違約行為進行訴訟所付費用予以補償的義務；關

於保證向代理人支付佣金的義務等。

（5）代理人的權利與義務主要有關於代理人的權利範圍；關於代理人積極促進產品銷售的義務；關於代理人保護委託人財產、權利的義務；關於代理人的推銷組織方式；關於代理人對客戶資信情況進行調查的義務；關於代理人提供售後服務的義務；關於代理人向委託人匯報市場情況的義務；關於保密問題等。

（6）佣金的支付主要有佣金率、佣金的計算基礎、佣金支付的時間和方法等。

（7）協議的期限和終止。

（8）不可抗力和仲裁。

案例討論 10-1

中國香港 A 公司與日本 B 公司簽訂一份獨家代理協議，指定其產品由中國香港 A 公司獨家代理。訂立協議時，日本 B 公司正試驗改現有產品。不久，日本 B 公司試驗成功，並把這項改進后的同類產品指定了中國香港另一家公司作為獨家代理。

請問：日本 B 公司有無這種權利？為什麼？

（三）寄售

1. 寄售的含義和特點

寄售（Consignment）是指出口人先將準備銷售的貨物運往國外寄售地，委託當地代銷人按照寄售協議規定的條件代為銷售，再由代銷人同貨主結算貨款。與一般的出口銷售相比，寄售具有以下特點：

（1）寄售人與代銷人是委託代售關係。代銷人只能根據寄售人的指示代為處置貨物，在委託人授權範圍內可以以自己的名義出售貨物、收取貨款並履行與買主訂立的合同，但貨物的所有權在寄售地售出之前仍屬寄售人。

（2）寄售是一種憑實物買賣。貨物是由寄售人先將代售的商品運至寄售地，然后再尋找買主，不同於訂貨方式那樣在貨物發運前已有買方，憑成交合同和付款保證再出運貨物。

（3）寄售人承擔貨物出售前的一切風險和費用。寄售方式下，代銷人不承擔任何風險和費用。因此，在貨物出售前的一切費用，包括運費、保險費、進口稅、倉儲費用，以及可能發生的意外風險和損失，概由寄售人自行負擔。

2. 寄售的利弊

寄售的優點主要包括三個方面：首先，對寄售人來說，寄售有利於開拓市場和擴大銷路。其次，代銷人在寄售方式中不需墊付資金，也不承擔風險，有利於調動客戶的積極性。最后，寄售是憑實物進行的現貨買賣，大大節省了交易時間，減少了風險和費用，為買主提供了便利。

對出口商而言，寄售存在的缺點主要是承擔的貿易風險大，資金週轉期長，收匯不夠安全等。

3. 寄售協議的主要內容

寄售協議是寄售人和代銷人之間就雙方的權利、義務及有關寄售條件和具體做法而簽訂的書面協議。協議的重點是商品價格的確定、各種費用的負擔和安全收匯三個

問題。寄售協議一般包括下列內容：

（1）協議名稱及雙方權利與義務。

（2）寄售區域及寄售商品。

（3）定價方法。定價方法，一般有三種方法，即由寄售人規定最低售價、隨行就市、在銷售前逐筆徵得寄售人同意。

（4）佣金。一般應規定佣金的計算基礎、佣金率以及佣金的支付時間和方法等。

（5）付款。商品售出後的貨款，一般由代銷商扣除佣金及代墊費用後匯付給寄售人。為保證收匯安全，以利資金週轉，協議中應明確規定匯付貨款的時間和方式。

此外，還應規定貨物保險、各種費用的負擔等預防性條款。為減少風險，也有必要規定由代銷人提供銀行保函或備用信用證等。

案例討論 10-2

中國 B 公司以寄售方式向沙特阿拉伯出口一批積壓商品。貨到目的地後，雖經代售人努力推銷，貨物還是無法售出，最後只得再裝運回國。

試分析 B 公司有何不當之處？

二、招投標與拍賣

（一）招投標

招標與投標是國際貿易中比較常見的一種貿易方式，一些國家在進行資源勘探、開發礦藏或承建工程項目，採購物資設備時，常採用招標方式。有些國家和有些國際組織規定。凡利用其提供的資金採購或興建工程時，必須採用公開招標方式。以促使其更有效地使用貸款。國際招標和投標方式更多地用於國際工程承包業務，一些政府機構、市政部門和公用事業單位經常用招標方式採購物資、設備，有些國家也用招標方式進口大宗商品。

1. 招標與投標的含義及特點

招標（Invitation to Tender）是指招標人（買方）發出招標通知，說明擬採購的商品名稱、規格、數量及其他條件，邀請投標人（賣方）在規定的時間、地點按照一定的程序進行投標的行為。

投標（Submission of Tender）是指投標人（賣方）應招標人（買方）的邀請，按照招標的要求和條件，在規定的時間內向招標人遞價，爭取中標的行為。

招標與投標是一種貿易方式的兩個方面，投標是針對招標而來的。

招標與投標的特點如下：

（1）不經過磋商；

（2）沒有討價還價余地；

（3）招標與投標屬於競賣方式，即一個買方面對多個賣方，賣方之間的競爭使買方在價格及其他條件上有較多的比較和選擇。

2. 國際招標的方式

（1）國際競爭性招標（International Competitive Bidding）是指招標人邀請幾個乃至

幾十個國內外企業參加競標,從中選擇最優投標人的方式。通常做法有兩種:一種是公開招標(Open Bidding),即招標人通過國內外報刊、電臺等發出招標通告,使多個具備投標資格者有均等機會參加投標;另一種是選擇性招標(Selected Bidding),即招標人有選擇地邀請某些信譽好、經驗豐富的投標人,經資格預審合格后參加投標。

(2) 談判招標(Negotiated Bidding)又稱議標,是由招標人直接同賣方談判,確定標價,達成交易。

(3) 兩段招標(Two-Stage Bidding)又稱兩步招標,適宜採購複雜的貨物,因事先不能準備完整的技術規格而採用的招標方法。第一步,邀請投標人提出不含報價的技術投標;第二步,邀請投標人提出價格投標。

3. 招標、投標業務的基本程序

(1) 招標前的準備工作。招標前的準備工作很多,其中包括發布招標公告和資格預審等。

(2) 投標。投標人在慎重研究標書后,一旦決定參加投標,就要根據招標文件的規定編製和填報投標文件。為防止投標人在中標后不與招標人簽約,招標人通常要求投標人提供投標保證金或銀行投標保函。最后,投標人將投標文件在投標截止日前送達招標人,逾期失效。

(3) 開標、評標與決標。招標人在指定的時間和地點將全部寄來的投標書中所列的標價予以公開唱標,使全體投標人瞭解最高標價以及最低標價。開標后,有些可以當場決定由誰中標,有的還要由招標人組織人員進行評標。參加評標的人員原則上要堅持評標工作的準確性、公開性和保密性。評標后決標,最終選定中標人。

(4) 中標籤約。中標是從若干投標人中選定交易對象。中標者必須與招標人簽約,否則保證金予以沒收。為了確保中標人簽約后履約,招標人仍然要求中標人繳納履約保證金或出具銀行履約保函。

知識

招投標是政府採購的極好手段

政府採購制度是公共支出管理的一項重要制度,實施政府採購的目的是提高財政資金的使用效率,節省開支並減少採購中的貪污腐敗行為。招投標的公開性、公平性和競爭性使其成為政府採購的極好手段。

《中華人民共和國政府採購法》規定,政府採購採用的方式有公開招標、邀請招標、競爭性談判、單一來源採購、詢價以及國務院政府採購監督管理部門認定的其他採購方式。《中華人民共和國政府採購法》特別指出公開招標應作為政府採購的主要採購方式。採購人採購貨物或者服務應當採用公開招標方式的,其具體數額標準,屬於中央預算的政府採購項目,由國務院規定;屬於地方預算的政府採購項目,由省、自治區、直轄市人民政府規定;因特殊情況需要採用公開招標以外的採購方式的,應當在採購活動開始前獲得市、自治州以上人民政府採購監督管理部分的批准。

(二) 拍賣

1. 拍賣的含義和特點

拍賣（Auction）是指以公開競價的形式，將特定物品或者財產權利轉讓給最高應價者的買賣方式。作為一種貿易方式，拍賣的特點主要表現以下幾個方面：

(1) 拍賣是在一定的機構內有組織地進行的。拍賣機構可以是由公司或行業協會組成的專業拍賣行，也可以是由貨主臨時組織的拍賣會。

(2) 拍賣具有自己獨特的法律和規章。許多國家對拍賣業務有專門的規定。各個拍賣機構也訂立了自己的章程和規則，供拍賣時採用。

(3) 拍賣是一種公開競買的現貨交易。拍賣採用事先看貨、當場叫價、落槌成交的做法。成交后，買主即可付款提貨。

(4) 參與拍賣的買主通常須向拍賣機構繳存一定數額的履約保證金。買主在叫價中，若落槌成交，就必須付款提貨；如不付款提貨，拍賣機構則沒收其保證金。

(5) 拍賣機構為交易的達成提供服務，要收取一定的報酬，通常稱為佣金或經紀費。

> **小思考 10-3**
>
> 通過拍賣進行國際貿易的商品有哪些特點？試舉例說明。

2. 拍賣的出價方式

在國際貿易中，按出價方式不同，拍賣通常分為增加拍賣、減價拍賣和密封遞價拍賣三種。

(1) 增價拍賣也稱淘汰式拍賣。拍賣時，由拍賣人宣布預定的最低價格，然后由競買者相繼叫價，直到拍賣人認為沒有人再出更高的價格時，則用擊槌動作表示競買結束，將這批商品賣給最后出價最高的人。

(2) 減價拍賣又稱荷蘭式拍賣。這種方法先由拍賣人喊出最高價格，然后逐漸減低叫價，直到競買者認為已經低到可以接受的價格，表示買進為止。

(3) 密封遞價拍賣又稱招標式拍賣。採用這種方法時，先由拍賣人公布每批商品的具體情況和拍賣條件等，然后由各買方在規定時間內將自己的出價密封遞交拍賣人，以供拍賣人進行審查比較，決定將該貨物賣給哪一個競買者。這種方法不是公開競買，拍賣人有時要考慮除價格以外的其他因素。

3. 拍賣的一般程序

不同商品在拍賣時各有特點和習慣做法，但總體上來說，其程序一般可分為以下三個階段：

(1) 準備階段。參加拍賣的貨主把貨物運到拍賣地點，存入倉庫，然后委託拍賣行進行挑選、分類、分級，並按貨物的種類和品級分成若干批次。在規定時間內，允許參加拍賣的買主到倉庫查看貨物。

(2) 正式拍賣。拍賣在規定的時間和地點開始，並按照拍賣目錄規定的先后順序進行。按照拍賣業務的慣例，在主持人的木槌落下之前，買主可以撤回其出價；貨主在貨物出售之前也可以撤回其要拍賣的貨物。

（3）成交與交貨。拍賣成交后，拍賣行的工作人員即交給買方一份成交確認書，由買方填寫並簽字，表明交易正式達成。在買方付清貨款後，買方憑拍賣行開出的提貨單到指定的倉庫提貨。提貨必須在規定的期限內進行。

案例討論 10-3

在一次拍賣會上，由於事先宣傳得力，加上著名拍賣師主持，拍賣現場競價非常激烈，一輛底價 3 萬元的車輛經過幾十輪的競價，最后張某以 9 萬元的價格拍得。然而，當拍賣師要求與張某簽署成交確認書的時候，張某卻稱自己是被現場氣氛感染，並非真正想買車，拒不簽署成交確認書。

請問：
（1）張某的理由是否成立？
（2）沒有簽署成交確認書，本次拍賣是否成交？

三、展賣

（一）展賣的含義

展賣（Fairs and Sales）是利用展覽會和博覽會及其他交易會形式，對商品實行展銷結合，以銷為主的一種貿易方式。把出口商品的展覽和推銷有機地結合起來，邊展邊銷，以銷為主，這是展賣最基本的特點。

（二）展賣的做法

展賣方式靈活，可由出口方自己舉行，也可委託他人辦理。在國際貿易中，展賣可在國外舉行，也可在國內舉行。

1. 從展賣商品的所有方和客戶的關係來劃分

展賣的做法主要有兩種：一種方式是將貨物通過簽約的方式賣斷給國外客戶，雙方是一種買賣關係，由客戶在國外舉辦或參加展覽會，貨價有所優惠，貨款可在展覽會后或定期結算。另一種方式是由雙方合作，展賣的貨物所有權不變，展品出售的價格由貨主決定。國外客戶承擔運輸、保險、勞務及其他費用，貨物出售后收取一定手續費作為補償。展賣結束后，未出售的貨物可以折價賣給合作的客戶，或運往其他地方進行另一次展賣。

2. 按展賣商品的形式來劃分

展賣可以分為國際博覽會和國際展覽會。國際博覽會也稱國際集市，是一種以國家組織形式在同一地點定期由有關國家或地區的廠商舉行的商品交易的貿易方式。參加者展出各種各樣的產品和技術，以招攬國外客戶簽訂貿易合同，擴大業務活動。當代的國際展覽會是不定期舉行的，通常展示各國在產品、科技方面所取得的新成就。當代的國際博覽會和展覽會不僅是一個商品交易場所，而且更多具有介紹產品和新技術、廣告宣傳和打開銷路的性質。參加展賣的各國商人除參加現場交易外，還大力進行樣品展覽和廣告宣傳，以求同世界各地建立廣泛的商業關係。

(三) 開展展賣業務應注意的問題

1. 選擇適當的展賣商品

展賣這種交易方式並不是對所有商品都普遍適用的，展賣主要適合於一些品種規格複雜，用戶對造型、設計要求嚴格，而且性能發展變化較快的商品，如機械、電子、輕工、化工、工藝、玩具、紡織產品等。選擇參展商品時，要注意先進性、新穎性和多樣性，要能反應現代科技水平，代表時代潮流。

小思考 10-4

中國某工業品公司想打開韓國的毛絨玩具市場，可否採用展賣方式？

2. 選擇好合作的客戶

到國外參加展賣會之前，應選擇合適的客戶作為合作夥伴。選擇的客戶必須具有一定的經營能力，對當地市場十分熟悉，並有較為廣泛的業務聯繫或銷售系統。通過客戶開展宣傳組織工作，擴大影響，聯繫各界人士，這對展賣的成功具有重要作用。

3. 選擇合適的展出地點

一般來說，應考慮選擇一些交易比較集中、市場潛力較大、有發展前途的集散地進行展賣。同時還應考慮當地的各項設施，如展出場地、旅館、通信、交通等基本設施所能提供的方便條件和這些服務的收費水平。

4. 選釋適當的展賣時機

這對於一些銷售季節性強的商品尤為重要。一般來說，應選擇該商品的銷售旺季進行展賣，每次展出的時間不宜過長，以免耗費過大，影響經濟效益。

知識

中國主要的展覽會

1. 中國進出口商品交易會

中國進出口商品交易會即廣州交易會，簡稱廣交會（Canton Fair）。創辦於 1957 年春季，每年春秋兩季在廣州舉辦，是中國目前歷史最長、層次最高、規模最大、商品種類最全、到會客商最多、成交效果最好的綜合性國際貿易盛會。自 2007 年 4 月第 101 屆起，廣交會由中國出口商品交易會更名為中國進出口商品交易會。

2. 中國國際高新技術成果交易會

中國國際高新技術成果交易會簡稱高交會，是經國務院批准舉辦的高新技術成果展示與交易的專業展會。高交會由多家政府部門、科研單位和深圳市人民政府共同主辦，由深圳市中國國際高新技術成果交易中心承辦，每年的 11 月 16 日至 21 日在深圳舉行。

3. 中國—東盟博覽會

中國—東盟博覽會是由中國和東盟 10 國經貿主管部門及東盟秘書處共同主辦，廣西壯族自治區人民政府承辦的國家級、國際性經貿交流盛會，每年在廣西南寧舉辦。博覽會以「促進中國—東盟自由貿易區建設、共享合作與發展機遇」為宗旨，涵蓋商品貿易、投資合作和服務貿易三大內容，是中國與東盟擴大商貿合作的新平臺。

4. 中國國際航空航天博覽會

中國國際航空航天博覽會是中國唯一由中央政府批准舉辦，以實物展示、貿易洽談、學術交流和飛行表演為主要特徵的國際性專業航空航天展覽。主辦單位由廣東省人民政府、國防科學技術工業委員會、中國民用航空總局、中國國際貿易促進委員會、中國航天科技集團公司和中國航天科工集團公司等單位組成。

> **工作提示：**
> 外貿人員要正確理解傳統國際貿易方式出口時注意事項，並對具體運作中可能出現的問題加以防範。

任務二　現代國際貿易方式

任務目標

- 理解並掌握租賃貿易與國際會展貿易的基本概念及內容
- 掌握租賃貿易的種類及其相應的特點

任務引入

某年3月，中國某鄉鎮企業通過當地貿易公司的介紹，匆匆與美國某廠商簽訂了加工生產某種輕工產品的補償貿易合同。合同規定：由美國廠商提供生產設備，某鄉鎮企業將利用該設備生產的產品返銷給美國廠商，以補償設備價款，補償期為5年。合同未明確規定設備的型號、產地、生產年代以及技術性能等方面的指標。后美國廠商按期運到設備，但經檢驗，該設備是20世紀90年代末的產品，而且是二手貨。由於合同對此未加規定，該鄉鎮企業只得接受並進行加工生產。5年之後，補償期滿，但設備已接近報廢，該鄉鎮企業蒙受了巨大的損失。

討論題：
（1）什麼是補償貿易，補償貿易有什麼特點？
（2）請分析此案中哪方的做法不妥，為什麼？

知識內容

一、加工貿易

加工貿易是指一國的企業利用自己的設備和生產能力，對國外的原材料、零部件或元器件進行加工、製造或裝配，然後再將產品銷往國外的貿易方式。20世紀90年代

以來，中國加工貿易蓬勃發展，加工貿易占了中國對外貿易的半壁江山。目前中國常用的加工貿易主要有來料加工、進料加工和境外加工三種形式。

(一) 來料加工貿易

來料加工（Processing with Supplied Materials）是由外商等委託人將原材料、樣品和零部件運到中國，委託我方按要求進行加工、生產或裝配成為成品、半成品，然後運出中國自行處置，我方按約定收取一定的加工費作為報酬。

1. 來料加工的性質

來料加工與一般進口貿易不同，不屬於貨物買賣。雖有原材料、零部件和元器件的進口與成品的出口，但其所有權並未發生轉移，始終屬於委託方，我方只提供勞務和收取約定的工費。因此，來料加工屬於勞務貿易範疇，是以商品為載體的勞務出口。

2. 來料加工的作用

對於承接方來講，來料加工具有以下作用：

（1）可以發揮本國的生產潛力，補充國內原材料的不足，為國家增加外匯收入。

（2）引進國外的先進技術和管理經驗，有利於提高生產、技術和管理水平。

（3）有利於發揮承接方勞動力眾多的優勢，增加就業機會，繁榮地方經濟。

對委託方來講，開展此項業務，可以降低其產品成本，增加競爭力，並有利於委託方所在國的產業結構調整。

(二) 進料加工貿易

進料加工（Processing with Imported Materials）指有關經營單位用自有外匯在國際市場購買原料、材料、輔料、元器件、配套件和包裝物料，由國內生產者加工成成品或半成品后再銷往國外市場的貿易方式。

1. 進料加工與來料加工的異同

（1）相同點：都是兩頭在外的加工貿易方式。

（2）不同點：第一，來料加工在加工過程中未發生所有權的轉移，原料運進和成品運出屬於同一筆交易，原料供應者就是成品接受者；而在進料加工中，原料進口和成品出口是兩筆不同的交易，都發生所有權的轉移，原料供應者和成品購買者之間也沒有必然的聯繫。第二，在來料加工中，加工方不承擔銷售風險，不負盈虧，只收取加工費；而在進料加工中，加工方賺取從原料到成品的附加價值，自籌資金、自尋銷路、自擔風險、自負盈虧。

2. 進料加工業務的作用

（1）進料加工利用國外提供的資源進行生產，彌補了國內資源的不足，同時擴大了商品的生產和出口，為國家創造了外匯收入。

（2）開展進料加工可以根據國際市場發展趨勢和客戶的要求，組織原材料進口和加工生產，有助於提高出口商品的檔次，做到適銷對路，減少產品積壓。

（3）進料加工是國際分工的一種方式，將國外的資源和市場與國內的生產能力相結合。中國可以通過進料加工，充分發揮勞動力價格低廉的優勢，並利用相對過剩的生產加工能力，揚長避短，促進外向型經濟的發展。

📖 知識

SKD、CKD 和 PKD

半分散的零件裝配（Semi Knock Down, SKD）。外國廠商先將一部分關鍵零件組裝成部件，然後以部件的形式提供給我方，由我方企業將部件和其他一部分零件總裝成成品。這種形式對我方企業來說，易於上手、見效快、投資回收期短，但不易學到關鍵性的裝配技術。

全分解的零件裝配（Complete Knock Down, CKD）。外國廠商將零件以散裝的形式提供給我方，由我方企業先將散裝的零件組裝成部件，再將部件組裝成產品。與 SKD 相比，這種形式我方能較多地瞭解產品結構、性能，能更多地掌握裝配技術。

購入部分零部件的裝配生產（Partial Knock Down, PKD）。我方企業僅向外國公司購買某些關鍵的零部件，其他零部件自制，然後將其裝配成產品。這種形式能掌握更多零部件的生產技術和組裝技術。

(三) 境外加工貿易

境外加工貿易（External Processing Trade）是指中國企業以現有技術、設備投資，在境外以加工裝配的形式，帶動和擴大國內設備、技術、零配件、原材料出口的國際經貿合作方式。開展境外加工貿易作為外經貿工作的一項新興事業，已成為當前實現國民經濟調整和培育出口的一個新增長點。

中國與許多國家存在著雙邊貿易不平衡問題，影響貿易關係的發展。開展此項業務，有助於繞過貿易壁壘，保持和拓展東道國市場或發展第三國出口，以此來緩解雙邊貿易不平衡的矛盾。

二、對銷貿易

對銷貿易（Counter Trade）又稱對等貿易或反向貿易，是在互惠互利的前提下，由兩個或兩個以上的貿易方達成協議，規定一方的進口產品或者全部以其向對方出口的產品來支付。對銷貿易的主要目的是以進帶出，開闢貿易雙方各自的出口市場，求得貿易收支平衡或基本平衡。

對銷貿易的形式很多，主要有易貨貿易（Barter Trade）、補償貿易（Compensation）、回購貿易（Product Buy-Back Trade）、互購貿易（Counter Purchase）、抵銷貿易（Offset Trade）等。

(一) 易貨貿易

易貨貿易即物物交換，是最簡單的交易方式。易貨貿易是指用實物的進口或出口去換取另一國實物的出口或進口，而不用貨幣作為支付的一種傳統的貿易方式。易貨貿易一般不涉及第三者，多用於邊境貿易。

易貨貿易在國際貿易實踐中主要表現為下列兩種形式：

1. 直接易貨

從嚴格的法律意義上講，易貨就是指以貨換貨，即交易雙方根據各自的可能和需要，交換價值相等或相近的商品，具體做法為雙方相互約定交換的時間和地點，規定

交貨的品種、規格和數量，在貨物發運後，將提貨單據寄往對方，經對方驗收無誤，交易即告完成。

2. 綜合易貨

綜合易貨又稱「一攬子」易貨，是指交易雙方交換的貨物通過外匯結算貨款，雙方都承擔購買對方等值商品的義務，且進口商品和出口商品的交換作為一筆交易體現在一個合同中。採用這種交易方式時，可以用一種出口商品交換對方的另一種進口商品，貨款逐筆平衡；也可以由雙方訂立易貨協議或合同，規定在一定期限內用幾種出口商品交換另外幾種進口商品，按軟硬搭配原則構成一筆交易，進出口可同時進行，也可以有先有後，但間隔的時間不能過長。這是目前國際貿易中較常見的一種對銷貿易。

易貨貿易這種交易方式，在使用中有其優點。由於交易過程中，交易雙方不使用外匯或很少使用外匯，因此它可以促進外匯支付能力差的國家或企業的貿易往來；由於進口和出口同時進行，雙方不僅能取得貿易額的大體平衡，而且在購入國內急需物資的同時，可以帶出部分國內滯銷的物資；同時，由於易貨貿易不使用貨幣，它可以避免由於匯率變動所帶來的風險；當本國對另一國商品有需求時，採用易貨貿易可以在進口和出口雙向獲得利潤。

易貨貿易也存在著明顯的不足。易貨貿易要求雙方的貨值相等。由於需求的多樣性和交易渠道的有限性，導致易貨貿易需要長時期的談判，且不易成功；由於易貨的雙方都怕承擔對方不交貨的風險，因此往往都提出對方先交貨條件，容易造成矛盾；由於通過記帳方式進行易貨，當發生不平衡時，順差的一方相當於向對方提供無息貸款，容易挫傷其積極性；同時，這種易貨貿易還受兩國產業結構的制約，如兩國產業結構相似，則很難形成易貨貿易。

小思考 10-5

分析中國和非洲國家之間易貨貿易的可能性。

(二) 補償貿易

補償貿易是 20 世紀 60 年代末發展起來的一種國際貿易方式。其基本含義是交易中的一方（設備出口方）提供機器設備、生產技術、原材料或勞務，在約定的期限內，由另一方（進口方）用出口方提供的設備、原材料所生產出來的產品，或以雙方商定的其他商品分期償付出口方提供的設備、技術等的價款和利息。補償貿易是一種以商品信貸為基礎的貿易方式，也是一種不使用外匯而以商品抵償商品的利用外資的一種方式。

1. 補償貿易的形式

按照用來償付的標的的不同，大體上可分為以下四類：

（1）直接補償。直接補償，即雙方在協議中規定，允許進口方用其引進的技術設備所生產出來的產品，直接償付進口價款。這種辦法也稱為產品返銷（Product Buyback）或產品回購。產品回購是先出口方必須承諾的義務。而設備進口方生產的產品也必須保證質量符合要求。這是補償貿易最基本的做法，也是中國採用的主要形式。

在國外，把這種做法稱之為對銷貿易中的回購。

（2）間接補償。間接補償是指當所交易的設備本身不生產物質產品或生產的直接產品非對方所需要或在國際市場上難以銷售時，進口方償還設備的價款可由雙方商定的其他產品或勞務進行補償。這種形式也叫做抵償貿易或稱為互購、反向購買。

（3）勞務補償。勞務補償常見於同來料加工或來件裝配相結合的中小型補償貿易中，一般由對方為我方代購技術和設備，貨款先由對方墊付，我方按對方要求加工生產后，從應收的工繳費中分期扣還所欠款項。

（4）綜合補償。綜合補償是上述三種補償方法的綜合運用，即對引進技術設備的價款，部分用產品、部分用勞務或貨幣償還。這種償付貨款的辦法更為靈活和方便，是補償貿易的變通形式。但必須指出，如全部用勞務補償則不屬於易貨範疇。

2. 補償貿易的作用

（1）對設備進口方的作用。

①補償貿易是一種較好的利用外資的形式，一些外匯短缺的發展中國家可以利用補償貿易引進國外的設備和技術，促進經濟的發展。

②有利於吸收外國先進的技術和管理經驗，設備出口方往往有責任負責設備的安裝、調試及培訓進口方的人員，因而進口方可借機學習國外的技術和先進的管理經驗。

③可借助對方的銷售渠道，開拓市場擴大出口。

（2）對設備供應方的作用。

①擴大設備、技術出口。借助補償貿易的形式，向外匯短缺的國家出口設備、提供技術、擴大銷售渠道。

②有利於獲得穩定、價廉的回頭產品或原材料。出口方一方面通過承諾回購商品義務加強自己的競爭地位、爭取貿易夥伴，同時還可在回購中取得較穩定的原材料來源，且其價格比國際市場的同類產品要低。

③風險小、利潤大。因為以回購產品的方式取得貨款，一般較有保障，同時還可能利用高價出口設備、低價回購商品獲取較大的利潤。

當然，補償貿易方式也有不足。例如，對進口方來說，引進的設備往往不夠先進，且價格也未必便宜；對出口方來說，若承諾回購的商品與其經銷的同類產品有衝突，就會影響其整體利益。

案例討論 10-4

中國某紡織品公司準備以補償貿易方式從日本進口紡織機，其具體做法是先出口紡織品以積存外匯，在外匯達到一定金額後，即用於購買 5 臺紡織機。但該公司把這種做法報請主管機關給予補償貿易的優惠待遇時遭到拒絕。

請對此進行分析。

（三）回購貿易

所謂回購貿易，是指出口一方同意從進口一方買回由其提供的機器設備所生產製造的產品。回購貿易與補償貿易有很多相同之處，但兩者的區別主要是出口方回購的產品僅限於由出口機器設備所生產的產品。其回購產品價值可能是出口機器設備的全

部價值，也可能是部分價值，甚至可能超過其出口全部價值。

在實際業務中，由於回購貿易涉及的金額較高、期限較長，因此往往不可避免地要涉及設備出口方向進口方提供融資，由設備進口國以賒購方式或利用信貸購進技術或設備，然後以向對方返銷該技術或設備所生產出來的相關產品所得的款項分期償還進口設備的價款和利息，或償還貸款及利息。這是回購貿易最常見、最基本的做法。

（四）互購貿易

互購貿易又稱平行貿易（Parallel Trade）或互惠貿易（Reciprocal Trade）。所謂互購，就是交易雙方互相購買對方的產品，是一種「以進帶出」或「以出帶進」的進出口相結合的貿易方式。互購貿易的具體做法是一般由貿易雙方根據一份議定書簽訂兩個既獨立又相互聯繫的合同。一個合同負責出口商品的銷售。並要求先進口方全部用現匯支付貨款，條件是先出口方承諾在一定時期內購買回頭貨；另一個合同具體規定先出口國的購買義務條款，通常規定先出口方在什麼時期內購買先進口方的一定金額商品，但一般不具體規定商品的品質和價格。兩個合同可一起洽談，但分別執行。

互購貿易的特點在於兩筆交易雖有聯繫，卻是分別進行，均以現匯支付。一般是通過信用證即期付款或付款交單來進行，有時也可採用遠期信用證付款方式。因此，先出口一方除非接受遠期信用證方式，否則不存在墊付資金問題；相反，還可在收到出口貨款到支付回購貨款的這段時間內，利用對方資金，而且在后續的回購產品談判中處於有利的地位。對先進口方來說，利用互購貿易則有利於帶動本國商品的出口，即享有「以進帶出」的好處，但先付一筆資金，且還面臨著先出口方回購商品的承諾得不到很好的履行的風險。

（五）抵銷貿易

抵銷貿易是指一方在進口諸如國防、航空或宇航、計算機、信息交流等設備時，以先期向另一方或出口方提供的某種商品或勞務、資金等抵銷一定比例進口價款的做法。抵銷的方式可以是為生產該設備而提供的零部件、投入的資金、所轉讓的技術以及技術培訓、項目研究開發等。抵銷貿易自20世紀80年代以來開始盛行，在發達國家之間，以及發達國家與發展中國家的軍火交易或大型設備交易中常被採用。

按照返銷商品的種類，抵銷貿易可以分為直接抵銷和間接抵銷兩種類型。直接抵銷是指先出口方承諾從進口方購買在出口給進口方的產品中所使用的零部件或與該產品有關的其他產品，有時還會對進口方生產零部件的企業進行投資和技術轉讓。而間接抵銷指出口方承諾向進口方回購與其出口商品無關的產品，如原材料等。

三、電子商務

從20世紀90年代開始，互聯網開始慢慢滲入生活。到現在為止，互聯網的發展速度十分迅猛，其普及速度比其他各種通信手段都要快得多。以互聯網為主要載體的電子商務的發展也就十分迅猛，在經濟生活中的作用也越來越突出。

（一）電子商務的概念

電子商務（E-commerce，E-business）目前在國內外還沒有一個統一的定義。但在通常情況下，電子商務的概念可以從狹義和廣義兩個角度來理解。狹義的電子商務概

念指在網上尋找商機並完成交易的行為。例如，網上採購、網上支付、網上拍賣與網上訂閱等。廣義的電子商務概念是指通過現代信息手段從事各種商務活動。目前在國際上更傾向於從廣義角度來理解電子商務。

(二) 電子商務的分類

1. 根據交易對象分類

根據電子商務交易對象不同，可以將電子商務劃分為 B to B，B to C，B to G，C to C，C to G，G to C。其中，B（Business）代表企業，C（Consumer）代表個人消費者，G（Government）代表政府。

企業對企業的電子商務（B to B）是指企業使用互聯網或其他專業網絡向供應商訂貨和付款。這個模式的電子商務也是最具發展潛力的電子商務。

企業對政府的電子商務（B to G）主要有兩種業務：一種是政府作為最大的組織機構進行採購，政府將採購的細節公布在互聯網上，企業要通過電子方式進行投標。另一種是政府可以通過這類電子商務對企業進行行政管理。

企業對消費者的電子商務（B to C）主要表現形式是企業通過互聯網為消費者提供一個新型的購物環境——網絡店鋪，消費者通過網絡在網上購物、支付，基本等於電子零售商業。這類電子商務發展十分迅速，很多種類的消費品都可以從互聯網上購得。

知識

2013 年中國網絡購物交易規模達到 1.85 萬億元，同比增長 42.0%

根據艾瑞諮詢發布的 2013 年中國網絡購物市場數據，2013 年中國網絡購物市場交易規模達到 1.85 萬億元，增長 42.0%。根據商務部測算的 2013 年全年社會消費品零售總額數據，2013 年網絡購物交易額占社會消費品零售總額的比重達到 7.8%，比 2012 年提高 1.6 個百分點。

艾瑞諮詢認為，隨著網民購物習慣的日益養成，網絡購物相關規範的逐步建立及網絡購物環境的日漸改善，中國網絡購物市場將開始逐漸進入成熟期，未來幾年，網絡購物市場增速將趨穩。同時，隨著傳統企業大規模進入電商行業，中國西部省份及中東部三四線城市的網絡購物潛力也將得到進一步開發，加上移動互聯網的發展促使移動網絡購物日益便捷，中國網絡購物市場整體還將保持相對較快增長，預計 2016—2017 年中國網絡購物市場交易規模將達到 40,000 億元。

艾瑞諮詢數據顯示，2013 年中國網絡購物市場中企業對消費者電子商務交易規模達 6500 億元，在整體網絡購物市場交易規模的比重達到 35.1%，較 2012 年的 29.6% 增長了 5.5 個百分點。從增速來看，企業對消費者電子商務市場增長迅猛，2013 年中國網絡購物企業對消費者電子商務市場增長 68.4%，遠高於消費者間電子商務市場 30.9% 的增速，企業對消費者電子商務市場將繼續成為網絡購物行業的主要推動力。預計到 2017 年，企業對消費者電子商務在整體網絡購物市場交易規模中的比重將超過消費者間電子商務，達到 52.4%。

艾瑞諮詢分析，企業對消費者電子商務成為中國網絡購物市場的主要推動力主要由於：

（1）從市場方面來看，消費者間電子商務市場發展較為穩定，成長空間有限，而企業對消費者電子商務市場中眾多企業都可以進入，存在較多的市場機會，未來也將有較大的發展空間；

（2）從企業方面看，除了傳統的電商企業對消費者電子商務網站外，傳統企業也紛紛加入企業對消費者電子商務市場，企業對消費者電子商務逐漸被各大企業所重視；

（3）從消費者方面看，隨著網絡購物的逐步發展與成熟，網絡購物用戶的消費觀念逐漸發生改變，對商品品質的訴求不斷提升，與消費者間電子商務相比，企業對消費者電子商務在信譽和質量保障方面更能滿足網絡購物用戶的消費訴求。

小思考 10-6

請你結合實際談談使用電子商務過程中遇到的問題。

2. 按照商務活動內容分類

按照商務活動的內容分類，電子商務主要包括兩類商業活動：一類是間接電子商務，即有形貨物的電子訂貨，它仍然需要利用傳統渠道如郵政服務和商業快遞車送貨；另一類是直接電子商務，即無形貨物和服務，如計算機軟件、娛樂內容的聯機訂購、付款和交付，或者是全球規模的信息服務。直接和間接電子商務均提供特有的機會，同一公司往往兩者兼營。間接電子商務要依靠一些外部要素，如運輸系統的效率等。直接電子商務能使雙方越過地理界線直接進行交易，充分挖掘全球市場的潛力

3. 按照技術手段分類

按照技術手段及所產生的效果分類，電子商務主要分為兩類：一類是協同商務，它是指商業夥伴之間從事網絡協作活動，共同協作來從事策劃、設計、開發、管理以及開展對產品和服務進行研發的各種活動等。另一類是移動商務，它是指在網絡環境下所從事的各種商務活動的總稱，具有無處不在性、方便性、即時接入性，以及產品和服務當地化屬性。

（三）電子商務的發展層次

雖然電子商務的範圍很廣，但是企業仍然是電子商務運作的主體。根據企業電子商務的運作程度可以將其劃分為三個層次：初級層次、中級層級和高級層次。這三個層次也可以反應企業電子商務的不同發展階段。

1. 初級層次——建立易於實施的可操作系統

初級層次的電子商務是指企業開始在傳統商務活動中的一部分引入計算機網絡信息處理與交換，代替企業內部或對外部分傳統的信息儲存和傳遞方式。但所做的一切並未構成交易成立的有效條件，或者並未夠成商務合同履行的一部分，也並不涉及複雜的技術問題和法律問題。

2. 中級層次——維繫牢固的商業鏈

中級層次是指企業利用電腦網絡的信息傳遞部分地代替了某些合同成立的有效條件，或者構成履行商務合同的部分義務。例如，企業實施網上在線交易系統、網上有償信息的提供、貿易夥伴之間約定文件或單據的傳輸等。在某種程度上，中級層次的電

子商務是使企業走上建立外聯網（Extranets）的道路。該層次還需要人工干預，要涉及一些複雜的技術問題（如安全）和法律問題等。

3. 高級層次——實現全方面的數字自動化

高級層次是電子商務發展的理想階段，是將企業商務活動的全部程序用電腦網絡的信息處理和信息傳輸所代替，最大程度消除了人工干預。在企業內部和企業之間，從交易的達成到產品的生產、原材料供應、貿易夥伴之間單據的傳輸、貨款的清算、產品和服務的提供等，均實現了一體化的電腦網絡信息傳輸和信息處理。這一層次電子商務的實現將有賴於全社會對電子商務的認同，以及電子商務運作環境的改善。

（四）跨境電子商務

跨境電子商務是指分屬不同關境的交易主體，通過電子商務平臺達成交易、進行支付結算，並通過跨境物流送達商品、完成交易的一種國際商業活動。

中國跨境電子商務主要分為企業對企業（即B2B）和企業對消費者（即B2C）的貿易模式。企業對企業模式下，企業運用電子商務以廣告和信息發布為主，成交和通關流程基本在線下完成，本質上仍屬傳統貿易，已納入海關一般貿易統計。企業對消費者模式下，中國企業直接面對國外消費者，以銷售個人消費品為主，物流方面主要採用航空小包、郵寄、快遞等方式，其報關主體是郵政或快遞公司。

跨境電子商務作為推動經濟一體化、貿易全球化的技術基礎，具有非常重要的戰略意義。跨境電子商務不僅衝破了國家間的障礙，使國際貿易走向無國界貿易，同時也正在引起世界經濟貿易的巨大變革。對於企業來說，跨境電子商務構建的開放、多維、立體的多邊經貿合作模式，極大地拓寬了進入國際市場的路徑，大大促進了多邊資源的優化配置與企業間的互利共贏；對於消費者來說，跨境電子商務使他們非常容易地獲取其他國家的信息並買到物美價廉的商品

知識

廣東跨境電商交易額占全國交易總額七成

據商務部不完全統計，目前中國有20多萬家小企業在各類網絡平臺上做買賣，年交易額超過2500億美元。中國正在和美國一起成為全球跨境電子商務的中心。而作為全國第一外貿大省的廣東，在跨境電子商務這一新興領域的表現同樣出彩。記者從有關部門獲得的數據顯示，廣東跨境電子商務交易額占全國交易總額的七成。

從2014年最新的數據來看，2008—2013年，跨境電子商務連續5年複合增長率超過30%，尤其是2013年，中國跨境電子商務零售額達240億美元，增速驚人。

工作提示：

隨著國際貿易的不斷發展，新的貿易方式不斷湧現。外貿人員要區別貿易方式的優劣，能結合具體的貿易環境採取最有效的貿易方式。

項目小結

（1）經銷業務中的經銷商和供貨商是買賣關係。經銷有獨家經銷和一般經銷兩種方式。代理業務中的代理人和委託人之間不是買賣關係，而是委託代理關係。代理的種類很多，常見的是按委託授權大小劃分的，有總代理、獨家代理和一般代理。寄售是一種委託代售的貿易方式，寄售協議屬於委託與受託的關係。

（2）招標與投標不是兩種貿易方式，而是一種貿易方式的兩個方面。拍賣是指以公開競價的形式，將特定物品或者財產權利轉讓給最高應價者的買賣方式。

（3）展賣是利用展覽會和博覽會及其他交易會形式，對商品實行展銷結合，以銷為主的一種貿易方式。

（4）中國加工貿易蓬勃發展，常用的加工貿易形式主要有來料加工、進料加工和境外加工三種。

（5）在中國，對銷貿易包括易貨貿易、補償貿易、回購貿易、互購貿易、抵銷貿易等。

（6）利用電子商務所進行國際貿易活動，既區別於一般意義的電子商務，又區別於傳統的國際貿易方式，將成為未來國際貿易的重要方式之一。

項目演練

一、判斷題

1. 招標人通常都要求投標人在投標時提供一定金額的投標保證金，目的是保證投標人在提出申請后按時參與投標。（　）
2. 按照互購方式，合同一方向另一方做出承諾購貨的義務，可以任意轉讓給第三方執行。（　）
3. 拍賣業務中，競買人叫價為發盤，主持人落槌為接受。（　）
4. 對銷貿易也稱對等貿易，要求雙方交易貨物的價值相等。（　）
5. 補償貿易的補償方式，既有產品補償方式，又有貨幣補償方式。（　）
6. 電子商務轉變著政府的行政管理方式。（　）
7. 對銷貿易的各種做法都是在信貸的基礎上進行的。（　）
8. 招標式的拍賣是指荷蘭式拍賣。（　）

二、單項選擇題

1. 下列貿易方式中，原材料運進與成品運出，實際並未發生所有權轉移的是（　）。

　　A. 傳統的商品買賣　　　　　　B. 進料加工
　　C. 補償貿易　　　　　　　　　D. 來料加工

2. 投標人發出的標書應被視為（　）。

A. 不可撤銷的發盤　　　　　　B. 可撤銷的發盤
C. 可隨時修改的發盤　　　　　D. 有條件的發盤

3. 在寄售方式中，寄售人要承擔（　　）為止的一切風險和費用。
A. 貨物出運前　　　　　　　　B. 貨物出售前
C. 貨物到達寄售地點前　　　　D. 貨物交付前

4. 包銷協議從實質上說是一份（　　）。
A. 買賣合同　　B. 代理合同　　C. 寄售合同　　D. 招標合同

5. 下列商品中，習慣上不採用不拍賣的是（　　）。
A. 茶葉　　　　B. 菸葉　　　　C. 電視機　　　D. 兔毛

6. 國際貿易中的代理屬於銷售代理，代理商賺取的是（　　）。
A. 商業利潤　　B. 佣金　　　　C. 銷售差價　　D. 折扣

三、多選題

1. 在國際貿易中，較適合採用抵銷貿易的商品是（　　）。
A. 國防設備　　　　　　　　　B. 航空設備
C. 計算機　　　　　　　　　　D. 宇航設備

2. 與中國開展易貨貿易的國家有（　　）。
A. 日本　　　　B. 越南　　　　C. 泰國　　　　D. 朝鮮

3. 拍賣的出價方式有（　　）。
A. 增價拍賣　　　　　　　　　B. 減價拍賣
C. 密封遞價拍賣　　　　　　　D. 包銷

4. 在招標與投標業務中，具有法律效力的業務程序是（　　）。
A. 招標　　　　　　　　　　　B. 投標
C. 開標　　　　　　　　　　　D. 中標籤約

5. 以下對寄售貿易方式的正確說法是（　　）。
A. 寄售人可根據自己的意願銷售在途貨物
B. 它是典型的憑實物進行買賣的現貨交易
C. 寄售人與代銷人之間屬於委託代售關係
D. 寄售貨物在售出之前的一切費用和風險，均由寄售人承擔

四、案例分析題

1. 中國某公司與國外一公司開展國際貿易並訂有包銷某商品的包銷協議，期限為一年。年末臨近，因市場行情變化，包銷商「包而未銷」，要求退貨並索賠廣告宣傳費用。請問：這是屬於什麼國際貿易方式？包銷商有無權利提出此類要求？為什麼？

2. 某公司研製出一種產品，為打開產品的銷路，該公司決定將產品運往俄羅斯，採用寄售方式出售商品。在代售方出售商品後，我方收到對方的結算清單，其中包括商品在寄售前所花費有關費用的收據。請問：寄售方式下，商品寄售前的有關費用應由誰承擔？為什麼？

3. 某機構擬通過招標、投標方式選定工程隊，為該機構建造辦公大樓。該機構在發出的招標書中規定，投標人在投標時，要提供合同金額10%的履約保證金。經篩選，A工程隊中標，取得為該機構建辦公大樓的承建權。取得承建權后，A工程隊卻因種種原因不履行合約，並向該機構提出退回全部保證金的要求，遭到拒絕。請問：該機構拒絕退款是否有理？為什麼？

五、實務操作題

以你所在的城市為例，選擇本項目介紹的一種貿易方式，通過網絡查找或實地調研，撰寫一份出口企業貿易方式的調研報告。要求：指出該貿易方式的發展概況、存在的問題及擬解決的對策等內容。

國家圖書館出版品預行編目(CIP)資料

國際貿易實務 / 蔣晶, 徐萌 主編. -- 第一版.
-- 臺北市：財經錢線文化出版：崧博發行, 2018.10

　面 ；　公分

ISBN 978-986-97059-7-4(平裝)

1.國際貿易實務

558.7　　　　107017681

書　名：國際貿易實務
作　者：蔣晶、徐萌 主編
發行人：黃振庭
出版者：財經錢線文化事業有限公司
發行者：崧博出版事業有限公司
E-mail：sonbookservice@gmail.com
粉絲頁　　　　　網　址：
地　址：台北市中正區延平南路六十一號五樓一室
8F.-815, No.61, Sec. 1, Chongqing S. Rd., Zhongzheng Dist., Taipei City 100, Taiwan (R.O.C.)
電　話：(02)2370-3310　傳　真：(02) 2370-3210
總經銷：紅螞蟻圖書有限公司
地　址：台北市內湖區舊宗路二段121巷19號
電　話：02-2795-3656　傳真：02-2795-4100　網址：
印　刷：京峯彩色印刷有限公司（京峰數位）
　　本書版權為西南財經大學出版社所有授權崧博出版事業有限公司獨家發行電子書及繁體書繁體版。若有其他相關權利及授權需求請與本公司聯繫。
定價：550元
發行日期：2018年10月第一版
◎ 本書以POD印製發行